Tom Wujec

Neues aus der Kreativitätsküche

Für Mikayla,
deren Entdeckergeist jeden neuen Tag
hell erstrahlen lässt.

Tom Wujec

Neues aus der Kreativitätsküche

Spiele und Rätsel, die den Erfindungsgeist und die Fantasie anregen

Aus dem Amerikanischen übersetzt
von Birgit Reit

mvg Verlag

Bibliografische Information der Deutschen Nationalbibliothek
Die Deutsche Nationalbibliothek verzeichnet diese Publikation in der Deutschen Nationalbibliografie; detaillierte bibliografische Daten sind im Internet über http://dnb.d-nb.de abrufbar.

Dieser Titel ist auch auch unter der ISBN 978-3-636-07045-6 erhältlich.

Published by arrangement with Doubledy Canada, a division of Random House of Canada Limited, Toronto, Canada

Titel des Originals: Five Star Mind
Aus dem Amerikanischen übersetzt von Birgit Reit

www.mvg-verlag.de

Umschlaggestaltung: ZERO Werbeagentur, München
Satz: Jürgen Echter, Redline GmbH
Druck- und Bindearbeiten: Ebner & Spiegel, Ulm
Printed in Germany 07183/010702
ISBN 978-3-636-07183-5

Inhalt

Danksagung

Bücher werden für eine lange Zeit zu einem Teil unseres Lebens. *Neues aus der Kreativitätsküche* bildet da keine Ausnahme. Die Entwicklung dieses Buches wurde von meiner Familie, von Freunden und Geschäftspartnern unterstützt. Ich möchte vielen Menschen meinen herzlichsten Dank aussprechen, unter anderem Susan Seaman, deren Fürsorge und Unterstützung mir den Freiraum zur Entwicklung meiner Gedanken verschafften; Danuta Czubak, die mir laufend vormachte, wie man konzentriert arbeitet, obwohl tausend Dinge erledigt werden müssen; Deborah Schulde für zahlreiche stimulierende Ideen und für den Titel dieses Buches; Annelies Vogel für die Weiterverfolgung vieler Ideen, u. a. der des Werts der Anerkennung; Charlie Menendez, der nie den menschlichen Aspekt aus den Augen verliert, und Tony Hushion – einem Mentor – dafür, dass er mir die subtilen Seiten der Kreativität offenbarte.

Darüber hinaus danke ich dem Verlag Doubleday für die herausragende Unterstützung, die mir beim Verfassen dieses Buches zuteil wurde. Besonders John Pearce und Maggie Reeves trugen stark dazu bei, den Schreibfluss in Gang zu halten. Ich danke meiner Lektorin Alyssa Diamond, die mit ihrem messerscharfen Verstand auch die weniger guten Ideen prüfte, und Gary Stüber, der das ansprechende Layout der amerikanischen Ausgabe gestaltete.

Schließlich schulde ich den zahlreichen anderen Autoren Dank, deren Werke über das kreative Denken sich als unschätzbar wertvolle Hilfen dabei erwiesen, selbst einen

Versuch zur Anregung der Kreativität zu wagen. Gerade in den beiden letzten Jahrzehnten hat das Wissen über Methoden zur Anregung des kreativen Denkens beachtlich zugenommen. Jeder Autor leistet seinen eigenen unverwechselbaren Beitrag zu diesem äußerst interessanten Forschungsgebiet. Ich habe vieles gelernt aus den Werken von James L. Adams, Richard Back, Tony Buzan, Edward de Bono, Julia Cameron, Betty Edwards, Martin Gardner, Daniel Goleman, Robert Grudin, Vera John-Steiner, Paul Kaufman, Ann McGee-Cooper, Michael Michalko, Alex Osborne, Michael Ray, Chic Thompson, SARK, Roger von Oech und Joyce Wycoff.

Kaylas kreative Küche

Tom kochte vor Wut. Wieder einmal hatte er einen ganzen Tag mit nutzlosem Papierkram und endlosen Meetings vertan, und nun das. Um acht Uhr abends stand er im Stau. Er könnte glücklich sein, wenn er noch vor Mitternacht nach Hause käme. Tom beschloss impulsiv, die Autobahn zu verlassen und eine andere Strecke zu fahren.

An der Autobahnausfahrt bemerkte er in der Ferne ein kleines, helles Schild. „Kaylas kreative Küche" stand darauf. Nun, er könnte ja wenigstens ein belegtes Brötchen essen und einen Kaffee trinken, bevor er den langen Heimweg fortsetzte.

Aber als er die Tür zu Kaylas Lokal öffnete, blickte er enttäuscht um sich. Man konnte es kaum Restaurant nennen, es war eher ein winziges Stübchen. Quer durch den kleinen Raum erstreckte sich eine Theke, und dahinter saß eine sportliche Frau von etwa 50 Jahren – vermutlich Kayla – auf einem Barhocker.

„Sie sind zum ersten Mal hier", sagte sie. „Was kann ich für Sie tun?"

Sie kennt anscheinend alle Stammkunden, dachte Tom – oder es kommen nicht viele Leute hierher. „Ähm, ja, kann ich die Speisekarte haben?"

„Hier gibt es keine Speisekarte."

Die Leute in diesem Kaff waren anscheinend ziemlich rückständig. „Na gut. Ich hätte gerne ein Brötchen mit hart gekochtem Ei und einen Kaffee."

„Das haben wir hier nicht."

„Was für eine Art Restaurant ist das denn?", fragte Tom.

„Es ist überhaupt kein Restaurant", antwortete Kayla. „Es ist eine Küche – eine kreative Küche. Wir füttern das Gehirn, nicht den Magen."

„Was meinen Sie damit? Ist es so etwas wie eine Kindertagesstätte?"

Kayla lachte. „So könnte man es auch sehen. Aber nein. Wir bringen Kreativität in das Leben von Menschen jeden Alters."

Langsam begann Tom, das Ganze interessant zu finden. „Was sollte mir das nützen?", fragte er lächelnd. „Ich habe nichts mit Kunst zu tun."

„Ich kann Ihnen vier gute Gründe nennen", sagte Kayla. „Erstens entwickelt sich die Welt so schnell weiter, dass man schon allein deswegen kreativ sein muss, um mit ihr Schritt halten zu können. Denken Sie nur an die Arbeit. Vor ein paar Jahren gab es weder Computer noch Faxgeräte oder Handys – ganz zu schweigen von dem mörderischen globalen Wettbewerb. Heute müssen sich die Mitarbeiter in den Unternehmen neue Strategien und Taktiken überlegen, wenn sie Erfolg haben wollen. Die Ansätze und Methoden von gestern reichen für den heutigen Bedarf nicht mehr aus.

Zweitens eröffnet das kreative Denken neue Perspektiven, bisher unbekannte Erfahrungen und innovative Möglichkeiten. Es fördert unsere Entwicklung. Und wenn wir kreative Ideen verwirklichen, befriedigen wir damit unser Bedürfnis, die eigene Persönlichkeit auszudrücken.

Drittens werden durch Kreativität unsere Denkprozesse neu aufgeladen. Die freudige Erregung, die uns bei einer Entdeckung überkommt, gibt unserem Gehirn neue Energie.

Und viertens macht kreatives Denken einfach Spaß. Es ist ein gutes Mittel, um mit der Informationsflut und dem Druck, der auf uns lastet, fertig zu werden. Kreativität erlaubt es uns zu spielen."

„Aber sind nicht manche Leute schon von Natur aus kreativer als andere?", fragte Tom. „Ich könnte beispielsweise die Mitarbeiter in meiner Firma in zwei Gruppen einteilen. Ein paar Leute haben ständig neue und kreative Ideen, während von den anderen immer nur derselbe alte Kram kommt. Und was ist mit berühmten Künstlern und Erfindern? So kreativ wie sie bin ich ganz bestimmt nicht."

„Sind Sie da wirklich sicher?", lächelte Kayla. „Aber im Ernst – Kreativität bildet den Kern unserer menschlichen Natur. Im Laufe der gesamten Menschheitsgeschichte hat der kreative Geist das Leben ständig bereichert. Denken Sie nur daran, wie die Erfindung des Rades, der Symphonie oder des Computers unsere Lebensqualität verbessert haben. Sollten Sie je Kinder beim Spielen beobachten, werden Sie bemerken, dass sie instinktiv kreativ sind.

Und noch etwas: Das Wunderbare an den kreativen Fähigkeiten ist, dass sie umso schneller wachsen, je mehr man sie einsetzt. Und je mehr sie wachsen, umso lieber macht man von ihnen Gebrauch, ganz egal, ob Sie nun einen Geschäftsplan aufstellen oder einen Urlaub planen möchten."

Tom dachte an den zurückliegenden Arbeitstag. Seinem Unternehmen würden neue Ideen sicherlich sehr gelegen kommen, und was ihn betraf, so wäre alles, was seine Arbeit neu beleben würde, einen Versuch wert. „Na gut", sagte er. „Und wie fange ich an?"

Kayla reichte ihm einen Stapel Karten. Sie sahen aus wie Rezeptkarten. „Hier, wenn Sie diese Anweisungen befolgen, werden Sie schon nach kurzer Zeit erstklassige kreative Gedanken zusammenbrauen. Und mit viel Hingabe und Übung können Sie es bis ganz an die Spitze schaffen: zu einem ‚Fünf-Sterne-Verstand'."

Tom betrachtete das kleine Bündel. „Das ist alles?", fragte er. „Nur diese Karten?"

Kayla zögerte einen Moment. „Nun, es gibt noch ein Buch dazu, aber das kann ich Ihnen nicht kostenlos überlassen." Sie lächelte entschuldigend. „Schließlich muss ich auch von etwas leben."

Tom dachte, dass das Buch sicher nützlich sein würde. Es war lange her, dass er kreative Arbeit geleistet hatte, und ein paar Tipps würden bestimmt nicht schaden. Er bezahlte das Buch, dankte der Dame und ging hinaus.

Kurz nachdem er losgefahren war, fiel ihm plötzlich ein, was er Kayla noch fragen wollte. Er hielt am Straßenrand und suchte im Rückspiegel nach dem hellen Schild.

Es war nicht mehr da.

KAPITEL 1

NAHRUNG FÜR DEN GEIST

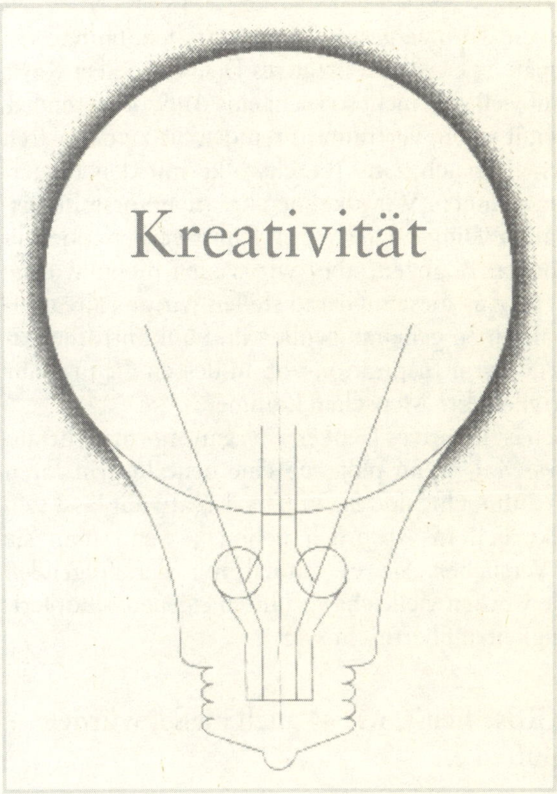

Das Bedürfnis nach Kreativität

Was ist Kreativität?

> „Sage mir, was du isst, und ich will dir sagen, was du bist.“
>
> *Jean Anthelme Brillat-Savarin*, französischer Gourmet

Die Frage, die Tom vergessen hatte zu stellen, lautete:

Was genau ist eigentlich kreatives Denken? Selbst Kayla hätte darauf vielleicht nicht so leicht eine Antwort gefunden.

Kreativität ist ein vertrauter Fremder. Sie zu definieren gleicht dem Versuch, eine Rauchwolke mit den Fingerspitzen einzufangen. Wir erkennen kreative Vorstellungskraft in allen Dingen, sei es in Kunstwerken oder in ausgeglichenen Bilanzen, aber wir wissen nicht, wie sie funktioniert. Aus diesem Grund stellen wir uns Kreativität gerne als einen geheimnisvollen und unkontrollierbaren Ausbruch von Inspiration vor, in dessen Genuss nur wenige privilegierte Menschen kommen.

Dennoch ist kreatives Denken eine ganz normale Erfahrung. Jedes Mal, wenn plötzlich eine neue Idee in Ihren Gedanken auftaucht, sind Sie kreativ. Kreativität lässt sich auch willkürlich in Anspruch nehmen, wenn man sie braucht. Versuchen Sie es einmal mit der folgenden Übung: Sie werden vielleicht von Ihren eigenen schöpferischen Fähigkeiten überrascht sein.

Was uns Rose heißt, wie es auch hieße, würde lieblich duften …

Nehmen Sie sich ein paar Minuten Zeit zum Entspannen und sammeln Sie sich. Lockern Sie Ihre Muskeln und atmen Sie tief und gleichmäßig.

Stellen Sie sich nun eine leuchtend rote Rose vor, in allen Einzelheiten, lebendig und klar, als sei sie wirklich da.

- Wenn das Bild klar und deutlich vor Ihren Augen steht, ändern Sie ein einziges Merkmal der Blume. Denken Sie sich die Rose in Blau.
- Anschließend ändern Sie noch ein Merkmal. Stellen Sie sich vor, die Blütenblätter wären lauter Schmetterlingsflügel. Wie sieht die Rose jetzt aus?
- Ändern Sie weiter ein Merkmal der Rose nach dem anderen. Vergrößern oder verkleinern Sie sie. Stellen Sie sich die Blüte rau oder behaart vor oder auch ganz weich. Ändern Sie die Form der Blütenblätter in Seerosenblätter oder Rauten.
- Variieren Sie das Bild weiter, wie es Ihnen gerade einfällt, bis Sie eine ganz neue Blume vor sich sehen, die weder Sie noch sonst jemand je zuvor erblickt hat.
- Gehen Sie dabei so übertrieben oder so feinsinnig vor, wie Sie wollen, aber lassen Sie Ihrem Verstand die Freiheit, etwas völlig Neues zu erfinden. Welches Gefühl verschafft Ihnen diese kreative Erfahrung?

Was haben Sie denn während dieser Phase des kreativen Denkens gemacht?

Wie unterschied sich diese Aktivität von anderen Arten des Denkens? Bei der Antwort auf diese Frage hilft Ihnen kein Lexikon. In meinem Wörterbuch ist Kreativität als Originalität, Erfindungsgabe, Fantasie und als Akt der Schaffung von etwas Neuem definiert.

Alltägliche Definitionen von Kreativität vermitteln uns ein besser nachvollziehbares Verständnis dieser Erfahrung. Man sagt beispielsweise, Kreativität sei die Fähigkeit, ein Problem einmal von der anderen Seite zu betrachten. Eine kreative Idee ist eine Vision oder eine Erleuchtung, ein Augenblick der Inspiration, wenn sich die Gedanken plötzlich auf die richtige Weise zusammenfügen. Kreativität zeigt sich in einer überraschenden Lösung für ein Problem oder ein Dilemma. Kreative Projekte sind elegant, sie lösen eine Aufgabe mit möglichst wenig Ressourcen. Im Allgemeinen verbinden wir Kreativität mit Qualität.

Wir sprechen von der visionären Eigenschaft kreativer Personen. Sie sehen bei der Betrachtung eines Gegenstandes etwas völlig anderes als andere Menschen. Ein Produktdesigner dachte beispielsweise beim Anblick einer Muschelschale plötzlich „Lampe". Einem Modedesigner fiel bei der Betrachtung des Eiffelturms dagegen ein: „neuer Hut". Ein Chemiker blickte auf die Ergebnisse eines fehlgeschlagenen Experiments mit Klebstoff und dachte an selbst klebende Notizblätter, was zur Erfindung der „Post-It"-Blöcke führte. Kreative Menschen kombinieren ursprünglich zusammenhanglose Teile zu einem intelligenten Ganzen.

„Kreativität" ist, kurz zusammengefasst, ein Eintopf aus verschiedenen Begriffen, die für jeden Menschen eine andere Bedeutung haben. Trotzdem spielt sie im Leben eines jeden Menschen eine Rolle.

Dieses Buch wird Ihnen dabei helfen, Ihre schöpferische Begabung zu fördern. Es regt Sie dazu an, Ihren kreativen Geist auf neue Art zu erforschen und besser zu verstehen, wodurch Ihre Fantasie in Gang gesetzt wird. Sie werden mehr neue Ideen und Perspektiven entwickeln und Ihre kreativen Fähigkeiten in zahlreichen Lebensbereichen einsetzen können.

Neues aus der Kreativitätsküche steckt ebenso wie sein Vorgänger *Salto Mentale* voller Übungen, Spiele und Rätsel. Neu hinzugekommen sind meine „Rezepte für hervorragende Ideen". All dies soll Sie dazu anregen, nicht nur über Kreativität nachzudenken, sondern selbst am kreativen Prozess teilzunehmen. Man lernt am besten durch eigene praktische Erfahrung, und man macht es am besten, wenn man möglichst viel probiert.

Drei wichtige Zutaten für Kreativität

Man könnte sagen, dass im kreativen Eintopf drei wichtige Zutaten auf keinen Fall fehlen dürfen. Die erste Zutat ist *Neuheit*. Bei einem schöpferischen Akt wird etwas Neues geschaffen. Die Fähigkeit, neue Gedanken zu erfinden und hervorzubringen – von der Ausarbeitung eines Romans über die Erfindung eines Wortspiels bis hin zur Visualisierung einer völlig neuen Blume – ist für kreatives Denken unerlässlich. Man kopiert nicht einfach eine bereits vorhandene Arbeit, sondern konzentriert sich auf die Erfindung von etwas ganz Neuem. Daher müssen kreative Ideen und Produkte nicht einmalig sein, sie müssen nur für ihren Schöpfer neu sein.

Denken Sie kurz über die Übung mit der Blume nach. Wenn es Ihnen so geht wie den meisten Menschen, haben Sie wahrscheinlich umso mehr Variationen geschaffen, je länger Sie an die Rose dachten. Anfangs waren die Bilder vielleicht undeutlich, doch sie wurden immer schärfer und detaillierter. Im Laufe der Zeit fielen Ihnen immer mehr Veränderungen ein. Sie verglichen die imaginäre Blume mit Erinnerungen an echte Blumen. Mit jeder neuen Idee probierten Sie weitere Alternativen aus und prüften gleichzeitig, ob Ihre Schöpfung tatsächlich etwas

Neues war. Wenn Ihnen die Übung richtig Spaß gemacht hat, haben Sie sich vielleicht sogar ziemlich angestrengt. Und wenn das Ergebnis wirklich überraschend war – winzige weißblaue Gänseblümchen mit knallroten Staubfäden, eine Blume aus menschlichen Fingern oder eine Venus-Fliegenfalle mit echten Zähnen –, haben Sie vielleicht eine „Heureka-Erfahrung“ gemacht und einen Augenblick der Erleuchtung erlebt.

Aber gehört zu einer kreativen Erfahrung nicht viel mehr als das Visualisieren einer Blume? Doch, sicherlich. Die zweite wichtige Zutat ist *Wert*. Sie können sich den ganzen Tag lang neue – sogar nie da gewesene – Blumen vorstellen, aber wenn sich Ihre Vision nicht auf irgendeine Weise realisieren lässt, sind alle Anstrengungen für die Katz. Nur ein Mensch, der seine Vision einer neuen Blume in greifbarer Form umsetzt – in Malerei, Bildhauerei, Worte, Computeranimation, Mauerwerk, Gedrucktes oder auf andere Weise –, kann als kreativ bezeichnet werden. Der Wert lässt die Menschen von der schöpferischen Arbeit Notiz nehmen.

Zur Produktion eines kreativen Werts sind Fachkenntnisse erforderlich. Dies sind Fähigkeiten wie beispielsweise Schreiben, Kochen, Mauern oder Halbleiterdesign. Man kann als Maler nur dann kreativ und gleichzeitig produktiv sein, wenn man ein gewisses Grundwissen über das Mischen von Farben und über die verschiedenen Pinselarten mitbringt. Um wirklich kreativ zu sein (d.h. um wirklich innovative und wertvolle Werke zu produzieren), müssen Sie über die entsprechenden Grundkenntnisse in Ihrem Arbeitsbereich verfügen. Ich will damit nicht sagen, dass Ihnen das Malen nicht auch einfach so Spaß machen kann, aber um produktiv zu sein, brauchen Sie das nötige Grundwissen.

Die dritte Zutat ist *Leidenschaft*, die Psychologen nennen sie die *innere Motivation.* Es ist der Wunsch, etwas zu tun, nur weil es Freude macht, und nicht, um eine Belohnung oder einen Preis zu bekommen. Externe Motivation dagegen bringt einen dazu, Dinge zu tun, nicht weil man sie gerne tut, sondern weil es erwartet wird. Man sucht dabei eine zukünftige Belohnung oder will Strafen vermeiden.

Leidenschaft – in allen Spielarten – ist eine wichtige Voraussetzung für Kreativität. Wie könnte ein Künstler träumen, ein Unternehmer ein Risiko eingehen oder ein Archäologe zu einer gefährlichen Ausgrabungsstätte reisen, wenn sie nicht von Leidenschaft erfasst wären? Leidenschaft erfüllt die Menschen mit dem Hunger nach neuen Ideen und Erfahrungen. Ohne den Wunsch, etwas zu durchschauen, zu erforschen, zu enträtseln, einen Beitrag zu leisten und selbst etwas zu probieren, würde und könnte sich der kreative Geist nicht immer wieder bis an seine Grenzen wagen. Aber wenn unser Herz an etwas hängt und wir von etwas begeistert sind, schaffen wir es, unsere tiefsten schöpferischen Ressourcen anzuzapfen.

Kreativität entsteht, wenn diese drei Elemente zusammentreffen: Neuheit, Wert und Leidenschaft. Jeder Mensch hat Interessen, die seine kreativen Energien anregen. Kreative Genies zeichnen sich durch ihre innere Einstellung, ihren persönlichen Einsatz und ihre Bereitschaft zum Träumen aus.

Kreativität im Alltag

Viele Menschen betrachten sich selbst nicht als kreativ, weil ihnen ein großes Publikum fehlt. Sie sind der Meinung, dass nur große Werke wie Romane oder Symphonien als kreative Leistungen gelten. Dabei übersehen sie, wie oft sie selbst in ihrem Leben Fantasie und Eigenwilligkeit demonstrieren. Diese enge Definition von Kreativität führt dazu, dass viele Menschen Kreativität für eine äußerst seltene Eigenschaft halten, die nur Dichtern, Malern und Genies vorbehalten ist. Doch jede Köchin ist kreativ, wenn sie ein Soufflé-Rezept ein wenig variiert, ein Maurer ist kreativ, wenn er die Ziegelsteine in einem neuen Muster aufeinander legt, ein Nachtwächter ist kreativ, wenn er seine Runden in kürzerer Zeit schafft. Oft besteht der einzige Unterschied zwischen großen und kleinen kreativen Leistungen einfach in der Größe des Publikums.

Kreative zerebrale Küche

Die Entwicklung einer Idee gleicht der Zubereitung einer Mahlzeit.

Die Metapher der „Zubereitung einer Mahlzeit für das Gehirn“ rückt gleich mehrere Arten des Denkens, die zu kreativen Ideen beitragen, ins Zentrum der Aufmerksamkeit. Als geistiger Koch planen Sie die Speisenfolge, gehen auf den Markt der Ideen und tragen eine Vielzahl frischer Zutaten zusammen – Daten und Informationen. Sie säubern und sortieren die Ideen, trennen die relevanten von den unbrauchbaren, und dann vermischen und vermengen Sie die Gedanken, wobei Sie Tatsachen mit Überlegungen, Spekulationen mit Beobachtungen verbinden. Sie kochen, schmoren und braten die Ideen und lassen die Säfte und Gewürze ineinander fließen. Wenn alles gut geht, können Sie am Ende eine geglückte Mahlzeit servieren – nahrhafte und befriedigende Gedanken.

Jeder, der sich schon einmal an kreativen Dingen versucht hat – Gedichte geschrieben, Lieder komponiert oder auch ein Projekt geleitet hat –, weiß, dass es oft nicht gleich beim ersten Mal perfekt klappt. Perfektion braucht Zeit, manchmal mehr, manchmal weniger.

Zu Anfang des Prozesses hat man eine vage Idee, eine undeutliche Ahnung von dem, was passieren soll. Man weiß noch nicht einmal genau, was einem einfallen wird. (Wüsste man es, so würde man ja nicht wirklich etwas Neues schaffen.) Man denkt dann in verschiedenen Bahnen, spaziert manchmal im Geiste um verschiedene Konzepte herum oder konzentriert sich auf einen bestimmten Ansatz, um die Idee weiterzuentwickeln.

Es gibt keine einfache Beschreibung, keine Methode, die genau wiedergibt, was wir tun, wenn wir etwas Neues schaffen. In diesem Buch verwenden wir zahlreiche verschiedene Metaphern und Analogien, um die vielen Facetten schöpferischen Denkens zu untersuchen. Eine Metapher ist jedoch besonders ausdrucksstark:

In unserer geistigen Küche stehen uns viele Hilfsmittel zur Verfügung. Messer, um die Ideen zu schälen, zu zerschneiden und zu trennen, Schüsseln, um sie zu vermischen, Mixgeräte, die sie pürieren, und Herde und Backöfen, in denen sie bis zur Vollendung gekocht und gebraten werden. Auch bei der Zubereitung einer Mahlzeit muss man genau wissen, wie und wann man die verschiedenen Hilfsmittel am besten einsetzt.

In den folgenden Kapiteln werden wir mehrere interessante und kurzweilige Möglichkeiten des Garens von Gedanken untersuchen. Wir verwandeln die Rohzutaten zusammenhangloser Informationen in Appetit anregende Mahlzeiten für den Geist und die Sinne.

Den Appetit kultivieren

Ändern Sie Ihre Geisteshaltung und seien Sie offen für Forschungen und Entdeckungen. Eröffnen Sie sich neue Möglichkeiten, indem Sie neugierig sind, Dinge ausprobieren, sich auf das konzentrieren, was Sie nicht wissen, und indem Sie Fragen stellen. Vor allem müssen Sie sich erlauben, kreativ zu sein.

Zusammentragen

Sammeln Sie Fakten, Zahlen und Gefühle, die mit Ihrem Projekt zusammenhängen. Benutzen Sie vielerlei Zutaten aus dem In- und Ausland, exotische und alltägliche. Achten Sie bei Ihrem Einkauf im Ideen-Supermarkt auf Frische.

Schneiden

Analysieren Sie Ihre Ideen, indem Sie sie in kleinere Einheiten zerlegen. Achten Sie auf das Wesentliche an Ihren Problemen und Projekten und bestimmen Sie Qualität und Quantität. Teilen Sie die Gedanken in neue

Kategorien ein. Zerkleinern Sie sie so, dass Sie sie auf neue Weise verstehen.

Mischen

Verbinden, verknüpfen und verschmelzen Sie die Ideen. Suchen Sie nach Zusammenhängen, vergleichen Sie, stellen Sie Ihre Gedanken in Beziehung zu anderen, denken Sie sich Metaphern aus und entwickeln Sie Analogien. Vertrauen Sie darauf, dass Sie davon inspiriert werden, dass Sie im Geist den Boden für neue Gedankenverbindungen bereiten.

Kochen

Lassen Sie Ihre Gedanken köcheln und schmoren. Das Tor zu tiefer reichenden kreativen Erfahrungen öffnet sich oft durch Ausdauer, harte Arbeit und Nachdruck. Finden Sie einen inneren Rhythmus von Ausdruck und Reflexion und streben Sie nach dem in der Psychologie so genannten „Flow-Zustand“, um Ihre Konzentration zu schärfen. Entwickeln Sie ein Gefühl dafür, wann Sie die Temperatur höher schalten müssen und wann es besser ist, alles abkühlen und im eigenen Saft ruhen zu lassen.

Würzen

Reichern Sie die Gedanken mit neuen Akzenten an. Amüsieren Sie sich mit „Was-wäre-wenn-Fragen“. Ändern Sie den Kontext, drücken Sie Ihre Idee in einer anderen geistigen Sprache aus. Erzählen Sie eine Geschichte, malen Sie ein Bild, bauen Sie ein Modell, formulieren Sie eine Gleichung oder zeichnen Sie eine Karte. Stellen Sie vorgefasste Meinungen in Frage, brechen Sie Regeln und ermutigen Sie den allgegenwärtigen Freund der Kreativität – das Glück.

Probieren

Beurteilen Sie Ihre Kreation. Stellen Sie fest, wie effektiv Ihre Ideen tatsächlich sind. Suchen Sie die Stärken und Schwächen. Vergessen Sie nicht, dass die Ideen nicht nur den Gaumen, sondern auch das Auge befriedigen sollten. Wenn etwas schief geht – was sich nicht immer vermeiden lässt –, überlegen Sie, was Sie aus dieser Erfahrung lernen können.

Verdauen

Lassen Sie sich Zeit, um die Gedanken in sich aufzunehmen. Können Sie sich davon ausgewogen ernähren oder futtern Sie zu viele geistige Süßigkeiten? Denken Sie daran, dass sich die Nahrung für einen wohlgenährten Intellekt aus allen geistigen Nährstoffgruppen zusammensetzen muss.

Jede Phase der Ausarbeitung einer Idee – vom Zusammentragen der Rohzutaten bis hin zum Probieren und Verdauen des Endprodukts – ist Teil eines sich laufend verändernden Prozesses. Im Gegensatz zu einem Kochrezept kann der kreative Prozess niemals nach einem feststehenden Muster ablaufen. Kreativität ist ihrem Wesen nach dynamisch und veränderlich. Sie entwickelt sich laufend fort und passt sich an die jeweilige Person und Aufgabe an. Wenn Sie jedoch die in den folgenden Kapiteln behandelten Methoden einsetzen, können Sie immer eine Umgebung schaffen, in der die Kreativität gedeiht.

Jedes Kapitel in diesem Buch beschäftigt sich mit einem bestimmten Aspekt des schöpferischen Denkens.

Sie werden sicherlich nicht bei jedem Problem bzw. Projekt alle Aspekte anwenden können – weder backt man Salat noch mischt man Steaks. Je mehr Zubereitungsarten für Gedanken Sie jedoch kennen, desto innovativer werden Ihre Ideen.

Die Zubereitung und der Verzehr von Gedanken hören wie Kochen und Essen niemals auf. Nach einer üppigen Mahlzeit verspüren wir schon bald erneut Hunger und verlangen nach mehr. Auf diese Weise wird das Kochen von Gedanken zu einem Akt der Erneuerung, zu einem Teil des unendlichen Lernprozesses, der sich auf zahllose Situationen und Umstände anwenden lässt.

Vorspeisen für den Geist

> „Routine in der Küche ist ein Verbrechen."
>
> *Edouard Nignon*, französischer Gourmand

Die Gedanken, die wir für uns selbst kochen, nähren unseren Intellekt und befriedigen unseren Wissensdurst. Informationen, Erfahrungen und Konzepte werden zu den Haupterzeugnissen unseres geistigen Lebens, und aus ihnen bilden sich Meinungen, Werte und Wissen. Die Gedanken dagegen, die wir für andere zubereiten, drücken unseren einmaligen Blickwinkel aus und spiegeln unseren persönlichen Geschmack wider. Gute Ideen können anregen, ermutigen und wirklich etwas bewirken in einer Welt, in der sonst sehr viele halb gare Projekte herumschwirren.

Tipp 1

Seien Sie offen für schöpferische Erfahrung. Nehmen Sie das Risiko auf sich, aus eingefahrenen Mustern auszubrechen und etwas Neues auszuprobieren. Stellen Sie sich darauf ein, dass es Spaß machen wird.

Tipp 2

Setzen Sie Ihre eigenen kreativen Fähigkeiten nicht herab. Ihre Ausflüge ins Reich der Fantasie haben ebenso viel Gültigkeit wie die anderer Menschen, egal, ob Sie nun eine Ballerina oder ein Maurer sind. Was zählt, ist das, was Sie aus Ihren Gedanken machen.

Tipp 3

Die Freude am „Ideenkochen" ist ebenso wie die Kunst der Gastronomie immer erfüllend und befriedigend. Gute Ernährung ist im Leben das Wesentliche.

> „Kochen lernt man am besten, indem man kocht: Stellen Sie sich an den Herd und fangen Sie einfach an."
>
> *Julie Dannenbaum*, amerikanische Köchin

KAPITEL 2

APPETIT

Der Hunger nach Ideen

Innerer Appetit

- Rufen Sie sich einen Zeitpunkt in Erinnerung – egal, wie lange er zurückliegt – zu dem Sie sich wahrhaft kreativ fühlten.
- Versetzen Sie sich an diesen Zeitpunkt zurück und stellen Sie sich bildlich vor, was Sie damals unternahmen, wie Sie sich fühlten, wie Ihr Körper sich bewegte, wie Sie atmeten und was Sie dachten.
- Verwenden Sie einige Minuten darauf, sich diesen Zeitpunkt in Erinnerung zu rufen.
- Achten Sie dabei besonders auf Ihre damalige Geistesverfassung.
- Welche Bilder gingen Ihnen durch den Kopf?
- Was haben Sie zu sich selbst gesagt?
- Wie betrachteten Sie damals sich selbst und Ihre Gedanken?
- Was hat dieses Erlebnis zu einer kreativen Erfahrung gemacht?
- Verwenden Sie einige Minuten darauf, die Erinnerung an diese starke kreative Erfahrung lebendig werden zu lassen.

Die kreative Geisteshaltung

> „Der Verstand ist kein Gefäß, das gefüllt werden muss, sondern ein Feuer, das nur entzündet zu werden braucht.“
>
> *Plutarch*, römischer Philosoph

Vor dem Komponieren streichelte Gustav Mahler immer einen Pelz, um sich zu entspannen. Bevor sich Samuel Johnson zum Schreiben niedersetzte, umgab er sich mit einer schnurrenden Katze, Orangenschalen und Tee. Brahms ließ sich durch Schuheputzen inspirieren. Der Philosoph Immanuel Kant arbeitete jeden Tag zur selben Zeit im Bett, wobei er durch das offene Fenster auf einen Turm blickte. Seine Decken hatte er in einem ganz bestimmten Muster angeordnet. Rudyard Kipling schrieb grundsätzlich nur mit obsidianschwarzer Tinte. Charles Dickens glaubte, dass das Magnetfeld der Erde ihn stärkte, und richtete sein Bett so aus, dass es genau nach Norden zeigte. Friedrich Schiller wiederum bedeckte seinen Schreibtisch mit verfaulten Äpfeln, wenn er nach neuen Ideen suchte. Ludwig van Beethoven übergoss seinen Kopf mit eiskaltem Wasser.

Warum sollte jemand derart seltsamen Ritualen folgen, bevor er kreative Arbeit leistet? Bei vielen Menschen rufen Rituale eine bestimmte geistige Verfassung hervor, einen besonderen körperlichen, geistigen und emotionalen Zustand, in dem neue Ideen aufkeimen, Wurzeln schlagen und gedeihen. Die Vorstellung, einem Ritual zu folgen, mag zwar auf den ersten Blick sehr formal und einschränkend wirken, aber dennoch ist diese Praxis nicht nur weit verbreitet, sondern auch effektiv. Wie wirkt sich ein langer Spaziergang in einer mondlosen Nacht, beruhigende Musik oder auch ein heißes Bad auf Ihre Stimmung aus?

Aller Wahrscheinlichkeit nach entspannen und öffnen Sie sich dabei. Ihre Gedanken begeben sich auf Wanderschaft, und Sie werden empfänglich für neue Ideen. In dieser Stimmung können Sie am ehesten Verbindung zu Ihren tiefsten kreativen Ressourcen aufnehmen.

Das Gefühl der Kreativität – gleichgültig, in welcher Form es sich bei Ihnen äußert – ist jedem von uns vertraut und stellt eine wichtige Kraftquelle dar. Oft überfällt uns diese Geisteshaltung ganz unerwartet, wie ein plötzlicher Wetterumschwung. Aus diesem Grund fühlen wir uns zu den seltsamsten Zeiten am kreativsten; wir haben gute Ideen in der Badewanne, aber leider nicht am Arbeitsplatz.

Dieses Kapitel behandelt verschiedene Möglichkeiten, sich in eine kreative geistige Verfassung zu versetzen. Es muss nicht gleich so dramatisch sein wie bei Beethoven, aber Sie sollten Ihre eigene kreative Stimmung erkennen, wenn Sie so weit kommen wollen, dass Sie Ihre kreative Energie auch nach Bedarf wecken können. Um eine Umgebung zu schaffen, in der diese Energie gedeihen und sich ausbreiten kann, untersuchen wir im Folgenden verschiedene Möglichkeiten, wie Sie Ihren Körper, Ihre Gefühle und Ihre Aufmerksamkeit entsprechend einsetzen können.

Was ist eine kreative Geisteshaltung?

Was für den einen eine kreative geistige Verfassung ist, wirkt auf den anderen vielleicht beängstigend. Was einen Musiker anregt, ruft bei einem Schriftsteller möglicherweise nur Langeweile hervor. Es gibt keinen allgemein gültigen Geisteszustand – eine Kombination aus Gedanken und Stimmungen –, der sich als kreative Geisteshaltung bezeichnen ließe. Dennoch gibt es im Leben jedes Menschen Momente, in denen er sich auf einem schöpferischen Gipfelpunkt befindet. Sportler nennen diese Spitzenzeiten die *Zone*, Musiker fühlen sich *groovy,* und Psychologen sprechen vom *Flow-Zustand* oder von der *optimalen Erfahrung*. Egal, wie man es nennt, die kreative Geistesverfassung führt zu einem solchen Zeitpunkt dazu, dass man so sehr in seiner gegenwärtigen Aktivität aufgeht, dass sie den Mittelpunkt des Universums bildet. Die Außenwelt existiert nicht mehr. Für den Tennisspieler gibt es nur noch den Ball, der Maler kennt nur noch seinen Pinsel und der Musiker nur noch seine Musik.

In diesem Zustand absoluter Konzentration agiert man intuitiv. Ohne nachzudenken, geht man Risiken ein und handelt mutig. Man lebt nur in der Gegenwart; Vergangenheit und Zukunft gibt es nicht.

Denken Sie erneut an die Übung zu Beginn dieses Kapitels. An welche kreativen Momente erinnern Sie sich am liebsten? Haben Sie mitten in der Nacht geschrieben oder bei Sonnenaufgang gemalt? Ließen Sie sich auf ein Gespräch mit einem Fremden ein oder haben Sie vor Publikum etwas dargeboten? Haben Sie einfach nur so zum Vergnügen etwas gezeichnet, mit Ihrem Kind gespielt, jemanden geliebt oder in aller Stille über das Leben nachgedacht?

Die meisten Menschen empfinden bei der Erinnerung an kreative Spitzenzeiten eine gewisse Erregung und Frische. Kreative Augenblicke erscheinen einem besonders ausgedehnt, weil man sich in ihnen frei und zwanglos ausdrücken kann.

Wenn Sie etwas tun, was Ihnen Freude bereitet, verschwenden Sie keinen Gedanken an Kreativität. Sie arbeiten einfach darauflos. Gedanken und Handlung verschmelzen zu einer einzigen Erfahrung. Dieser wunderbare Zustand ist die pure Leidenschaft. Denken Sie jetzt kurz an das Gefühl der Leidenschaft. Dazu müssen Sie sich in Erinnerung rufen, wie Sie sich fühlen, wenn Sie kreative Spitzenleistungen erbringen. Haken Sie in der folgenden Liste alle Punkte ab, die auf Sie zutreffen, und ergänzen Sie sie nach Belieben.

Rezept für hervorragende Ideen

Körperliche Wahrnehmungen

- Ein prickelndes Gefühl
- Verlangsamte (oder beschleunigte) Atmung
- Eine veränderte Haltung
- Sie halten den Kopf höher und die Schultern tiefer
- Längere (oder kürzere) Fixierung des Blicks
- Sie möchten sich bewegen
- Sie möchten am liebsten tanzen
- Sie möchten den Körper möglichst still halten
- Ein Gefühl von Leichtigkeit in der Brust
- ________________________________
- ________________________________

Geistige Wahrnehmungen

- Ihr Geist ist ruhig
- Ein Gefühl von Wärme oder Kälte
- Ein Gefühl, als ob Sie vorwärts stürzten
- Ein Bild von einer Person, einem Ort oder einem Gegenstand
- Eine Reihe schnell wechselnder Bilder
- Ein Gefühl der Herausforderung
- Sie hören im Geiste ein Musikstück
- Sie spüren, dass Sie alles im Griff haben
- Sie spüren, dass Ihnen die ganze Welt offen steht
- Sie spüren, dass rundherum die Ideen sprießen
- Sie spüren, dass Sie eine Lösung finden
- ________________________________
- ________________________________

Emotionale Wahrnehmungen

- Erregung
- Glückliche Verspieltheit
- Zeitlosigkeit
- Drang nach Entdeckungen
- Neugier und Forschergeist
- Der Wunsch, Fragen zu stellen und Zusammenhänge herzustellen
- Der Drang, ein Risiko einzugehen
- Der Wunsch, etwas zu lernen
- Die Überzeugung, etwas Wertvolles zu leisten
- Völlige Konzentration und Zufriedenheit
- Sicherheit und Freiheit
- Der Eindruck, kurz vor einer wichtigen Entdeckung zu stehen
- Staunen
- ____________________
- ____________________

Wie die Beispiele zu Beginn dieses Kapitels zeigen, finden kreative Menschen immer einen Weg, um sich in eine geistige Verfassung zu versetzen, in der sie das Beste aus sich herausholen können. Die Methode muss aber keineswegs außergewöhnlich oder kompliziert sein. Beschließen Sie einfach, in eine andere geistige Verfassung zu wechseln. Wenn etwas – ganz gleich was – Sie fesselt, nehmen Sie dieselbe körperliche, geistige und emotionale Haltung ein, die Sie auch zu Ihren kreativen Spitzenzeiten einnehmen.

Kann man wirklich einfach beschließen, kreativ zu sein? Man kann! Einfallsreiche Menschen tun das jeden Tag. Versuchen Sie es. Entscheiden Sie sich dafür, eine kreative Geisteshaltung anzunehmen, und stellen Sie sich dann vor, wie Ihre Körperhaltung aussehen würde und was Sie dabei denken und fühlen würden.

Wenn Sie sich erst einmal daran gewöhnt haben, dass Sie ab jetzt geistig aktiv und flexibel sein dürfen, finden Sie ganz von selbst für jede Aktivität die optimale Stimmung heraus. Zum Zeichnen brauchen Sie wahrscheinlich eine andere Geistesverfassung als zum Entwerfen einer Präsentation.

Da niemand seine Gedanken und Gefühle vollständig unter Kontrolle hat (haben Sie schon einmal überlegt, wie es wäre, sie ganz zu beherrschen, und ob das gut oder schlecht wäre?), müssen wir uns hin und wieder selbst dabei helfen, schlechte Stimmungen, Ablenkungen, Sorgen, Stress und alle anderen Faktoren, die uns die Tür zu unserer kreativen Energie versperren, abzuschütteln. Der einfachste Weg dahin führt über die körperliche Entspannung.

Ein Fünf-Minuten-Ritual, bei dem Sie die Augen schließen und die Muskeln entspannen – wobei Sie von oben nach unten, also vom Kopf zu den Zehenspitzen hin vorgehen –, kann wahre Wunder wirken und die Lebenskräfte neu wecken. Auch wenn Sie zehnmal ruhig und langsam durchatmen – atmen Sie dabei nicht gezwungen langsam, sondern konzentrieren Sie sich einfach auf die Luft, die durch Ihre Nase ein- und ausströmt –, werden Sie sich erfrischt fühlen. Die Spannungen, die die kreative Energie in uns lähmen, lassen sich oft schon dadurch lösen, dass wir innerlich ruhig werden und unseren Gedanken freien Lauf lassen.

Probieren Sie nun ein paar Minuten lang aus, wie eine Visualisierungsübung den Körper entspannen und den geistigen Raum erweitern kann, sodass die kreative Energie darin frei fließt.

Rezept für hervorragende Ideen

Schritt 1

Lehnen Sie sich in einem Stuhl zurück, lockern Sie die Muskeln und entspannen Sie sich. Atmen Sie langsam, locker und gleichmäßig. Zählen Sie nun zehn Atemzüge, wobei Sie im Geiste bei jedem Ausatmen die Zahl vor sich hin sprechen. Wenn Sie sich dann ruhig und gelassen fühlen, stellen Sie sich vor, dass in dem Raum, in dem Sie sitzen, eine neue Tür erscheint. Durch diese Tür treten Sie in einen Aufzug. Sie befinden sich im zehnten Stockwerk.

Schritt 2

Während Sie die Stockwerktasten betrachten, fühlen Sie, wie sich der Aufzug langsam abwärts bewegt. Bei jedem Ausatmen fahren Sie eine Etage tiefer – 10 … 9 … 8 … Mit jeder Etage entspannen Sie sich etwas mehr, Ihr Atem wird leiser, Ihr Geist öffnet sich und wird aufmerksamer.

Schritt 3

Wenn der Aufzug im Erdgeschoss angekommen ist, ist es in Ihnen so still geworden, dass Sie Ihren Herzschlag fühlen. Wenn die Tür sich öffnet, sind Sie genau an dem Ort, an dem Sie sein möchten. Es kann eine Werkstatt, ein Atelier, ein Berg oder ein Tal sein – jeder Ort, an dem Sie das Gefühl haben, dass Ihnen dort alle Zeit der Welt zur Verfügung steht. Lassen Sie sich Zeit, diese Erfahrung innerer Freiheit auszukosten.

Schritt 4

Fragen Sie sich: Was würden Sie an diesem idealen Ort tun? Wen möchten Sie gerne dort treffen? Wie möchten Sie die Zeit verbringen? Nehmen Sie sich eine kurze geistige Auszeit.

Schritt 5

Wenn Sie alles erledigt haben, was Sie an diesem Ort tun wollten, kehren Sie mit dem Aufzug in das oberste Stockwerk zurück, wobei Sie wieder mit jedem Atemzug eine Etage zählen. Sobald Sie oben angekommen sind, öffnen Sie die Augen.

Entspannung ist eine sehr einfache, aber auch sehr effektive Methode, um sich in eine kreative geistige Verfassung zu versetzen. Sie setzt Energien frei, die zuvor durch Sorgen, Probleme und Ärgernisse blockiert waren. Lösen Sie diese Blockaden und verschaffen Sie sich freie Energie.

Was aber ist, wenn Sie eine Frist einhalten müssen und sich nicht entspannen können? Seltsamerweise funktioniert es manchmal auch, wenn man nur so tut. Halten Sie sich einfach so, als seien Sie tatsächlich ganz locker. Es kann sein, dass sich Ihre Stimmung zu Ihrer Überraschung schon nach ein paar Minuten dementsprechend ändert.

Konzentration des Geistes

Leonardo da Vinci ließ am liebsten seinen Gedanken einfach freien Lauf, um sich in eine schöpferische Verfassung zu versetzen und seiner Vorliebe für neue Ideen nachzugeben. Er schrieb:

Ich kann nicht umhin ... eine neue Methode zu erwähnen, die zwar trivial und fast lächerlich erscheinen mag, die aber dennoch sehr dabei behilflich ist, den Geist zu den verschiedensten Erfindungen anzuregen. Man betrachte eine Wand mit vielen Flecken ... Dabei entdeckt man möglicherweise eine Ähnlichkeit mit verschiedenen Landschaften, die mit Bergen, Flüssen, Felsen und Bäumen geschmückt sind ... oder man erblickt Schlachten und in Bewegung befindliche Figuren, oder seltsame Gesichter und Kostüme und eine endlose Vielzahl von Dingen, die sich auf vollständige und wohl umrissene Formen reduzieren ließen. Und dies alles erscheint auf derartigen Wänden in undeutlicher Form, wie der Klang von Glocken, in deren Geläute sich jeder Name und jedes beliebige Wort wiedererkennen ließe.

Wenn wir Leonardos Worten folgen, können wir uns in eine erfinderische Geistesverfassung versetzen, indem wir einfach in einer Tapete, in einem Parkettboden oder in dem Spiel aus Licht und Schatten eine Struktur finden und unsere Gedanken wandern lassen, bis wir etwas erkennen, das wir noch nie zuvor gesehen haben.

Kinder sind in dieser Hinsicht sehr begabt. Sie sind gleichsam in der kreativen Zone zu Hause. Sie betrachten Wolken und sehen Nilpferde, Schimpansen und fliegende Bären. Sie trampeln in Schlammpfützen herum und stellen sich Meteore vor, die auf fremde Planeten stürzen. Sie sehen Blumen und denken an Skulpturen. Die Fantasie der Kinder kennt keine Grenzen, weil sie noch nicht von den Denkregeln der Erwachsenen eingeschränkt wird. Sie wissen noch nicht, dass sie nicht über die vorgezeichneten Linien hinausmalen dürfen.

Viele Menschen stimulieren ihren kreativen Geist dadurch, dass sie sich in die Stimmung versetzen, in der sie Rätsel lösen. Das ist nicht dasselbe wie eine problemlösende Geistesverfassung, denn Probleme sind immer gleichbedeutend mit Schwierigkeiten und Hindernissen. Wenn wir dagegen Rätsel lösen sollen, dann erwacht der Sherlock Holmes in uns zum Leben.

Viele Unternehmen haben bereits erkannt, wie wichtig es ist, die Mitarbeiter in eine fröhliche, kreative Stimmung zu versetzen, bevor neue Ideen gesammelt werden. Im Brainstorming-Raum des IBM-Forschungszentrums in Bethesda im US-Bundesstaat Maryland gibt es eine Sammlung von Metallpuzzles. Die Teilnehmer spielen damit, bevor sie mit dem Brainstorming beginnen. In anderen Brainstorming-Zentren werden Worträtsel eingesetzt, aber das Prinzip ist das Gleiche.

Ablenkungen

Die Vorbereitungen für kreative Arbeit ähneln der Zubereitung einer Mahlzeit. Man stellt die Zutaten bereit, beginnt mit einer sauberen und ordentlichen Arbeitsfläche und sorgt dafür, dass man alle Hilfsmittel griffbereit hat.

Aber trotz aller Vorbereitungen läuft oft nicht alles wie geplant. Sie setzen sich mit einer in Gedanken gut ausgearbeiteten Tagesordnung an den Schreibtisch, um ein neues Projekt zu beginnen. Sie wissen genau, was Sie in den folgenden paar Stunden zu erledigen haben – und dann kommen die unerwünschten Gedanken.

Sie denken an ganz andere Dinge als Ihr Projekt. Sie denken über den Kugelschreiber und das Papier nach, über Ihre Urlaubspläne für den kommenden Monat. Sie überlegen sich, eine neue Version der Software zu installieren. Sie denken an die Anrufe und Faxe, die Sie bis zum Abend noch zu erledigen haben. Sie denken an die unzähligen Dinge, die noch zu tun sind. Und was passiert? Es ist, als habe sich bereits ein Viertel Ihrer Aufmerksamkeit verflüchtigt.

Dann bemerken Sie, dass Sie vom Thema abgeschweift sind. Sie kämpfen mit sich und versuchen Ihre Aufmerksamkeit wieder zurück auf das Projekt zu lenken. Aber jetzt beschäftigen sich Ihre Gedanken mit dem Zeitdruck, mit dem Leistungszwang. Ein weiteres Viertel Ihrer Aufmerksamkeit geht verloren.

Ihre Haltung wird Ihnen unbequem. Sie verlagern Ihr Gewicht einmal, zweimal, Sie lassen die Schultern kreisen. Das kostet noch ein Viertel Ihrer Aufmerksamkeit. Und wenn dann auch noch eine Fliege durchs Zimmer brummt, bleibt Ihnen gar keine kreative Energie mehr übrig.

Ablenkungen, jene innerlichen Abschweifungen, die uns beschäftigen, zählen zu den größten Vernichtern kreativer Energie. Sie hindern uns daran, unsere kreativen Ressourcen zu aktivieren. Wenn ein Teil unserer Aufmerksamkeit auf die Vergangenheit oder die Zukunft gerichtet ist, können wir uns nicht auf die Gegenwart konzentrieren. Glücklicherweise lässt sich die mentale Energie relativ leicht zurückgewinnen. Wir haben schon gesehen, dass sich die Aufmerksamkeit durch Muskelentspannung und bewusste Atmung zentrieren lässt.

Wenn ich meine geistigen Energien sammeln möchte – vor allem, wenn ich das Gefühl habe, dass mir die Arbeit über den Kopf wächst –, wende ich am liebsten folgende Methode an: Ich lade alle meine Gedanken einfach ab. Nehmen Sie ein Blatt Papier und schreiben Sie möglichst schnell alle Punkte auf, die Ihnen in den Sinn kommen.

Bringen Sie alle Ihre Sorgen zu Papier. Es ist ganz gleichgültig, wie schwer wiegend oder trivial die einzelnen Dinge sind – schreiben Sie sofort alles auf, was Ihnen einfällt. Anschließend treten Sie einen Schritt zurück, betrachten Sie die Liste und geben Sie sich zu verstehen, dass Sie sich zu gegebener Zeit mit all diesen Punkten beschäftigen werden. Dadurch nehmen Sie Ihren Sorgen die Macht, Sie abzulenken, so dass Sie sich nun vollständig der vor Ihnen liegenden kreativen Aufgabe widmen können.

Den Appetit kultivieren

Übung
Wie viele Buchstaben des Alphabets können Sie in dieser Abbildung ausmachen?

Als *Die Nachtwache* von Rembrandt nach Restaurationsarbeiten wieder im Amsterdamer Rijksmuseum ausgestellt werden sollte, führten die Kuratoren ein einfaches, aber sehr bemerkenswertes Experiment durch. Die Besucher sollten Fragen zu dem Gemälde einreichen. Anschließend beantworteten die Kuratoren die 50 häufigsten Fragen. Manche Fragen beschäftigten sich mit Themen, die Kuratoren in der Regel nicht gerne beantworten: Wie viel kostet das Gemälde? Wurde es jemals gefälscht? Kann man Fehler in dem Gemälde feststellen? Andere Fragen wiederum galten künstlerischen Themen: Warum malte Rembrandt gerade dieses Thema? Wer sind die Menschen in dem Gemälde? Welche Techniken setzte Rembrandt in diesem Werk zum ersten Mal ein?

In einem Nebenzimmer des Ausstellungsraums wurden diese Fragen und die Antworten an die Wände geklebt. Alle Besucher mussten dieses Zimmer durchqueren, um zu dem Gemälde zu gelangen.

Das interessante Resultat war, dass die Leute das Gemälde statt durchschnittlich nur sechs Minuten nun eine halbe Stunde und länger betrachteten. Die Besucher spazierten immer wieder zwischen den Fragen und dem Gemälde hin und her. Sie gaben an, dass die Fragen sie dazu anregten, sich das Gemälde länger und genauer anzusehen und es sich besser einzuprägen. Aufgrund der Fragen dachten sie wesentlich ausführlicher über das Bild nach und betrachteten es auf ganz neue Weise. Diese Fragen lenkten die Gedanken der Besucher zu neuen Ideen hin.

Wie kommt es, dass Fragen eine derart starke Wirkung erzielen können? Im Wesentlichen regen die Fragen die Neugier der Besucher an und versetzen sie dadurch in einen aufnahmebereiten Zustand. Eine Frage verlangt nach einer Auskunft oder Erklärung, und es scheint, als ob sich hinter jeder Frage ein Abenteuer verbirgt, das uns zu verborgenen Schätzen führen kann.

Fragen

In dem Rätsel auf der vorletzten Seite sind tatsächlich alle 26 Buchstaben des Alphabets enthalten, ebenso wie die Ziffern eins bis neun. Sobald Sie eine Frage stellen, geben Sie Ihrem Verstand ein Ziel vor, auf das er gerichtet wird. Der einfache Akt des Fragens ist also ein äußerst wirksames Mittel, Ihre kreativen Ressourcen anzuzapfen. Der Verstand bemüht sich ganz von selbst, Fragen zu beantworten, nicht wahr? Besonders bedeutungsvolle und relevante Fragen sind gleichzeitig auch besonders interessant und fesselnd. Auf diese Weise wird eine Frage zu einem Angelhaken für Ideen. Das Fragezeichen ist vielleicht nicht zufällig ein umgedrehter Haken.

Fragen regen die Fantasie an

Unsere Ideen werden nicht dadurch besser, dass wir sie gebannt anstarren. Ideen ergeben sich, wenn wir uns für etwas interessieren, wenn uns ein Thema reizt und die Fantasie anregt. Ein neues Projekt beginne ich damit, zuerst die interessantesten Fragen zu notieren. Schon allein das Nachdenken über die Fragen bringt mich dann dazu, mehr über das Thema erfahren zu wollen.

Fragen setzen Gedankengänge in Bewegung

Fragen rufen ein Gefühl von etwas Ungelöstem hervor. Wie ein Juckreiz führt eine Frage automatisch dazu, dass wir uns kratzen wollen. Dieses Gefühl des Ungelösten kann sehr anregend wirken, und es erklärt, weshalb so viele Menschen gerne Rätsel lösen und Quizsendungen ansehen. Es ist ein mächtiger Antrieb, eine starke Energie- und Motivationsquelle.

Fragen legen unseren Blickwinkel fest

Die Fragen, die wir uns stellen, legen fest, in welche Richtung sich unsere Gedanken bewegen. Viele Leute geraten beim Nachdenken in eine Sackgasse, weil sie die falschen Fragen stellen. In meinen Seminaren über kreatives Denken führe ich immer die folgende Übung durch. Ich bitte die Teilnehmer, während sie ein bestimmtes Problem lösen sollen, jeden aufkeimenden Gedanken zu notieren. Manche schreiben so unbrauchbare Fragen auf wie: „Warum kann ich das nicht lösen?"; „Warum habe ich gerade jetzt einen Blackout?"; „Warum dauert das so lange?". Ihr Verstand versucht dann natürlich, diese Fragen zu beantworten, und denkt somit in eine völlig falsche Richtung.

Wenn wir bessere Fragen stellen wie „Was weiß ich über dieses Problem?" und „Mit welchem anderen Problem kann ich es verknüpfen?", lenken wir unsere Aufmerksamkeit in die richtige Richtung.

Fragen wecken nicht nur unseren Appetit auf neue Ideen, sie stellen selbst ein Mittel dar, neue Ideen zu erfinden. Kreative Köpfe stellen ständig Fragen. Ein Botaniker, der im Park an einem Baum vorbeigeht, überlegt beispielsweise: „Warum genau diese Grünschattierung? Warum nicht zwei statt drei Blüten? Warum wächst die Pflanze in diese Richtung und nicht in eine andere?"

Es ist interessant, dass das Wort „Frage" unter anderem synonym mit den Begriffen „Konflikt", „Problem" oder „Schwierigkeit" ist. Wir nehmen Konflikte und ungelöste Rätsel auf uns, weil wir darauf hoffen, dass unsere Hartnäckigkeit am Ende belohnt wird. Aber die Fragen nehmen kein Ende. Da es noch kein Buch aller endgültigen Antworten gibt, formulieren wir unsere Gedanken ständig neu und verfeinern sie. Für jemanden, der nach Lösungen sucht, sind Antworten wichtiger als Fragen. Aber für jemanden, der immer mehr dazulernen möchte, sind dagegen Fragen wichtiger als Antworten.

Welche Art von Fragen versetzt nun also unseren Verstand in einen energetisierten Zustand? Im Hinblick auf kreatives Denken sind es Eröffnungsfragen. Sie bringen das Problem auf einen kurzen Nenner und sehen in der Regel folgendermaßen aus:

Setzen Sie sich selbst ein Ziel

Wie kann ich ________________?

Setzen Sie in die Lücke eine Herausforderung ein, die gerade vor Ihnen liegt. Sie könnten beispielsweise fragen: „Wie kann ich eine bessere Arbeitsstelle bekommen?“; „Wie kann ich mehr für meine Gesundheit tun?“; „Wie kann ich die Beziehung zu meinen Kindern verbessern?“; „Wie kann ich effektiver arbeiten?“; „Wie kann ich lernen, mich besser durchzusetzen?“; „Wie erreiche ich im kommenden Jahr einen Marktanteil von 15 Prozent für dieses Spiel?“ und so weiter. Die Eröffnungsfrage bildet den geistigen Rahmen und setzt dem Verstand ein bestimmtes Ziel für neue Ideen.

Eröffnungsfragen sind von Natur aus offen. Sie fragen niemals nach nur einer Lösung, sondern lassen Raum für viele Ideen. Wenn Sie sich fragen: „Wie kann ich produktiver werden?“, setzen Sie Ihren Gedanken ein konkretes Ziel.

Die Formulierung einer Eröffnungsfrage ähnelt der Anprobe eines neuen Jacketts. Man probiert mehrere aus und vergleicht dabei Größe, Qualität und Sitz. Nicht immer ist das erste auch gleichzeitig das beste. Probieren Sie also verschiedene Formulierungen, tauschen Sie einzelne Wörter gegen Synonyme und verwandte Begriffe aus, bis Sie genau die Frage gefunden haben, die Sie zum Ziel führt.

Je länger Sie über die Eröffnungsfrage nachdenken, desto eher geben Sie Ihren Gedanken ein wirklich klares Ziel vor. Umgekehrt gilt: Je weniger Mühe Sie auf die Eröffnungsfrage verwenden, desto unwahrscheinlicher werden Sie genau das finden, wonach Sie suchen.

Die Eröffnungsfrage stellt klar, was das gewünschte Endergebnis sein soll. Man könnte ebenso gut auch sagen: „Ich brauche Ideen für ________________ .“ Wie können Sie die Eröffnungsfrage formulieren, wenn Sie mit Ihrem Lebenspartner verhandeln, eine neue Gelegenheit für Geschäfte suchen, das Wohnzimmer umgestalten, ein neues Auto kaufen oder eine Überraschungsparty für jemanden planen wollen? In jedem Fall trägt die Eröffnungsfrage dazu bei, die richtige Perspektive zu etablieren. Sie können Ihren Partner beispielsweise fragen: „Wie können wir bei diesem Problem zu einer Einigung kommen?“ Weniger geeignet wäre wohl die folgende Frage: „Wie kann ich diesen Streit gewinnen und dafür sorgen, dass sich mein Partner richtig schlecht fühlt?“

Die Eröffnungsfrage unter der Lupe

> „Ich wüsste lieber einige der Fragen als alle Antworten.“
>
> *James Thurber*, Humorist

Da die Eröffnungsfrage eine so wichtige Rolle spielt, sollten Sie sie genauer untersuchen, sie ändern und umformulieren, bis sie Ihnen genau richtig vorkommt. Um Ihren Geist für weitere Möglichkeiten zu öffnen, erweitern Sie die Eröffnungsfrage am besten durch die Frage nach dem „Warum“. Die Frage nach dem „Warum“ definiert Ihre Ziele noch einmal neu. Sie treten einen Schritt zurück und verstehen überhaupt erst, weshalb Sie die ursprüngliche Frage gestellt haben. Nehmen wir an, Sie stehen vor der Aufgabe: „Wie kann ich meine routinemäßige Schreibtischarbeit schneller erledigen?“

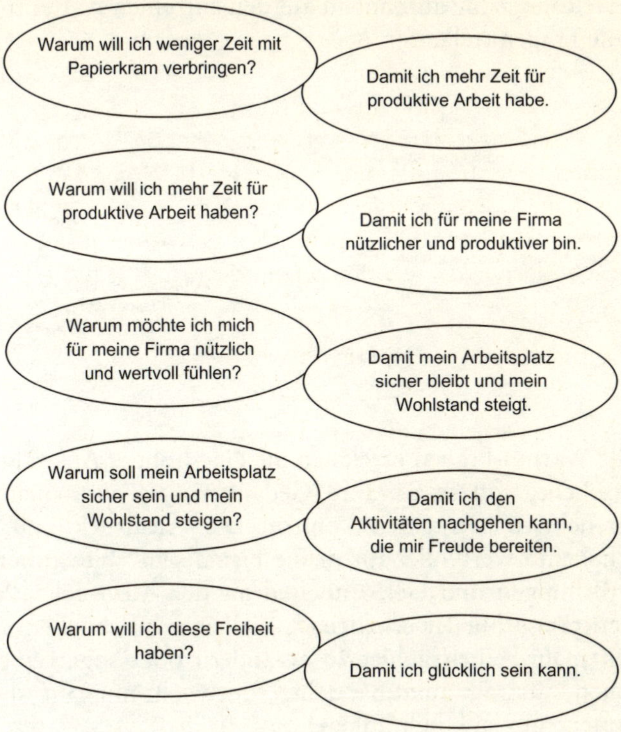
Warum will ich weniger Zeit mit Papierkram verbringen?
Damit ich mehr Zeit für produktive Arbeit habe.
Warum will ich mehr Zeit für produktive Arbeit haben?
Damit ich für meine Firma nützlicher und produktiver bin.
Warum möchte ich mich für meine Firma nützlich und wertvoll fühlen?
Damit mein Arbeitsplatz sicher bleibt und mein Wohlstand steigt.
Warum soll mein Arbeitsplatz sicher sein und mein Wohlstand steigen?
Damit ich den Aktivitäten nachgehen kann, die mir Freude bereiten.
Warum will ich diese Freiheit haben?
Damit ich glücklich sein kann.

Nun können Sie aufbauend auf den einzelnen Antworten neue Fragen stellen:

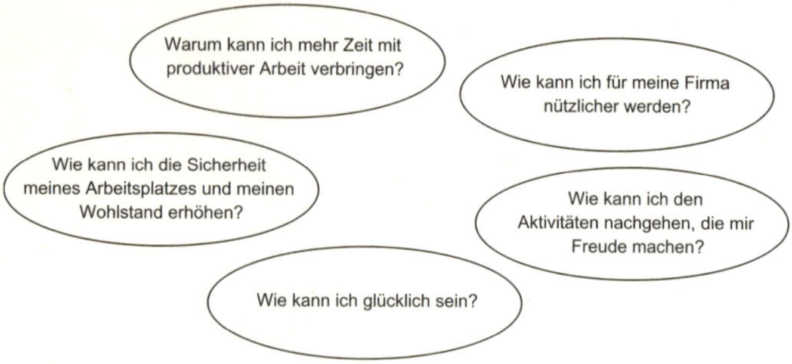

Mit Warum-Fragen erreichen Sie eine höhere Abstraktionsebene, sodass Sie Ihre Gedanken aus einer neuen Perspektive betrachten können. Der Ausdruck „nützlicher und wertvoller für meine Firma sein" bietet mehr Eröffnungen und Gelegenheiten als der Ausdruck „Papierkram schneller erledigen". Vielleicht beschließen Sie daher, Ihr Arbeitsgebiet zu verändern oder sogar einen neuen Vertrag auszuhandeln, statt sich nur auf den Papierkram zu beschränken.

Wenn Sie die Herausforderung, vor der Sie stehen – das Bedürfnis, zu dessen Erfüllung Sie Ideen benötigen –, so weit gefasst wie möglich formulieren, stellen Sie sich, wie Michael Michalko schreibt, als Autor auf den Gipfel eines Berges, von dem aus Sie alle Wege überblicken, die hinaufführen. Wenn Sie nicht alle möglichen Wege begutachten, schlüpft vielleicht gerade der beste durch Ihre Maschen.

Fragen und Staunen

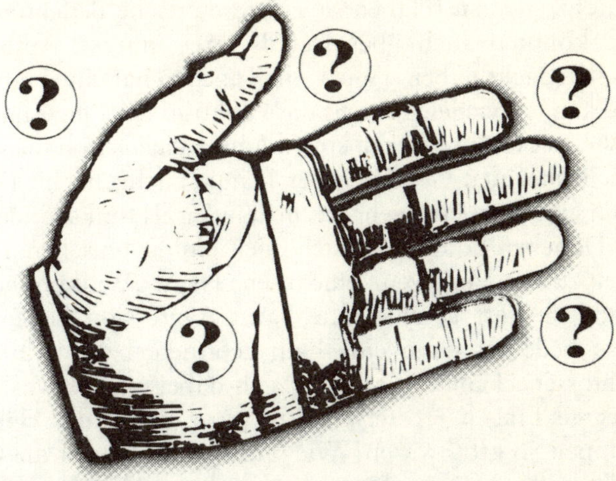

Übung
Betrachten Sie einmal genau Ihre linke Hand. Achten Sie auf die Linien, Formen und Muster Ihrer Haut. Sehen Sie sich die Anordnung der Adern und die Richtung des Haarwuchses an. Achten Sie darauf, wie die Fingernägel aus dem Nagelbett heraustreten. Vergleichen Sie die Fingerabdrücke der einzelnen Finger. Nach dieser Betrachtung überlegen Sie, was Sie über Ihre Hand alles nicht wissen. Formulieren Sie fünf wirklich interessante Fragen über Ihre Hand.

Was wissen Sie nicht über Ihre Hand? Es gibt sicherlich zahllose Einzelheiten. Sie könnten sich fragen, wie viel eine Hand wiegt oder warum die Handfläche mit Linien durchzogen ist. (Haben sie eine esoterische Bedeutung?) Sie könnten auch über Details ihres inneren Aufbaus nachgedacht haben. (Wie viele Knochen hat eine Hand?) Sie kennen vielleicht nicht die Funktion der Fingernägel. (Wie viel wachsen sie in einem Jahr?) Vielleicht haben Sie auch über den Gebrauch der Hände nachgedacht. (Warum gibt es so viel mehr Rechtshänder als Linkshänder?)

Daneben können Sie sich auch philosophischen Themen zuwenden. (Wenn eine offene Hand „Willkommen" und eine fest geschlossene Faust Aggression bedeutet, was bedeutet dann eine halb geöffnete bzw. halb geschlossene Hand?) Es ließen sich dabei auch etwas abwegige Fragen erörtern. (Was wäre, wenn die Hände doppelt so groß wären? Wie würde sich das auf die Gesellschaft, auf Schreibmaschinen oder die Mode auswirken?) Man kann sich aber auch über die Evolution der Hand Gedanken machen. (Warum haben Menschen fünf Finger und nicht mehr?)

Der Sinn einer solchen Übung liegt darin zu zeigen, dass Fragen auch Staunen und ein Gefühl für die Wunder des Universums hervorrufen können. Immer wenn Sie die Gegenstände um Sie herum genauer betrachten, ist es nur noch ein kleiner Schritt zum Staunen.

Roger von Oech erzählt in seinem Buch *A Whack on the Side of the Head* eine bekannte Zen-Geschichte über die Rolle des Wissens, Lernens und Staunens. Ein Zen-Schüler betritt zum ersten Mal das Heim seines erleuchteten Meisters. Wie es Tradition ist, kredenzt der Meister zuerst Tee, bevor sie dazu übergehen, Ideen zu diskutieren. Er füllt die Tasse des Schülers bis zum Rand und gießt absichtlich weiter Tee ein. Der verwirrte Schüler sagt: „Die Tasse ist voll. Es passt nichts mehr hinein." Der Meister hält inne, sieht den Schüler an und sagt: „So wie die Tasse bist du angefüllt mit Gedanken. Wie kannst du lernen, wenn du deine Tasse nicht zuerst ausleerst?"

Wir halten Unwissenheit leider oft für ein Zeichen von Schwäche oder Dummheit. Sicher möchte jeder gerne gebildet wirken, aber genau dieser Wunsch kann uns daran hindern, etwas hinzuzulernen. In der Zen-Tradition wird diese Geisteshaltung als *Geist des Experten* bezeichnet. Es handelt sich um jene Geisteshaltung, die wir einnehmen, wenn wir glauben, etwas bereits zu wissen. Wir halten an den Ideen fest, die wir vielleicht jahrelang studiert und mit denen wir uns einen Doktortitel erworben haben, und verschließen das Tor vor weiterem Lernen.

Mit dem *Geist eines Anfängers* ist unser Verstand dagegen leer, wir sind offen für das Staunen. Der Geist des Experten lebt in der Vergangenheit und in der Zukunft, der Geist des Anfängers lebt in der Gegenwart. Ein Mensch mit der Geisteshaltung eines Experten bemerkt die Szenerie, an der er jeden Tag auf dem Weg zur Arbeit vorbeifährt, kaum noch, denn er glaubt, sie bereits ganz genau zu kennen. Eine Person mit Anfänger-Geist achtet dagegen auf jede Einzelheit. Wie schaffen es Musiker nach sechs Monaten auf Tournee bei ihren Auftritten immer noch, Routine und Abgestandenheit zu vermeiden? Sie rufen sich in Erinnerung, dass für das Publikum jede Aufführung die erste ist und dass sie für die Künstler ebenso neu sein sollte wie für die Zuhörer.

Albert Einstein schrieb einmal, die schönste Erfahrung, die ein Mensch machen könne, sei die Erfahrung des Geheimnisvollen. Sie sei das fundamentale Gefühl, das die Grundlage für wahre Kunst und wahre Wissenschaft bilde. Derjenige, dem dieses Gefühl fremd sei, der nirgends mehr vor Bewunderung und Staunen innehalte, sei so gut wie tot; seine Augen seien geschlossen.

Kreativität erfordert eine Empfänglichkeit für das Unbekannte und Unerwartete, eine Geisteshaltung, die für nicht alltägliche Fantasieflüge empfänglich ist. Wie gewinnen wir einen Anfänger-Geist zurück? Sehen Sie sich im Zimmer um und fragen Sie sich, warum es so aussieht. Warum liegt der Stein im Kamin? Wie ist er dort hingekommen? In welcher Farbe sind die Wände gestrichen? Warum diese Farbe? Seien Sie offen für jede Frage, die Ihnen einfällt. Lenken Sie Ihre Aufmerksamkeit sanft auf das wunderbare Geheimnis dieser Fragen.

Fragen können also den Geist sehr schnell aus einem gelangweilten, zerstreuten Zustand reißen und ihn in Aufregung und Konzentration versetzen. Je besser die Fragen, desto reicher ist die Geisteshaltung und die Stimmung, die Sie daraufhin genießen können. Ja, Man könnte sich kaum einen besseren Weg vorstellen, den Appetit zu wecken, als durch interessante Fragen, die einem ganz spontan in den Sinn kommen.

„Wir können Erkenntnis nicht erzwingen.
Wir können Kreativität nicht erzwingen.
Wir können uns aber willentlich und mit starkem persönlichem Einsatz und großer Verpflichtung der kreativen Erfahrung überlassen.
Die tieferen Aspekte dieser Begegnung werden so stark aktiviert.

Rollo May, Physiker

Kreative Säfte

Was macht kreative Menschen kreativ? Was würden wir sehen, wenn wir Einblick in die Gehirne kreativer Genies hätten?

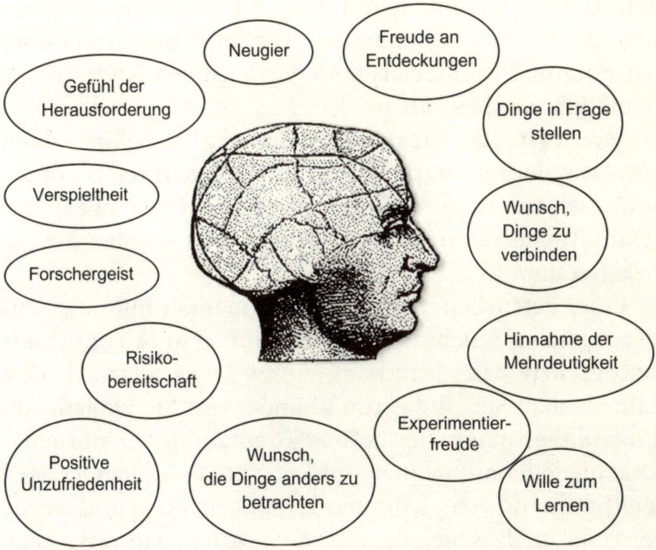

Kreative Köpfe müssen die Dinge betrachten, untersuchen und verstehen, sie müssen immer besser werden und über das hinausgehen, was sie bereits wissen. Sie begeistern sich sehr schnell für Möglichkeiten. Kreative Personen arbeiten nicht nur, weil sie berühmt sein wollen, weil sie nach Anerkennung oder finanziellem Gewinn streben oder weil sie an die Spitze gelangen wollen. Sie arbeiten hart, weil Ideen für sie interessant und von großer Bedeutung sind.

Kreative Menschen fühlen eine starke Verpflichtung gegenüber ihrer Arbeit. Im ersten Kapitel habe ich bereits erwähnt, dass eine der Hauptzutaten für Kreativität die Leidenschaft ist. Bei ihren Gesprächen mit 100 kreativen Menschen fand die Psychologin Vera John-Steiner heraus: Die Gemeinsamkeit dieser Menschen bestand darin, dass sie alle eine tiefe Liebe zu ihrer Arbeit empfanden. Sie waren nicht unbedingt begabter, besser ausgebildet oder intelligenter als andere Menschen, aber sie alle liebten ihre Arbeit mit großer Hingabe.

Wo liegen *Ihre* kreativen Leidenschaften? Wofür können Sie sich begeistern? Welche fünf Dinge rufen bei Ihnen Enthusiasmus und wahres Interesse hervor? Wenn Sie heute Abend die freie Wahl hätten, was würden Sie am liebsten tun?

Oder versuchen Sie es folgendermaßen: Ein Geist aus der Flasche taucht vor Ihnen auf und bietet Ihnen unbegrenzte Mittel und ein ganzes Lebensjahr an – ein Jahr, in dem Sie all das tun können, was Sie wollen. Am Ende dieses magischen Jahres könnten Sie Ihr normales Leben wieder aufnehmen, und es wären seit dem jetzigen Zeitpunkt nur zehn Minuten vergangen. Niemand würde je erfahren, dass Sie weg waren. Sie können also wirklich frei nach Ihren Wünschen entscheiden. Was würden Sie mit diesem magischen Jahr anfangen? Wohin würden Sie gehen? Wie würden Sie die Zeit genießen? Sie dürfen alles tun – was würden Sie tun?

Zapfen Sie Ihre kreative Kraft an, indem Sie das tun, was Ihnen in den Sinn kommt.

Rezept für hervorragende Ideen

Persönliche Überlegungen

Jeder von uns fragt sich manchmal, wie sein Leben wohl aussähe, wenn er andere Entscheidungen getroffen hätte.

Wenn Sie etwas anderes machen würden, was wäre es?

- Wenn ich ein Buch schreiben würde, schriebe ich über ________ .
- Wenn ich einen Film drehen würde, wäre es einer über ________ .
- Wenn ich ein Bild malen würde, wäre sein Gegenstand ________ .
- Wenn ich Texte für einen Stand-up-Komiker schreiben würde, würde ich Geschichten über ________ erzählen.
- Wenn ich ein Lied komponieren würde, wäre es ein Lied über ________ .
- Wenn ich etwas täte, das niemand von mir erwarten würde, so wäre es ________ .
- Wenn ich eine Mahlzeit für zwölf Freunde kochen würde, bestünde sie aus ________ .
- Wenn ich 1000 Dollar für die tollste Party des Jahres gewinnen würde, würde ich sie unvergesslich machen-durch ________.
- Wenn ich mein Traumhaus entwerfen könnte, hätte es ________ .
- Wenn ich das ideale Ferienhaus entwerfen könnte, hätte es auf jeden Fall ________ .
- Wenn mir jemand ein freies Studienjahr bezahlen würde, würde ich ________ studieren.

- Wenn ich mir einen Ort auf der Welt aussuchen dürfte, an dem ich zwei Monate verbringen könnte, ginge ich nach ________ .
- Wenn ich an jedem beliebigen Ort der Welt wohnen könnte, würde ich in ___________ wohnen.
- Wenn ich mit allen möglichen Personen dieser Erde zu Abend essen könnte, würde ich _________ einladen.

Über Möglichkeiten zu sinnieren und Fragen zu stellen, sind sehr angenehme Mittel, die Kreativität anzuregen. Was aber, wenn Sie eine ganz bestimmte Aufgabe erledigen müssen? Wie können Sie in einem solchen Fall Ihren kreativen Geist anregen? Auch in diesem Fall sind Fragen die Lösung. Fragen Sie sich:

„Was begeistert mich wirklich?"

Die Antwort auf diese Frage lenkt Ihre Aufmerksamkeit auf diejenigen Elemente des Problems, die Sie beherrschen, die Ihnen ein gutes Gefühl verleihen und die Sie letztlich produktiver und effektiver arbeiten lassen.

Lässt sich diese Methode aber auch auf so langweilige Arbeiten wie Geschirrspülen, Reisekostenabrechnungen oder das Abtippen von Manuskripten anwenden? Unbedingt! Stellen Sie sich einfach Fragen, die Ihr Interesse wecken, dann macht Ihnen die Arbeit gleich mehr Spaß. Ihre Antworten helfen Ihnen, sich auf die interessanten und anregenden Aspekte der Aufgabe zu konzentrieren.

Geeignete Fragen lauten etwa folgendermaßen: „Was begeistert mich daran wirklich?"; „Was ist das Tolle an dieser Situation?"; „Was werde ich aus dieser Schwierigkeit lernen?"; „Wie schaffe ich es, dass mir das Lösen dieser Aufgabe Spaß macht?"; „Was ist wirklich interessant an dieser Situation?“ Fragen wie diese beleuchten die kreativen Aspekte des Projekts.

Denken Sie beispielsweise an das Geschirrspülen, eine Handlung, die nun wirklich keine kreativen Gedanken inspiriert. Fragen Sie dann: „Was begeistert mich wirklich daran, diesen Stapel Geschirr wegzuspülen?“ Vielleicht fällt Ihnen nichts ein. Fragen Sie stattdessen: „Was könnte mich daran begeistern?“ Daraufhin purzeln möglicherweise plötzlich die Antworten nur so durch Ihren Kopf. Sie könnten sich über die Gelegenheit freuen, eine wichtige Dienstleistung zu bieten. Sie könnten versuchen, das Geschirr so schnell und gründlich wie möglich zu waschen. Sie könnten ein Spiel daraus machen. Sie könnten die Schaumbläschen beobachten oder die Veränderungen der Wassertemperatur registrieren. Sie könnten versuchen, jeden Teller anders zu spülen. Die Aufgabe selbst erscheint zwar wirklich nicht sehr kreativ, aber sie kann auf kreative Weise erledigt werden.

Rezept für hervorragende Ideen

Wenn Sie an eine neue Aufgabe herangehen und dazu noch einige gute Fragen benötigen, die sowohl Ihre Fantasie anregen als auch eine praktische Perspektive für Ihre Situation vermitteln sollen, versuchen Sie es doch mit den folgenden:

Wie stark will ich mich engagieren?

Je nachdem, wie sehr Sie sich in Ihrem Leben engagieren und einsetzen wollen, wird es mehr oder weniger interessant. Wenn Sie sich zu wenig engagieren, gibt es für Sie keine Herausforderungen, und Sie haben nichts zu tun. Wenn Sie sich dagegen zu viel zumuten, verzetteln Sie sich und werden nicht mehr fertig. Prüfen Sie zu Beginn einer Unternehmung, ob Sie tatsächlich genügend Zeit und Ressourcen haben, das Projekt auch durchzuziehen. Wenn nicht, müssen Sie Ihre Prioritäten neu überdenken. Wenn ja, dann widmen Sie dem Projekt Ihre volle Aufmerksamkeit. Schwören Sie sich, alles Nötige zu tun, um Ihr Ziel zu erreichen, komme was da wolle. Ein Leben ohne Engagement ist ein geist- und antriebsloses Leben. Mit Engagement können sich dagegen große Dinge ereignen. Wenn Sie wissen wollen, wie engagiert Sie sind, notieren Sie die wirklichen Gründe, weshalb Sie sich auf ein Projekt einlassen wollen. Erforschen Sie den Kern Ihrer Motivation. Stellen Sie so viele Warum-Fragen, bis Sie eine Antwort erhalten, die sich nicht weiter vereinfachen lässt.

Was ist das Beste, was passieren kann?

Viele Menschen sehen immer zuerst die Probleme und Grenzen. Visionäre richten ihren Blick dagegen auf das Mögliche – oder noch besser: auf das Unmögliche. Stellen Sie sich vor, was passieren würde, wenn alles genauso verliefe, wie Sie es sich wünschen.

Was ist das Schlimmste, das passieren kann?

Eine gute Möglichkeit, sich selbst zu motivieren – und damit den Appetit auf kreative Erfolge anzuregen – ist, sich die schlimmsten Folgen auszumalen, die sich aus dem Nichthandeln ergeben könnten. Nehmen wir an, Sie müssten kurzfristig eine neue Werbekampagne ausarbeiten. Wenn Sie nun aber einen schlechten Vorschlag abliefern, durch den sich der Kunde beleidigt fühlt, wird er den Vertrag mit Ihrer Firma platzen lassen, und man wird Ihnen kündigen. Die Firma geht pleite, alle Ihre

Freunde verlieren ihren Arbeitsplatz. Sie selbst finden keine neue Stelle, verlieren Ihr Haus und müssen mit Ihrer Familie als Obdachlose auf der Straße leben. Je tragischer die imaginären Folgen sind, desto stärker werden Sie sich wahrscheinlich anstrengen. Meine Lektorin stellt sich, um ihre Fantasie anzuspornen, beispielsweisespielsweise vor, dass ein 16 Tonnen schweres Gewicht über ihrem Kopf hängt. Wenn sie die Arbeit nicht schafft, kracht das Gewicht herunter.

Warum kann ich mich nicht dafür interessieren?

In demselben Maß, wie der kreative Geist durch eine feste positive Einstellung gestärkt wird, schwächt ihn eine hartnäckige negative Haltung. Machen Sie sich daher alle Einstellungen bewusst, die Sie davon abhalten, sich in eine kreative Geisteshaltung zu versetzen. Finden Sie sich beispielsweise in ein paar der folgenden Aussagen wieder?

- Ich akzeptiere nichts, was neu oder anders ist.
- Ich käue immer dieselben Ideen wieder.
- Ich bin schnell gelangweilt oder frustriert.
- Ich definiere meine Ziele nicht genau genug.
- Ich gehe einfach davon aus, dass bestimmte Dinge nicht wichtig sind.
- Ich muss immer vernünftig handeln, darf mich nicht gehen lassen.
- Es ist mir zu anstrengend, es wirklich zu versuchen.
- Ich habe Angst, etwas Neues auszuprobieren.
- Ich verlasse mich lieber auf das, was ich weiß, anstatt etwas Neues zu lernen.
- Ich denke mir, dass es auf meine Einstellung sowieso nicht ankommt.

Was sind meine negativen Einstellungen?

Jeder Mensch erlebt Zeiten, in denen er sich mutlos fühlt, aber wenn wir uns negative Einstellungen zur Gewohnheit machen, verbauen wir uns sämtliche Möglichkeiten. Wenn Sie kreativ denken wollen, müssen Sie alle negativen Einstellungen, die Sie davon abhalten, sich für etwas zu interessieren und zu begeistern, entschieden bekämpfen. Spüren Sie alle negativen Gedanken auf und ersetzen Sie sie durch positive Gedanken.

Rezept für hervorragende Ideen

Schritt 1

Machen Sie sich in Gedanken ein Bild der vor Ihnen liegenden kreativen Aufgabe und wälzen Sie es in Ihrem Kopf herum.

Schritt 2

Stellen Sie sich Fragen über diese eine Aufgabe, die Ihre schöpferischen Kräfte wecken und Ihre Fantasie anregen. Beginnen Sie diese Fragen mit den folgenden Fragewörtern:

1. Wer?
2. Was?
3. Warum?
4. Wo?
5. Wann?
6. Wie?

Schritt 3

Stellen Sie sich vor, die Aufgabe sei erledigt. Vielleicht können Sie sich kein Bild von dem Endprodukt machen, aber bestimmt können Sie das Gefühl einfangen, das Sie nach getaner Arbeit empfinden werden.

Schritt 4

Geben Sie sich selbst Freiheit in Ihrem Ansatz – lassen Sie zu, dass es Ihnen Spaß macht, dass Sie die Regeln brechen und Ihrer Fantasie wirklich freien Lauf lassen. Wenn Sie es sich nicht erlauben, wer sollte es dann tun?

Machen Sie nun die folgenden Übungen und beziehen Sie sich dabei auf die Checkliste der Gefühle, die bei kreativer Arbeit empfunden werden (s. S. 32f.).

Übung 1

Betrachten Sie die Wörter erneut und versuchen Sie sofort, das entsprechende Gefühl hervorzurufen. Wenn Sie also beispielsweise das Wort „erregt" notiert haben, versetzen Sie sich nun in Erregung. Welche inspirierenden Bilder tauchen vor Ihrem geistigen Auge auf? Oder wirken bei Ihnen Klänge anregend?

Übung 2

Vervollständigen Sie die folgenden Sätze:

Um mich kraftvoll zu fühlen, atme ich ________ .
Um mich in eine produktive Stimmung zu versetzen, denke ich an ________ .

Um mich inspirieren zu lassen, setze/stelle/lege ich mich folgendermaßen hin: ________ .
Um meinen Unternehmungsgeist zu wecken, stelle ich mir vor, ________ .
Um mich kreativ zu fühlen, erinnere ich mich an ________ .
Um meine Innovationskraft zu wecken, stelle ich mir vor, ________ .

Übung 3

Stellen Sie sich eine Person vor, die diese Eigenschaften besitzt. Werden Sie zu dieser Person. Wie stehen Sie jetzt da? Woran denken Sie?

Übung 4

Suchen Sie sich aus der Liste Ihrer Gefühle die drei wichtigsten aus. Prägen Sie sich diese gut ein und rufen Sie sie sich jedes Mal in Erinnerung, wenn Sie sich in eine kreative Stimmung versetzen müssen. Zur Vereinfachung können Sie aus den Anfangsbuchstaben der drei Begriffe ein kurzes Wort bilden. Aus den Begriffen „Konzentration“, „Atmung“ und „Entspannung“ könnten Sie beispielsweise KATE bilden. Die drei Gefühle können sich jedoch im Lauf der Zeit verändern. Zögern Sie dann nicht, Ihre Methode entsprechend anzupassen.

Der hungrige Geist

> „Hunger ist der beste Koch."
>
> *Anonym*

Worin besteht der Appetit auf Ideen? Es ist der Wunsch, zu verbinden, Zusammenhänge zu finden, etwas zu entdecken, aufzuspüren, zu schaffen, herzustellen, und insbesondere der Wunsch zu lernen. Ein Geist, der mit bestehenden Ideen bereits satt und zufrieden gestellt ist, wird kaum auf neue Gedanken kommen.

Tipp 1

Gestatten Sie sich, kreativ zu sein. Seien Sie offen für die Möglichkeit der Veränderung. Seien Sie bereit, Neues auszuprobieren. Offenheit, Neugier und Empfänglichkeit sind zentrale Merkmale einer kreativen Geisteshaltung.

Tipp 2

Halten Sie Ihren Verstand durch laufende Fragen auf Trab. Fragen verbinden Intellekt und Gefühle. Sie bilden die Hilfsmittel, mit denen Sie Gedanken entwickeln, beurteilen und ausführen. Wenn Sie nicht mehr weiterkommen, stellen Sie eine Frage. Schrecken Sie auch nicht davor zurück zu fragen: „Welche Fragen muss ich mir jetzt stellen?"

Tipp 3

Betrachten Sie sich als kreative Person. Fördern Sie den Abenteurer, den Spion, den Entdecker in Ihnen zu Tage. Halten Sie sich jeden Tag ein wenig Zeit frei, um etwas

Neues auszuprobieren, ein wenig anders zu denken und das Leben aus einer ungewöhnlichen Perspektive zu betrachten. Indem Sie sich das zur Gewohnheit machen, trainieren Sie Ihre kreativen Kräfte.

> „Ich frage mich, warum. Ich frage mich, warum.
> Ich frage mich, warum ich mich frage.
> Ich frage mich, warum. Ich frage mich, warum.
> Ich frage mich, warum ich mich frage."
>
> *Richard P. Feynman*, Nobelpreisträger für Physik

KAPITEL 3

ZUSAMMENTRAGEN

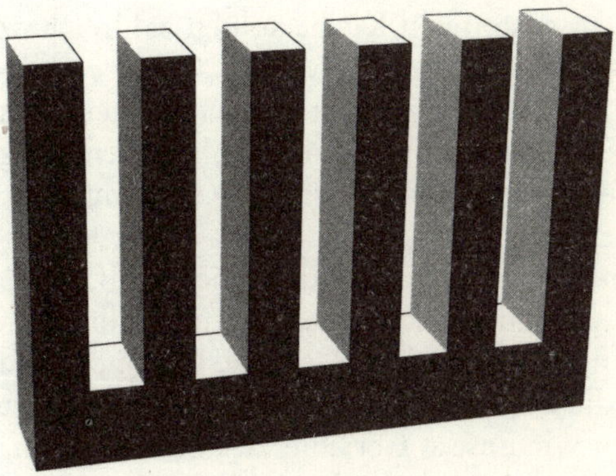

Ideen sammeln

Was ist das?
Überlegen Sie sich fünf Antworten.

Ein Bummel über den Ideen-Markt

Füllen Sie Ihre Vorratskammer

> „Zuerst müssen die Tatsachen gerade vor Ihnen liegen. Danach können Sie sie verdrehen, so viel Sie wollen.“
>
> *Mark Twain*, Humorist

In einer gut ausgestatteten Küche sollten zahlreiche Zutaten vorrätig sein – Obst, Gewürze, Gemüse, Fleisch und alle möglichen Grundzutaten. Auch in einem gut ausgestatteten Verstand sollten viele Rohzutaten gelagert sein. Zur Ausstattung Ihrer geistigen Küche müssen Sie Ideen sammeln.

Gedanken tauchen selten aus dem Nichts auf. Bewusst und unbewusst sammeln, übernehmen und stibitzen wir laufend Ideen. Die Tatsachen, Gefühle, Geschichten und Anekdoten, die wir zusammentragen, bilden die Rohstoffe, aus denen wir unsere Gerichte zusammenbrauen. In einer leeren Küche kann man eben nicht kochen.

Wie sammelt man Ideen? Der Schriftsteller Arthur Hailey wohnte während seiner Recherchen für den Roman *Hotel* im Roosevelt Hotel in New Orleans. Die Zoologin Jane Goodall lebte 28 Jahre lang im afrikanischen Urwald, um Schimpansen zu beobachten. Charles Darwin reiste mehrere Jahre lang um die ganze Welt, um die Informationen zu sammeln, die letztendlich dazu führten, dass er seine Theorie der Evolution durch natürliche Selektion formulierte. Bevor Herman Melville *Moby Dick* schrieb, las er jeden Bericht über Walfang, den er in die Hände bekommen konnte. Die Entwicklung von Ideen – von der exaktesten Naturwissenschaft bis hin zur expressionistischsten Kunst – findet nicht in einem Vakuum statt, sondern in der höchst greifbaren Welt echter Erfahrungen, wahrer Gefühle und harter Fakten. Mit anderen Worten: Wer Ideen entwickeln will, muss recherchieren und forschen.

Kreative Geister nehmen laufend neue Erfahrungen in sich auf. Die fragende Geisteshaltung und eine brennende Neugier führen dazu, dass schöpferisch tätige Menschen häufig auf vielen Gebieten sehr bewandert sind. Dieses Sammeln von Ideen macht Arbeit, aber häufig auch viel Spaß. Als Sammler setzen Sie sich laufend neuen Situationen aus, freuen sich auf neue Ideen und suchen nach neuen Möglichkeiten. Das Tolle daran ist, dass man *nie weiß*, worüber man als Nächstes stolpert. (Wenn man es wüsste, würde man ja nichts Neues sammeln.)

Beim Sammeln von Ideen gilt die Faustregel, dass es auf die Quantität ankommt. Suchen Sie möglichst viele Informationen, und wenn Sie am Ende einer Suche angekommen sind, suchen Sie nach Informationen aus einer anderen Quelle. Der mit dem Nobelpreis ausgezeichnete Chemiker Linus Pauling sagte einmal, die beste Möglichkeit, eine gute Idee hervorzubringen, sei es, möglichst viele Ideen zu produzieren.

Was haben Sie gesehen, als Sie die Abbildung zu Beginn dieses Kapitels betrachteten? Als Ideensammler haben Sie vielleicht einen Kamm entdeckt oder ein Gerät, das ganz spezifische elektromagnetische Felder produziert. Es könnte auch eine Leiter sein, deren offene Sprossen in Löcher in einer Wand passen. Oder eine mikroskopisch kleine Form – eine Rasierklinge für das Mittelohr. Oder auch ein riesiges Bauwerk wie der Triumphbogen in Paris. Was könnte es noch darstellen?

Im Normalfall suchen wir nicht eigens nach mehreren verschiedenen Interpretationen bestimmter Gedanken oder Objekte, weil es nicht nötig ist. Der Knopf im Aufzug ist einfach ein Knopf im Aufzug, und eine Tasse ist eine Tasse. Wir könnten unsere gesamte Zeit damit verbringen, uns neue Betrachtungsweisen für Alltagsgegenstände auszudenken. Wenn wir aber unsere kreativen Kräfte anwenden wollen, sollten wir über die Alltagsbedeutungen hinausgehen und nach neuen Interpretationen suchen. Wir sollten immer offen sein und auch die Augen immer offen halten.

Um die Wirkung von Offenheit im kreativen Denkprozess zu erforschen, untersuchten die beiden Wissenschaftler Jacob Getzels und Mihaly Csikszentmihalyi, wie Kunststudenten an ihre Arbeit herangehen. Die Forscher baten die Studenten, Gegenstände auszuwählen und sie für ein Stillleben anzuordnen, das sie anschließend malen sollten. Die kreativsten Studenten – diejenigen, die sieben Jahre später am meisten Erfolg erzielt hatten – spielten mit mehr Gegenständen, betrachteten sie sorgfältiger und wählten für ihre Komposition die ungewöhnlichsten Gegenstände aus. Diese Studenten hatten am Anfang noch keine vorgefasste Idee, wie das Bild aussehen sollte. Es entwickelte sich erst während des Umgangs mit den Gegenständen.

> Mir scheint, der Grund für Deine Klage liegt in der Beschränkung, die Dein Intellekt Deiner Fantasie auferlegt ... Es ist augenscheinlich nicht gut – ja, es behindert geradezu die schöpferische Arbeit des Geistes – wenn der Intellekt die einströmenden Ideen gleichsam schon am Tor zu kritisch prüft ...
>
> Im Fall des schöpferischen Geistes scheint es mir so zu sein, dass der Verstand seine Wächter vom Tor abgezogen hat und die Ideen ganz ungeordnet hereinströmen können. Erst danach prüft und inspiziert der Verstand diese ganze Vielfalt. Ihr ehrenwerten Kritiker, oder wie immer Ihr Euch nennen mögt, schämt Euch des momentanen, vorübergehenden Wahnsinns, den man bei allen wahrhaft schöpferisch tätigen Menschen findet, oder Ihr habt gar Angst davor... Daher stammen Deine Klagen über die Unfruchtbarkeit, da Du zu schnell zurückweist und zu streng urteilst.
>
> *Friedrich Schiller*

Der Dichter und Dramatiker Friedrich Schiller schrieb im Jahr 1788 einen Brief an einen Freund, der ihn um Rat bat, wie man am besten neue Ideen hervorbringt.

Schon vor mehr als 200 Jahren hatte also Friedrich Schiller erkannt, dass kreatives Denken ein gewisses

Loslassen erfordert. Die Gedanken müssen frei fließen und völlig ungeordnet einströmen können. Wenn Sie viele Ideen haben wollen, müssen Sie ihnen Tür und Tor öffnen. Sie müssen auch für leise Stimmen und schwache Bilder empfänglich werden und die Gedanken sprudeln lassen. Später haben Sie dann noch genug Zeit, um die Ergebnisse zu beurteilen.

Jeder Mensch schürft auf seine Weise nach Einfällen. Einer meiner Freunde komponiert Filmmusik. Er entspannt dazu zunächst seinen Geist, und dann lässt er seine Finger willkürlich auf die Tasten fallen. Er lauscht den Klängen ganz intensiv und lässt seiner Fantasie freien Lauf. Eine Notenfolge – auch wenn sie nur aus zwei, drei Noten besteht – weist den Weg zu möglichen Melodien, musikalischen Strukturen und Gedankenrichtungen. Er nennt diesen Vorgang das „Ausschnüffeln musikalischer Themen“. Anfangs ist es für ihn nur wichtig zu lauschen, zu suchen und zuzuhören, wie in seiner Fantasie musikalische Gedanken lebendig werden. Später formt und entwickelt er diese Ideen dann zu musikalischen Aussagen, Absätzen und Geschichten.

Eine befreundete Malerin arbeitet auf ähnliche Weise. Sie fertigt zunächst Skizzen an, ohne eine besondere Vorstellung von einem Bild im Kopf zu haben. Sie lässt ihre Hand einfach frei über das Papier gleiten. In diesen frei fließenden Bildern erkennt sie Formen und Gestalten, Muster in ihrer Arbeit. Wenn eines dieser Bilder sie anspricht, arbeitet sie es zu einer realistischen Zeichnung aus.

Ideen lassen sich auf viele verschiedene Weisen aus den unterschiedlichsten Quellen schöpfen. In diesem Kapitel werden mehrere dieser Methoden behandelt, u.a. die Vorgabe eines Ziels, die Festlegung einer Ideenquote, exakte Beobachtung, der Einsatz des Gedächtnisses und das Brainstorming.

Setzen Sie sich ein Ziel

Übung
Suchen Sie in dieser Form ein Hexagon.

Es ist ganz erstaunlich, wie selektiv die Aufmerksamkeit sein kann. Wenn Sie gerade vorhaben, ein neues Auto zu kaufen, fallen Ihnen plötzlich die Werbeschilder der Autohändler entlang der Straße auf. Wenn Sie eine neue Stelle suchen, hören Sie jedes Mal ganz genau hin, wenn irgendwo von Karrierechancen die Rede ist. Wenn Sie nach neuen Geschäftsgelegenheiten Ausschau halten, finden Sie sie bestimmt heraus. Und wenn Sie neue Ideen suchen, versetzen Sie sich in die Geisteshaltung, mit der Sie empfänglich dafür werden.

Der Mensch findet, was er sucht. Wenn Sie wissen, wonach Sie suchen, fällt es Ihnen sofort ins Auge. Wenn Sie vorhaben, in den Ideen-Supermarkt zu gehen, stellen Sie sich vorher Ihr Ziel bildlich vor. Entwickeln Sie ein Gefühl für das, was Sie suchen. Setzen Sie sich ein Ziel, und Ihr Geist findet eine Möglichkeit, es zu erreichen.

Manchmal weiß man am Anfang noch nicht genau, wonach man sucht. Aber wenn Sie wenigstens ein Gefühl dafür haben, was funktionieren oder was das Richtige sein könnte, werden Sie die Antwort erkennen, wenn Sie darauf stoßen. Sie können Ihre Aufmerksamkeit auf den richtigen Weg lenken und die interessanten Ideen auftreiben.

Legen Sie eine Ideenquote fest

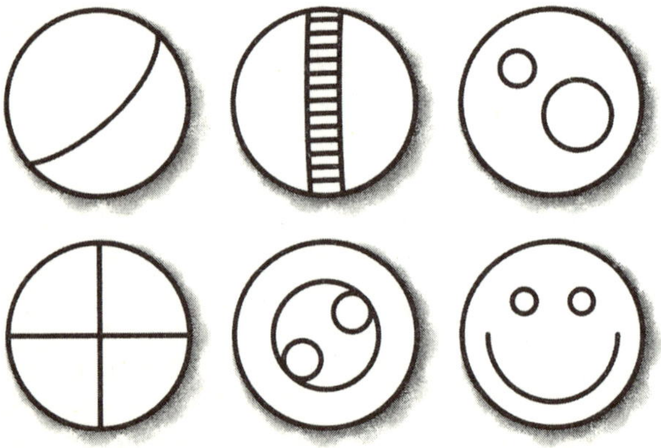

Übung
Denken Sie sich für jede der Formen drei Interpretationen aus.

Sorgen Sie für Quantität, indem Sie eine bestimmte Quote festlegen, die Sie erfüllen müssen. Wenn Sie sich vornehmen, eine Woche lang jeden Tag sechs Ideen zu produzieren, trainieren Sie Ihre geistige Flexibilität. Wie bei jeder Gymnastik sind auch hier die ersten paar Male am anstrengendsten, aber schon nach kurzer Zeit kommen Sie in Fahrt, und eine Idee regt die nächste an.

Beim Betrachten der Formen in der obigen Abbildung sind Ihnen möglicherweise seltsame und ungewöhnliche Interpretationen eingefallen. Die erste Form lässt sich als Strandball, als zunehmender Mond, als Eichel, als geschlossenes Auge oder auch als dicker Bauch ansehen.

Durch die Festlegung einer Ideenquote bringen Sie sich selbst dazu, aktiv nach Ideen zu suchen und nicht nur passiv auf ihr Auftauchen zu warten. Vielleicht führt es dazu, dass Sie am Ende absurde oder völlig abwegige Ideen produzieren, nur um die Quote zu erfüllen; aber man weiß ja nie, welches Juwel sich mit dem nächsten Gedanken offenbaren wird.

Führen Sie zur Übung die folgenden Aufgaben durch:

- Überlegen Sie sich fünf Ideen, wie Sie Ihren Schreibtisch praktischer gestalten könnten.
- Denken Sie sich fünf Möglichkeiten aus, wie Sie Ihre körperliche Fitness trainieren könnten.
- Überlegen Sie sich fünf Themenbereiche im Zusammenhang mit außerirdischem Leben.
- Überlegen Sie sich fünf konkrete Maßnahmen zur Verringerung der Gewalt gegen Frauen.
- Denken Sie sich fünf Möglichkeiten aus, um die Fahrtzeit zu Ihrer Arbeitsstelle produktiver nutzen zu können.

Beobachten Sie genau

Übung
Sobald Sie diesen Satz fertig gelesen haben, schließen Sie eine Minute lang die Augen und versuchen Sie, nur auf der Grundlage der Geräusche, die Sie hören, eine genaue Vorstellung von dem zu entwickeln, was um Sie herum vorgeht.

Oft schöpfen wir unsere Sinne nicht voll aus. Den Gegenständen und Informationen, denen wir Tag für Tag begegnen, widmen wir höchstens ein paar flüchtige Gedanken. Wir schauen zwar, aber wir sehen nicht.

Wenn man die Welt mit konzentrierter Aufmerksamkeit beobachtet, entwickelt man mit der Zeit die Fähigkeit, ganz alltägliche Dinge – Pflanzen, Kleidungsstücke, die Linien im Pflaster des Bürgersteigs – genau zu studieren und so das Wunderbare darin zu entdecken. Genaue Beobachtung liefert nicht nur das Rohmaterial für neue Ideen, sondern verschafft uns auch die herrliche Erfahrung, die Details in jedem Aspekt eines Gegenstands zu erkennen. Ein Blütenblatt wird zu einer bemerkenswert komplexen Struktur, lebendig zusammengesetzt aus feinen Formen, Mustern und leuchtenden Farben.

Auch dem Schweizer Designer George de Mestral half die genaue Beobachtung. Nach einer Bergwanderung fiel ihm auf, wie fest die Kletten an seinem Hund hingen. Die meisten Menschen hätten wahrscheinlich nur geflucht, aber de Mestral fragte sich, wieso die Kletten so fest hängen konnten. Zu Hause angekommen, untersuchte er die Kletten unter dem Mikroskop und entdeckte hunderte winziger Häkchen, die sich im Pelz festgesetzt hatten.

Er erkannte, dass ein nach diesem Prinzip gearbeiteter Verschluss eine wunderbare Erfindung wäre. Im Gegensatz zu Reißverschlüssen konnte er nicht klemmen. Es dauerte zwar noch Jahre, bis das Gegenstück in Nylon ausgereift war, aber de Mestral entwickelte schließlich den Klettverschluss.

Um Ihre konzentrierte Aufmerksamkeit zu trainieren, wählen Sie einen beliebigen Gegenstand – beispielsweise eine Kaffeetasse – und betrachten ihn etwa eine Minute lang sehr genau. Achten Sie auf die Details: Farben, Formen, Material und Muster. Schließen Sie dann die Augen und rufen Sie sich ins Gedächtnis, was Sie gesehen haben. Formen Sie in Gedanken ein Abbild der Tasse. Öffnen Sie dann die Augen und konzentrieren Sie sich erneut auf die Tasse. Lassen Sie die Augen über ihre Oberfläche wandern und achten Sie auf weitere Einzelheiten. Ergänzen Sie Ihr Bild von der Tasse. Schließen Sie dann die Augen und prüfen Sie Ihren bisherigen Eindruck. Wiederholen Sie diesen Vorgang mehrmals, bis Sie den Gegenstand auf ganz neue Weise kennen gelernt haben.

Sie können auch noch einen anderen Aspekt Ihrer Beobachtungsfähigkeit trainieren. Suchen Sie sich einen alltäglichen Gegenstand oder eine alltägliche Erscheinung aus und notieren Sie sich erstens, wie oft Sie an einem Tag damit in Berührung kommen, und zweitens, wie sich dies auf Ihr Leben auswirkt. Denken Sie an Wasser, Gas, Elektrizität, Türen, die Farbe Rot, Lächeln, Motoren, Plastik oder die Zahl neun.

Erst wenn wir uns angewöhnen, genauer auf die Dinge zu achten, erkennen wir, wie selten wir tatsächlich die volle Kapazität und Kraft unserer Aufmerksamkeit einsetzen. Benützen Sie andere Sinne, um noch einen weiteren Aspekt Ihrer konzentrierten Aufmerksamkeit zu entwickeln. Kleine Kinder lernen mit allen Sinnen – sie tasten, schmecken, riechen, hören und beobachten. In der Schule wird vielen von uns jedoch beigebracht, dass man nur durch Worte „lernt". Schließlich sind Bücher unsere wichtigsten Gedankenquellen. Der Lehrer steht vor der Klasse und spricht, und unser Wissen wird in schriftlichen Prüfungen abgefragt. „Recherche" bedeutet meist einen Gang in die Bibliothek. Überdenken Sie im Gegensatz dazu die Worte des Biologen und Nobelpreisträgers Albert Szent-Györgyj: „Ich verdanke alle meine Ergebnisse der Tatsache, dass ich das Leben liebe. Ich lebe es, indem ich versuche, alles, was ich sehe, genau zu beobachten. Ich studiere immer am lebenden Material. Ich untersuche es durch Berührung, ich beobachte es und achte auf jedes noch so kleine Detail."

Sehende Finger

Schließen Sie die Augen und tasten Sie mit den Fingern Ihren Handrücken ab. Formen Sie nach Ihren Tasteindrücken in Gedanken ein Bild der Hand, ihrer Beschaffenheit, der Knochen und Blutgefäße. Was wäre beim Tasten das Äquivalent von Farbe?

Wissende Ohren

Horchen Sie genau auf den Ton eines Teekessels, während er sich erwärmt, kocht und sprudelt. So erhalten Sie Informationen über die Thermodynamik des Wassers aus erster Hand.

Akustischer Film

Wenn Sie das nächste Mal zur Arbeit fahren, lauschen Sie sorgfältig den Geräuschen um Sie herum und konstruieren Sie im Geist einen akustischen Film über Ihre Fahrt. Horchen Sie auf nahe und weit entfernte Klänge. Wenn Sie abends wieder nach Hause fahren, drehen Sie den gleichen Film, wobei Sie auf Unterschiede achten.

Halten Sie Ihr Gedächtnis in Schuss

Übung
Prägen Sie sich diese Abbildung eine Minute lang ein. Nehmen Sie anschließend ein leeres Blatt Papier zur Hand und zeichnen Sie sie aus der Erinnerung nach.

In der griechischen Sagenwelt ist die Rede von neun Musen, die dem sterblichen Geist die Inspiration einhauchten. Die Mutter der Musen war Mnemosyne – das Gedächtnis. Die Griechen hatten erkannt, dass die Erinnerung eine grundlegende Ressource ist, eine Quelle von Eindrücken, die wir ständig anzapfen. Lebhafte Erinnerungen sind als Zutaten für den kreativen Geist sehr wertvoll.

Jeder Mensch hat zwar zahllose Erinnerungen in seinem Gehirn gespeichert, aber nicht jeder stellt diese Erinnerungen der schöpferischen Fantasie zur Verfügung. Wir suchen Inspiration lieber in der Welt um uns herum, anstatt sie in uns selbst zu finden. Wenn Sie beispielsweise 20 Vögel auflisten sollten, wäre Ihr erster Gedanke wahrscheinlich, ein Bestimmungsbuch oder eine Enzyklopädie zu Rate zu ziehen. Wenn Sie jedoch einmal in sich hineinhorchen, werden Sie feststellen, dass Ihr Gedächtnis diese Aufgabe spielend leicht bewältigen kann. Schreiben Sie zunächst Vögel auf, die man häufig sieht: Rotkehlchen, Krähen, Eichelhäher, Papageien, Wellensittiche. Fahren Sie dann mit bestimmten Kategorien fort, beispielsweise mit flugunfähigen Vögeln wie Pinguinen, Hühnern, Truthähnen, Fasanen; mit Raubvögeln wie Adler, Eulen, Habichten; mit Vögeln, die in Städten anzutreffen sind, wie Tauben, Finken, Schwalben, Spatzen; mit gefährdeten Arten wie Storch und Kondor; sowie mit Vögeln, die Ihnen einfach in den Sinn kommen, wie Kolibri, Grasmücke und Specht. Ehe Sie es sich versehen, ist die Liste vollständig. Dieselbe Übung können Sie ebenso auch mit einer Liste von 20 Speisen, Weinen oder Autos durchführen.

Ein gutes Gedächtnis ist wesentlich für die Entwicklung neuer Ideen. Wenn Sie also wieder einmal vor einer kreativen Aufgabe stehen, versuchen Sie, sich daran zu erinnern, ob Sie schon einmal ein ähnliches Problem gelöst oder einen Artikel in diesem Zusammenhang gelesen haben. Wenden Sie zurückliegende Erfahrungen auf die Gegenwart an.

Rezept für hervorragende Ideen

Das hilft Ihrem Gedächtnis auf die Sprünge

Regen Sie Ihr Gedächtnis mit den folgenden Fragen an. Versuchen Sie, sich deutlich an jede Erfahrung zu erinnern und dabei alle Sinne und Gefühle einzusetzen.

Was ist das größte Tier, das Sie je gesehen haben? Baum? Person? Gebäude? Frisur? Spiegel?

Was war die kleinste Haarbürste, die Sie je gesehen haben? Diamant? Kamera? Computer? Armbanduhr? Gesicht?

Beschreiben Sie sich im Alter von 18 Jahren. Was war damals wichtig für Sie? Wie fühlten Sie sich, wenn Sie morgens aufstanden? Was haben Sie gesehen? Wer waren Ihre drei besten Freunde? Welche Kleidung trugen Sie? Welche Armbanduhr trugen Sie?

Erinnern Sie sich an mehrere Gelegenheiten, bei denen Sie eine sehr hohe Geschwindigkeit erreichten. Vielleicht auf dem Fahrrad, im Auto, bei einem Fallschirmsprung oder beim Bungee-Jumping.

Beschreiben Sie sich im Alter von acht Jahren. Wie gefiel Ihnen die Schule? Wer war Ihr bester Freund? Wie hießen Ihre Lehrer? Wie verbrachten Sie Ihre Ferien? Was war besonders schön daran, acht Jahre alt zu sein? Können Sie sich an Ihre Turnschuhe erinnern?

Können Sie sich daran erinnern, wie es war, als Sie noch nicht lesen, Schreibmaschine schreiben oder Auto fahren konnten?

Was war das stürmischste Wetter, das Sie je erlebt haben? Können Sie sich an den strahlendsten, heißesten Tag in Ihrem Leben erinnern? Die dunkelste Nacht? Den kältesten Regen? Können Sie sich an die spektakulärsten Wolkenformationen erinnern?

Können Sie sich daran erinnern, wie Sie zum ersten Mal bewusst eine Wahl getroffen haben?

Was sind Ihre drei liebsten Erinnerungen? Wodurch zeichnen sie sich aus?

Was sind Ihre drei schlimmsten Erinnerungen? Aus welchem Grund sind sie so schrecklich?

Rufen Sie sich drei Erinnerungen ins Gedächtnis, an die Sie schon seit Jahren nicht mehr gedacht haben.

Dreidimensionales Gedächtnis

Wenn wir uns an vergangene Ereignisse erinnern, reduzieren wir sie oft auf isolierte Daten – ein Datum, statische Bilder, erstarrte Momente. Diese Perspektive macht sie stationär. Durchlebte Erfahrungen sind aber dynamisch und vollständig, sie bestehen aus Entscheidungen, Sorgen, Unsicherheiten und sich wandelnden Möglichkeiten. Denken Sie nun an ein Ereignis, beispielsweise Ihre Hochzeit, die Abschlussfeier an der Universität, den Einzug in Ihr gegenwärtiges Heim oder den ersten Tag an Ihrer jetzigen Arbeitsstelle. Versuchen Sie, es in der Erinnerung erneut zu durchleben. Wie fühlten Sie sich eine Woche vor dem Ereignis und wie an dem Morgen des Tages? Was war eine Stunde, eine Woche, einen Monat danach? Mit wem haben Sie gesprochen? Können Sie sich daran erinnern, wie sich mit der Zeit alles verändert hat?

Telefontastatur

Können Sie die Zahlen, Buchstaben und Symbole einer Telefontastatur aus dem Gedächtnis aufzeichnen?

Lieblingsideen

Welchen kreativen Gedanken sind Sie in letzter Zeit begegnet? Haben Sie eine interessante Geschichte gehört? Einen Witz? Eine Möglichkeit zum Absatz eines Produkts? Hat sich eine Szene aus einer Fernsehshow oder ein Zitat aus einem Zeitschriftenartikel in Ihrem Kopf festgesetzt? Vielleicht hat eine neue wissenschaftliche Entdeckung Sie fasziniert?

Geistige Filme

Spielen Sie abends im Bett vor dem Einschlafen im Geist einen Film über Ihre Aktivitäten an diesem Tag ab. Beginnen Sie gleich nach dem Aufstehen und enden Sie erst beim Zubettgehen. Beobachten Sie sich, als seien Sie der Hauptdarsteller.

Visuelles Brainstorming

Eine ganz hervorragende Möglichkeit, Ihre persönliche Schatzkiste auszugraben, besteht in einem visuellen Brainstorming. Schreiben Sie ein Wort, das im Zentrum Ihrer Gedanken steht, in die Mitte eines Blattes Papier. Anschließend notieren Sie von diesem Mittelpunkt ausstrahlend alle damit zusammenhängenden Fakten, Eindrücke oder Bilder, die für dieses Thema relevant sein könnten. Auf diese Weise entsteht unter Ihren Händen eine Struktur, die die Idee grafisch darstellt. Zum Thema „Wasser“ könnte beispielsweise die so genannte Mind-Map auf der nächsten Seite entstehen.

Beim visuellen Brainstorming können Sie Ihren Gedanken freien Lauf lassen. Sie dürfen in jede Richtung abzweigen, allen Assoziationen folgen, unmittelbar Ihrer Intuition gehorchen. Sie müssen keinen vorbestimmten Pfaden oder Gliederungen folgen. Schreiben Sie alle Gedanken so auf, wie sie Ihnen durch den Kopf gehen. Vermeiden Sie es, bestimmte Gedanken zu zensieren oder zurückzuhalten.

Vertrauen Sie darauf, dass Ihre Fantasie ein intelligentes Porträt des Themas entwickeln wird.

Visuelles Brainstorming verleiht der Fantasie neue Kraft. Wie ein Zen-Bild, das von einem einzigen Pinselstrich ausgeht, sind diese visuellen Mind-Maps spontane Schöpfungen, Schnappschüsse unserer augenblicklichen Assoziationen. Das Durchbrechen eingefahrener Muster und die Erfindung neuer Muster setzen Energie frei. Wir sehen die Welt danach auf ganz neue Weise.

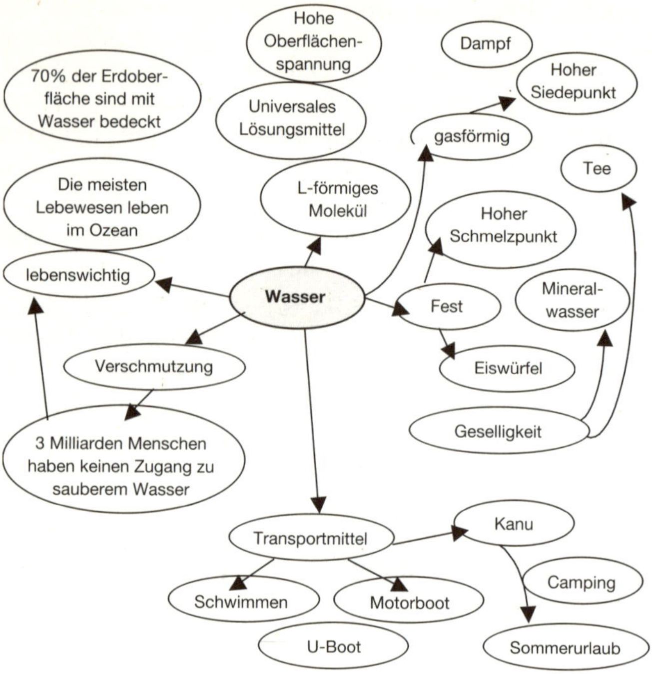

Diese Mind-Maps eignen sich auch hervorragend zur Planung, ob es sich nun um eine Ferienreise oder um die Gliederung eines Buches handelt. Je mehr Optionen Sie zu Papier bringen, desto mehr Material erhalten Sie für Ihre Arbeit.

Mind-Maps helfen Ihnen, mit sich selbst zu kommunizieren. Es ist also völlig in Ordnung, wenn Beziehungen scheinbar verwirrend oder gar nicht zu erkennen sind. Eine Mind-Map kann so durcheinander oder klar sein, wie Sie wollen. Die Hauptsache ist, dass Sie sie lesen können und dass Sie über einen bestimmten Zeitraum hinweg konzentriert nachdenken.

Dabei werden zahlreiche geistige Funken geschlagen, die manchmal noch gehegt und mit mehr Informationen angeheizt werden müssen, bevor sie zu einer Idee aufflammen. Hin und wieder glimmen diese winzigen Feuer tage-, wochen- oder monatelang still vor sich hin, bis sie plötzlich strahlend hell in die Höhe schießen.

Suchen Sie sich nunmehr zum Spaß und zur Übung – Brainstorming ist schließlich auch nur eine Fähigkeit, die sich durch Übung verbessern lässt – eines der Themen in der folgenden Abbildung aus und erstellen Sie eine Mind-Map. Schreiben Sie möglichst viele Verbindungen und Beziehungen auf, die Ihnen zu dem Begriff einfallen. Arbeiten Sie schnell und seien Sie offen für alle Gedanken, die Ihnen in den Sinn kommen. Machen Sie immer weiter, immer weiter, immer weiter.

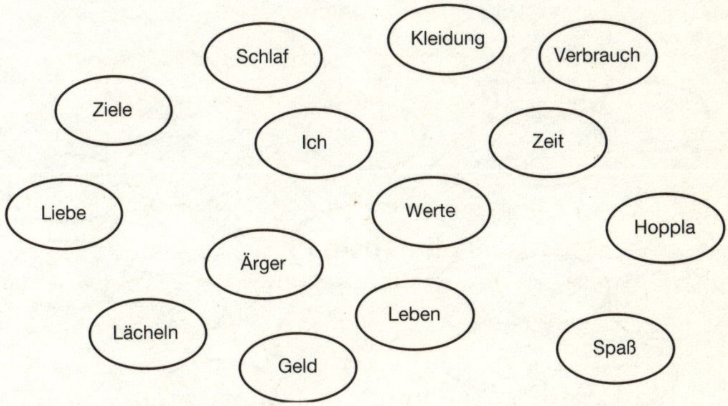

Rezept für hervorragende Ideen

Schritt 1

Schreiben Sie in die Mitte eines Blattes Papier einen Begriff oder Ausdruck, der den Gedanken wiedergibt, über den Sie nachdenken wollen. Nehmen Sie sich ein paar Minuten Zeit, um sich dieses Thema ausführlich durch den Kopf gehen zu lassen.

Schritt 2

Erstellen Sie ausgehend von diesem Wort eine Mind-Map. Schreiben Sie die Assoziationen so schnell auf, wie sie Ihnen in den Sinn kommen. Strukturieren Sie die Ideen und Gedanken mithilfe der Mind-Map. Schreiben Sie so lange weiter, bis Ihnen nichts mehr einfällt.

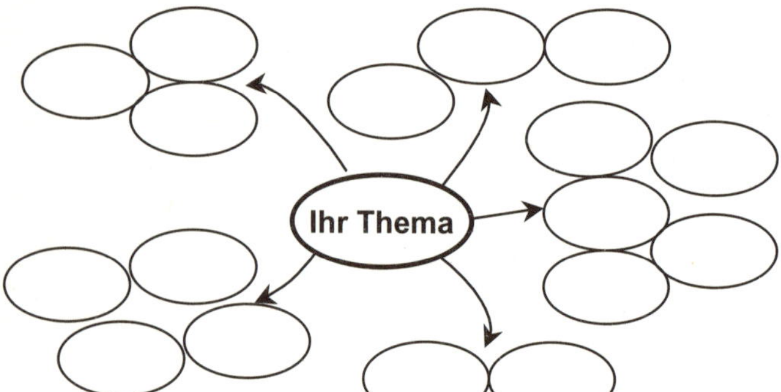

Schritt 3

Konzentrieren Sie Ihren Geist auf umfassende Themen. Wenn Sie beispielsweise eine Mind-Map über die Kommunikation im Büro erstellen, denken Sie über das Wesen der Kommunikation nach. Überlegen Sie, was sie bedeutet und wofür sie steht. Anschließend konzentrieren Sie sich auf Einzelheiten. Welche spezifischen, konkreten, messbaren Details stehen mit Ihrer Idee in Zusammenhang?

Schritt 4

Wenn Sie das Gefühl haben, dass Sie das Thema gründlich ausgeschöpft haben, wählen Sie drei wichtige Ideen aus der Mind-Map aus. Formulieren Sie jede von ihnen als Problemaussage, als Einsicht oder als Methode. Heben Sie sie zur späteren Verwendung auf.

Gruppen-Brainstorming

Der Ausdruck „Brainstorming“ wurde in den 50er-Jahren des 20. Jahrhunderts von dem amerikanischen Industriellen Alex Osborne geprägt. In seinem klassischen Text *Applied Imagination* beschrieb er mehrere Möglichkeiten zur Durchführung einer Brainstorming-Sitzung, die Managern helfen sollte, mehr innovative Gedanken zu produzieren. In der Regel übernahmen so genannte Moderatoren die Leitung dieser Sitzungen. Dabei handelte es sich um Personen, die selbst nicht zur Fülle der Ideen beitrugen, sondern den Ideenfluss steuerten. Sie leiteten die Gruppe dazu an, möglichst viele Ideen hervorzubringen und eine positive Gruppendynamik zu erzeugen.

Nehmen wir an, das Ziel einer Brainstorming-Sitzung sei es, Möglichkeiten zu finden, um die Leute vom Fernsehen abzuhalten.

Streben Sie nach möglichst vielen Ideen

Die Gruppe brachte mehr als 150 Ideen hervor. *Ideen sind wie Saatkörner. Da nicht alle von ihnen überleben, muss man möglichst viele ausstreuen.*

Streben Sie nach möglichst unterschiedlichen Ideen

Die Gruppe entwarf Werbespots gegen das Fernsehen. Die Mitglieder entwickelten Broschüren, die die Menschen zum Lesen anregen sollten. Sie schlugen vor, Partys zu veranstalten, bei denen Leute sich treffen, kennen lernen und über die Nachteile des Fernsehens diskutieren sollten. Wenn man die verschiedensten Möglichkeiten durchkämmt, erhöht sich die Wahrscheinlichkeit, neuen Einflüssen ausgesetzt zu werden. Kreative Lösungen kommen häufig deshalb nicht zustande, weil man sich engstirnig auf einen bestimmten Bezugsrahmen konzentriert. Der kreative Durchbruch gelingt jedoch eher denjenigen, die mehrere Bezugsrahmen kombinieren und Beziehungen zwischen ihnen herstellen.

Hier noch einige weitere Tipps, wie Sie aus Brainstorming-Sitzungen möglichst viel herausholen:

Bleiben Sie locker

Die Leute haben mehr Einfälle, wenn die Sache Spaß machen darf. Nur dann sagen sie ungehemmt alles, was ihnen einfällt, und entwickeln ihre Ideen miteinander weiter. Eine Person schlägt vor, Schlösser an den Fernsehgeräten anzubringen, woraufhin die zweite an eine mit dem Ausschaltknopf verbundene Zeitschaltung denkt. Eine dritte Person kommt darauf, Geld für die Zeit zu berechnen, in der der Fernseher läuft, woraufhin die vierte vorschlägt, eine Steuer für die Dauer des Zusehens zu erheben. Dieser lockere, flexible Arbeitsstil erhöht die Chance, möglichst viel kreatives Ausgangsmaterial zu erhalten, ganz wesentlich. Wenn Sie locker bleiben, können Sie auch die halb ausgegorenen Ideen ausdrücken, die ganz am Rande Ihres Bewusstseins schweben. Heißen Sie sie mit offenen Armen willkommen.

Urteilen Sie nicht

Unter Urteilen verstehen wir im Normalfall negative Kritik. Jeder von uns hat sicher schon einmal die Erfahrung gemacht, dass eine Idee im Keim erstickt wurde, weil zu früh über sie geurteilt wurde. Negative Kritik bringt den Gedankenfluss zu einem abrupten Halt. Denken Sie also beim Sammeln neuer Ideen und Meinungen daran, dass Urteile den Fluss hemmen und den Rhythmus unterbrechen. Neue Ideen sind wie Seifenblasen. Schon ein Grinsen oder Gähnen kann sie zum Platzen bringen, und eine Stichelei oder ein Stirnrunzeln treibt sie fort.

Schreiben Sie alles auf

Ernennen Sie einen Protokollanten, der alle Ideen des Teams aufschreibt. Die Person muss schnell schreiben können! Schreiben Sie auf große Blätter und hängen Sie diese anschließend an die Wand, damit jeder alle Ideen sehen kann. So können alle Teilnehmer bereits genannte Ideen noch weiter ausarbeiten oder verändern.

Seien Sie wagemutig

Lassen Sie sich vom Spaß davontragen, seien Sie verrückt, verfolgen Sie auch abwegige Ideen. Die besten Gedanken ergeben sich oft aus den wildesten Ansätzen.

Der Vorschlag, die Fernsehgeräte in die Luft zu sprengen, führt vielleicht zu dem Gedanken einer Sicherheitsschaltung an einer Bombe. Diese Idee löst wiederum den Gedanken an eine Vorrichtung aus, die der Fernsehzuschauer in der Hand halten muss. Lässt er die Vorrichtung los, schaltet sich das Fernsehgerät aus. In der Phase des Sammelns müssen Sie so viele Ideen hervorbringen wie irgend möglich. Später bleibt noch genug Zeit, um sie zu sortieren und zu bewerten.

Beurteilen Sie die Ideen

Wenn schließlich einzelne Ideen ausgewählt werden müssen oder wenn die Gruppe sich nur noch auf die besten Ideen konzentrieren soll, muss jeder Teilnehmer mit einem Textmarker oder mit bunten Aufklebern seine drei Favoriten kennzeichnen. So erhalten Sie sehr schnell einen Überblick darüber, welche Ideen am besten ankommen.

Ein Gruppen-Brainstorming versetzt die Teilnehmer in einen verspielten, lockeren Zustand, in dem die Gedanken frei fließen. Niemand erwartet, dass alle Ideen, die auf diese Weise entstehen, später umgesetzt werden. Dennoch werden alle aufgeschriebenen Ideen in Betracht gezogen. Aller Wahrscheinlichkeit lässt sich mit 99 von 100 Gedanken nichts anfangen – aber die hundertste Idee verändert möglicherweise die ganze Welt.

Seien Sie an allem interessiert

Der italienische Designer Luigi Colani beginnt die Arbeit an einem neuen Projekt immer damit, dass er auf dem Land spazieren geht und die in der Natur vorkommenden Muster, Formen und Bewegungen studiert. Seine Designs machen einen ausgesprochen organischen Eindruck: Propeller sehen wie Blütenmuster aus, Fahrradsitze wie Blätter, Autos wie stromlinienförmige Meeresbewohner. An seinen Kreationen gibt es nur wenige gerade Linien. Colani ist davon überzeugt, dass seine Endprodukte um so komfortabler, effizienter, sparsamer und ästhetischer werden, je stärker er sich selbst zurücknimmt und je mehr Natur er in seine Designs einfließen lässt.

Colani ist bei weitem nicht der einzige Erfinder, der seine Ideen aus der Natur schöpft. Strohhalme für Limonade wurden im 19. Jahrhundert von Marvin Stone den hohlen Stengeln von Englischem Raigras nachgebildet. Die US-Armee entwickelte mehrere ihrer Tarnungsmethoden aus einer genauen Analyse der Muster auf Chamäleons, Schmetterlingen, Motten und anderen Tieren. Der finnische Architekt Eero Saarinen, der die Meinung vertrat, dass Gebäude eine stolze Einheitlichkeit aufweisen sollten, ließ sich durch den Anblick einer Grapefruit zu seinen Plänen für das TWA-Terminal in New York inspirieren.

Rohzutaten für Ideen lauern überall: in Unterhaltungen, Fernsehshows, Büchern, Wolkenformationen, Graffiti, Speisekarten, Kinderspielzeug usw. Der erfahrene geistige Koch weiß, wie er möglichst viele Zutaten in seine Gerichte einbringen kann. Unzählige Ideen lassen sich an zahllosen Orten finden – nicht nur in der Bibliothek, sondern auch in vertrauten Gegenständen und alltäglichen Erfahrungen. Stöbern Sie nicht nur in Büchern nach Wissen, sondern suchen Sie in den Dingen selbst. Schon Thomas Alva Edison – der 1093 Patente besaß – war der Ansicht, man solle es sich zur Gewohnheit machen, laufend nach neuen und interessanten Ideen Ausschau zu halten, die von anderen bereits erfolgreich verwendet wurden. Eine Idee müsse nur in ihrer Anwendung auf das jeweils bestehende Problem originell sein.

> „Jeder, der in der Werbebranche wirklich kreativ ist, zeichnet sich immer durch zwei bemerkenswerte Eigenschaften aus. Erstens gibt es kein Thema, für das er sich nicht sofort interessieren könnte – von ägyptischen Beerdigungsbräuchen bis hin zu moderner Kunst. Jede Facette des Lebens ist gleich faszinierend für ihn. Zweitens durchkämmt er laufend intensiv alle möglichen Informationsgebiete. Denn mit Werbefachleuten ist es wie mit Kühen: ohne Grasen keine Milch."
>
> *James Webb Young*,
> Leitender Manager in einer Werbeagentur

Versorgen Sie sich mit guten Informationen

Nach den Worten des Architekten und Verlegers Richard Saul-Wurman beinhaltet eine Wochentagsausgabe der *New York Times* mehr Informationen, als eine durchschnittliche Person im England des 17. Jahrhunderts während ihres gesamten Lebens in sich aufnahm. Im Lauf eines einzigen Jahres liest ein durchschnittlicher Nordamerikaner 100 Zeitungen und 36 Zeitschriften. Er sieht fast 2500 Stunden fern, hört mehr als 700 Stunden Radio, kauft drei Bücher und 20 CDs, füllt 3000 Benachrichtigungen, Formulare und Memos aus und telefoniert über 60 Stunden. Aber wie viel Zeit hat er währenddessen damit verbracht, all die erhaltenen Informationen zu selektieren?

Die Informationen, die wir aufnehmen, entscheiden über die Gesundheit und den Inhalt unseres Verstandes.

Wenn Sie eine ausgewogene und vielseitige Informationsdiät auswählen, verfügt Ihr Intellekt über die richtigen Ressourcen, um bessere Entscheidungen zu treffen und bessere Ideen hervorzubringen.

In welche Stücke schneiden Sie Ihren Informationskuchen?

Rezept für hervorragende Ideen

Seien Sie beim Lesen aktiv

Fragen Sie sich: „Wie wirkt sich etwas auf meine Gedanken aus?" Bevor Sie ein Buch lesen, fragen Sie sich: „Ist dieses Buch eine gute Übung für meinen kreativen Geist?" Lesen Sie Bücher aus möglichst vielen Themenbereichen.

Machen Sie sich Notizen

Jedes gute Buch verschafft Ihnen Einsichten und ruft besondere Gedanken hervor. Halten Sie diese lebendig, indem Sie sie aufschreiben.

Gliederung

George Bernard Shaw machte es sich zur Gewohnheit, vorab eine Gliederung jedes Buches anzufertigen, das er lesen wollte. Manchmal verfasste er auch nach der Lektüre der ersten Hälfte eines Buches eine Gliederung der zweiten Hälfte. Finden Sie heraus, was passiert, wenn Sie es selbst versuchen.

Lösen Sie Probleme

Bei Sachbüchern können Sie sich die Lösungen im Voraus überlegen, bevor sie beschrieben werden. Suchen Sie nach Mustern. Vergleichen Sie das, was Sie gerade lesen, mit anderen Materialien, die Sie früher gelesen haben. Können Sie einige der Ideen auf Ihr Leben anwenden?

Lesen Sie unterschiedliches Material

Lernen Sie auch Literatur kennen, die Sie normalerweise nicht lesen würden, wie beispielsweise die *taz* oder den *Prana Catalog*. Suchen Sie nach Meinungen, die von den Ihnen bekannten abweichen. Lesen Sie Frauen-, Männer-, Jugend- und Kinderzeitschriften. Ziehen Sie auch Veröffentlichungen in Betracht, die außerhalb des Mainstreams liegen, wie *Magazin 2000 Plus*, das sich mit UFO-Phänomenen und Grenzwissenschaften beschäftigt; oder *Kopfgeburten*, ein Magazin zur fantastischen Literatur.

Erweitern Sie Ihre Ideensuche um folgende Methoden:

Holen Sie sich Inspirationen aus anderen Gebieten

Wenn Sie nach neuen Möglichkeiten für die Vernetzung von Computern forschen, gehen Sie in die Felder und sammeln Sie Blumen. Wenn Sie Informationen über Unternehmensführung benötigen, besuchen Sie eine Kindertagesstätte. Wenn Sie Inspirationen für die Gestaltung eines Buchumschlags brauchen, gehen Sie in ein Museum und sehen Sie sich die Muster auf Schmetterlingsflügeln an. Haben Sie keine Hemmungen, überall nach Ideen zu suchen: in der Mythologie, in der Musikgeschichte, auf Straßenkarten oder in Fahrradwerkstätten.

Persönliche Kontakte

Wer sind die anregendsten Menschen, die Sie kennen? Unterhaltungen und der Gedankenaustausch mit wirklich inspirierenden Personen sind eine stete Quelle, aus der Sie Ihren Ideenvorrat wieder auffüllen können. Die Gedankenfunken, die der eine Verstand erzeugt, lösen in seinem Gegenüber wiederum neue Gedankenfunken aus.

Arbeiten Sie außerhalb Ihres eigenen Berufsfelds

Viele Erfindungen wurden von Personen hervorgebracht, die eigentlich in einem ganz anderen Fachgebiet zu Hause waren. Sehen Sie sich einmal die Berufe der Personen an, von denen die folgenden Erfindungen stammen – man muss also kein Fachmann sein, um hervorragende Ideen zu haben.

Kodachrome-Film	–	Musiker
Kugelschreiber	–	Bildhauer

Luftreifen	–	Tierarzt
Schallplatte	–	Fernsehingenieur
Automatisches Telefon	–	Bestattungsunternehmer
Parkuhr	–	Journalist
Penizillin	–	Apotheker
Flugzeug	–	Fahrradmechaniker

Reisen Sie

Welche – kurze oder lange – Reise hat Ihre Fantasie bisher am stärksten angeregt? Wodurch wurde sie so stimulierend für Ihren Geist: die Museen, die Menschen, die fremden Sprachen oder die Tatsache, dass Sie nicht mehr in der täglichen Routine gefangen waren? Reisen – vor allem ins Ausland – regen wie keine zweite Aktivität die Fantasie an.

Stellen Sie einen Erfahrungs-Kit zusammen

Der Erfahrungs-Kit – eine Art praxisbezogener Bausatz, entwickelt von der Kreativitätsberatung IdeaScope – soll bei Führungskräften eine Veränderung ihrer Perspektive bewirken. Der Erfahrungs-Kit für einen bekannten Waschmittelhersteller umfasste Muster der Konkurrenzprodukte, einen Kalender, in dem aufzuschreiben war, an welchen Wochentagen bei der Führungskraft zu Hause gewaschen wurde und wie groß die Wäschemengen waren. Ferner die Adresse eines örtlichen Waschsalons, in dem jeder Manager eine Stunde verbringen musste, und ein sehr schmutziges Hemd, das jeder selbst waschen und bei der Brainstorming-Sitzung tragen sollte. Erfahrene Führungskräfte, die diesen Erfahrungs-Kit verwendeten, gaben zu, dass sie ihre Produkte in einem ganz neuen Licht sahen. Stellen Sie sich nun vor, Sie seien ein solcher kreativer Berater, der Erfahrungs-Kits zusammenstellt, die Manager bei einem Brainstorming unterstützen sollen. Welche Teile würden Sie in den Kit für einen Hersteller von Fotokopierern packen? Oder für einen mobilen Computer-Reparaturdienst, für einen Süßwaren-Exporteur oder für Ihr eigenes Unternehmen?

Durchbrechen Sie die Routine

Setzen Sie sich unterschiedlichen Informationen und Eindrücken aus (und schärfen Sie Ihre Beobachtungsgabe), indem Sie Ihre Routine durchbrechen. Tun Sie jeden Tag etwas. Schreiben Sie einige Ihrer Gewohnheiten auf, ändern Sie sie und warten Sie ab, was passiert.

- Gehen Sie früher (oder später) zu Bett.
- Wählen Sie einen längeren Weg zur Arbeit.
- Gehen Sie etwas schneller (oder langsamer) als sonst.
- Gehen Sie einmal mit jemand anderem zum Mittagessen.
- Beginnen Sie ein Gespräch mit jemandem, den Sie normalerweise meiden.
- Probieren Sie ein neues Restaurant aus.
- Lesen Sie eine andere Zeitung.
- Hören Sie andere Radiosender.
- Sehen Sie sich andere Fernsehshows an.
- Lesen Sie einmal ein anderes Buch.
- Trinken Sie in Ihren Pausen Tee oder Saft statt Kaffee.
- Kommen Sie eine halbe Stunde früher zur Arbeit.
- Ziehen Sie Ihren Scheitel auf der anderen Seite.

Machen Sie regelmäßig Pausen

Planen Sie in Ihrem Arbeitstag regelmäßige Pausen ein, um neue Gedanken zuzulassen. Nehmen Sie sich eine

Viertelstunde Zeit und gehen Sie herum, füllen Sie Ihre Energievorräte auf und entdecken Sie etwas Interessantes.

Machen Sie jeden Tag 15 Minuten Pause, um sich zu entspannen und sich für neue Anregungen zu öffnen.

Denken Sie laut

Gespräche sind die angenehmste Form der Kommunikation. Gespräche sind lebendig, entwickeln sich entlang unvermuteter Pfade, nehmen unerwartete Wendungen und ermöglichen es uns, Ideen gemeinsam zu entwickeln und neue Gedanken ins Leben zu rufen.

Durch Gespräche können wir Ideen verfeinern, die uns bis dahin nur als sehr vages Konzept vorschwebten. Fragen Sie Ihren besten Freund, was er über das Wesen des Guten oder über den Ursprung des Lebens auf der Erde denkt, und Sie werden die Möglichkeit erhalten, Meinungen zu formulieren, an die Sie nie vorher gedacht haben. Wir klären unsere Gedanken, indem wir sie in Worte fassen.

Warum sind gute Gespräche ein so fruchtbarer Boden für Ideen? Wo sonst haben Sie Gelegenheit, schnell etwas hinzuzufügen, einzuwerfen und infrage zu stellen? Gespräche müssen nicht logisch aufgebaut sein. Wir wechseln spontan von einem Thema zum nächsten und lösen dadurch Gedankensprünge, freie Assoziationen und viel Geben und Nehmen aus. Wir nehmen Stichworte des Gegenübers auf, wiederholen und vereinfachen Ideen, fügen Einzelheiten hinzu, wenn Fragen kommen, und belegen unsere Meinungen, wenn sie angezweifelt werden. Diese unstrukturierte Freiheit erlaubt es uns, aus dem Stegreif Ideen zu konstruieren.

Der Begriff „Kommunikation“ hat seine Wurzeln in einem Wort, das „Anteil nehmen“ bedeutet. Wenn wir Gedanken austauschen, erzeugen wir einen Rhythmus, in dem eine Bemerkung die nächste ergibt. Ein unwichtiger Einwurf ruft plötzlich eine lang zurückliegende Erinnerung hervor. Gespräche trennen und vereinen unzusammenhängende Begriffe zu relevanten Gedanken. Dialoge werden zur Gemeinschaftsarbeit, zu einem Gedankenkonzert. Sie schaffen gegenseitiges Verständnis.

Natürlich können Gespräche Ideen auch ersticken. Wenn zwei Menschen nicht gleichberechtigt miteinander umgehen, kann das Gespräch keine neuen Gedanken vermitteln. Der eine erwartet, dass der andere seine Meinung übernimmt, und konzentriert sich darauf, ihn zu überzeugen. Wenn wir nicht mehr zuhören, verlieren wir die Gelegenheit zu lernen.

Rezept für hervorragende Ideen

Das hilft Ihrem Gedächtnis auf die Sprünge

Gute Kommunikation verlangt nicht nur, dass Sie Ihre Meinung klar und überlegt zum Ausdruck bringen, sondern auch, dass Sie Ihrem Gegenüber zuhören. Da die meisten Menschen nur einen kleinen Teil dessen behalten, was sie hören, müssen wir uns umso besser auf den Partner einstellen. Im Folgenden finden Sie einige Tipps, die Sie zu einem besseren Zuhörer machen sollen.

Hören Sie zu

Ralph Waldo Emerson sagte einmal, dass in guten Gesprächen die Teilnehmer nicht auf die Worte der anderen antworten, sondern auf die Bedeutung, die in den Worten liegt. Konzentrieren Sie sich darauf, was die andere Person Ihnen zu vermitteln versucht. Denken Sie nicht schon im Voraus über Ihre Antwort nach. Beurteilen Sie den Inhalt, nicht die Art und Weise, wie etwas gesagt wird. Achten Sie auf wichtige Gedanken.

Keine Vorurteile

Achten Sie auf Ihre vorgefassten Meinungen und persönlichen Vorurteile. Interpretieren Sie das Gesagte vielleicht falsch? Versuchen Sie, unparteiisch und objektiv zu sein.

Rhythmus

Unterbrechen Sie den Gedankenfluss des anderen nicht. Wenn Sie immer die Sätze Ihres Gesprächspartners beenden, hat das zwar eine subtile, aber dennoch entscheidende psychologische Wirkung. Zeigen Sie Ihre Aufmerksamkeit durch verständnisvolle kurze Bemerkungen und indem Sie Augenkontakt wahren.

Raum

Machen Sie sich bewusst, welche Rolle die Stille in einem Gedankenaustausch spielt. Pausieren Sie kurz, wenn jemand einen Satz beendet hat. In der Stille hat man Zeit zum Nachdenken. Die Kommunikation bleibt auch ohne Worte lebendig. Achten Sie in einer Pause auf die nonverbalen Signale: Gesichtsausdruck, Bewegungen, Haltungsänderungen, eine Veränderung der Atmung. Öffnen Sie auch alle die Kommunikationskanäle, die über das Wort hinausgehen.

Bleiben Sie aktiv

Lassen Sie Ihren Geist und Ihre Körpersprache nicht erschlaffen. Konzentrieren Sie sich genau, indem Sie im Geist das Gehörte beurteilen, vorausahnen, zusammenfassen und in Frage stellen.

Bewahren Sie Ihre Ideen gut auf

> „‚Das Entsetzen dieses Augenblicks werde ich nie, niemals vergessen!' rief der König.
>
> ‚Doch, doch', meinte die Königin, ‚wenn du dir nicht gleich eine Aktennotiz machst.'"
>
> *Lewis Carroll*, Mathematiker

Wenn man Vorräte für die Küche eingekauft hat, verstaut man sie, damit sie frisch bleiben und damit man weiß, wo man sie wiederfindet. Verderbliche Waren gehören in den Kühlschrank, Dosen in den Vorratsschrank. Und was machen wir mit unseren Ideen? Geübte Ideenproduzenten ordnen ihre Ideen in Tagebüchern.

Leonardo da Vinci füllte bemerkenswerte Notizbücher mit Skizzen, Erfindungen, Naturbeobachtungen und philosophischen Gedanken. Sein Bedürfnis, diese Notizbücher zu führen, war sogar so stark, dass er die Kunst des Rückwärtsschreibens erlernte, um seine innovativen Ideen vor feindselig gesinnten Mächten zu schützen. Leonardos außergewöhnliche Fähigkeiten erlaubten es ihm, die Seiten gleichzeitig zu beschreiben und mit Zeichnungen zu füllen.

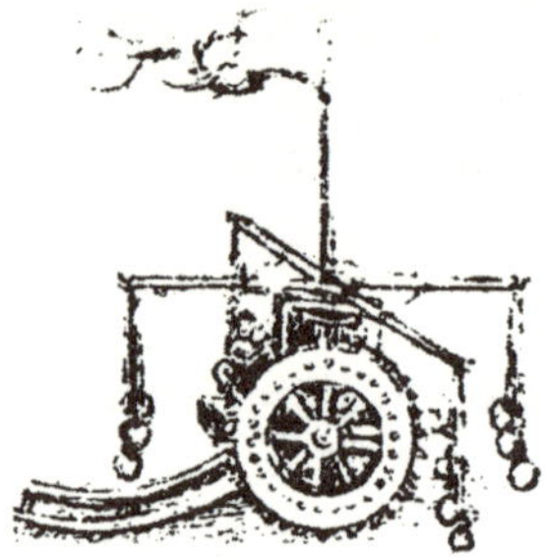

Für viele kreative Menschen gehören Tagebücher zum täglichen Leben. Ludwig van Beethoven hatte immer Notenpapier bei sich. Seine Notizbücher enthielten „Konzeptskizzen“, Diagramme der Struktur seiner musikalischen Schöpfungen. Manche seiner Notizbücher verwendete Beethoven nur dafür, ein neues Thema auszuarbeiten und Variationen auszuprobieren.

Ein Ideentagebuch ist das Einzige, was gegen unser lückenhaftes Gedächtnis hilft. Wenn es in diesem Buch überhaupt einen Kerngedanken gibt, den Sie nach der Lektüre behalten sollten, so lautet er:

Schreiben Sie es auf, sonst vergessen Sie es!

In Tagebüchern finden unsere Betrachtungen und Träumereien ein sicheres Zuhause. Erkenntnisse sind vergänglich und verfliegen schnell wieder aus dem Bewusstsein. Francis Bacon war sich dessen bewusst, als er meinte, dass jeder Mann gut daran tue, einen Stift bei sich zu tragen und seine Gedanken sofort aufzuschreiben. Die Ideen, die uns ohne Zwang in den Sinn kämen, seien meist die wertvollsten und sollten sicher verwahrt werden, weil sie selten ein zweites Mal auftauchten. Auch die blasseste Tinte verblasst nicht so schnell wie unser Gedächtnis.

Tagebücher regen uns dazu an, immer aktiv zu bleiben. Nomen est omen, deshalb sollten Sie täglich neue Ideen in Ihr Reservoir eintragen, denn auf diese Weise bleibt Ihr Geist immer auf der Suche. Das Tagebuch stellt auch eine Geschichte Ihrer persönlichen Ideen dar, eine Aufzeichnung Ihrer persönlichen Forschungen, und es liefert zahlreiche Schnappschüsse Ihrer Entwicklung. Erst wenn Sie sie aufschreiben, werden Sie merken, wie viele gute Ideen Sie haben. Und wenn Sie sie erneut lesen, lösen sie wiederum neue Gedanken aus.

Der Drang nach Kreativität überkommt einen selten genug, und mit einem Tagebuch ist man immerhin bereit, seine Inspirationen festzuhalten. Sobald Ihnen ein Gedanke kommt, übersetzen Sie ihn in greifbare Form. Schreiben Sie eine Notiz oder malen Sie ein Bild. Wenn Sie das nicht tun, können Sie kaum verhindern, dass er sich wieder verflüchtigt.

> „Achten Sie genau auf Ihre Gedanken.
> Sie kommen ungebeten, wie ein neuer Vogel, der sich auf Ihre Bäume setzt, und wenn Sie sich wieder Ihrer ursprünglichen Aufgabe zuwenden, verschwinden sie."
>
> *Ralph Waldo Emerson*,
> amerikanischer Essayist, Philosoph und Dichter

Zusammentragen

> „Der Künstler ist ein Auffanggefäß für Gefühle,
> die von überall her kommen; vom Himmel,
> von der Erde, von einem Fetzen Papier,
> von einer flüchtigen Form, von einem Spinnennetz ...
> Ein Maler malt, um seine Gefühle und Visionen
> abzuladen."
>
> *Pablo Picasso*, Maler

Je mehr Informationen Sie zusammentragen, desto größer ist der Vorrat, der Ihnen zur Formulierung von neuen Ideen zur Verfügung steht. Die Recherche bereitet die Bühne für das kreative Schauspiel vor.

Tipp 1

Bringen Sie Vielfalt in Ihren Ideenspeicher, indem Sie auch außerhalb Ihres Fachgebiets auf die Suche gehen. Begeben Sie sich an neue Orte und bringen Sie einmal etwas ganz anderes mit in Ihre Ideenküche. Sie können sich entweder körperlich auf die Reise machen, indem Sie einen (für Sie) ungewöhnlichen Ort aufsuchen, etwa eine Eisenwarenhandlung, eine Möbelfabrik oder den Stadtpark. Alternativ können Sie aber auch geistig auf Tour gehen, sich in ein neues Fachgebiet vertiefen und es mithilfe von Büchern, Artikeln und Berichten gründlich kennen lernen.

Tipp 2

Suchen Sie nach den Ideen, die in Ihnen selbst, in Ihrem Gedächtnis gespeichert sind. Denken Sie an Ereignisse und Erfahrungen aus der Vergangenheit, die Ihnen vielleicht bei Ihrem gegenwärtigen Projekt helfen könnten. Versuchen Sie, sich an die Einzelheiten zu erinnern und sie auf die jetzige Situation anzuwenden. Kann Ihnen das, was Sie vor fünf oder zehn Jahren gemacht haben, bei der heutigen Arbeit helfen? Versuchen Sie sich auch an Gespräche mit Ihrem Vater, Ihrer Schwester und Ihrem Lehrer in der siebten Klasse zu erinnern.

Tipp 3

Lassen Sie sich von der Natur inspirieren. Unser Planet ist unendlich faszinierend, und aller Wahrscheinlichkeit nach hat die Natur bereits etwas hervorgebracht, was mit Ihrer Idee zu tun hat. Suchen Sie also in der Tier- und Pflanzenwelt ebenso wie in der Welt der Mineralien nach Konzepten, die für Sie nützlich sein könnten.

Tipp 4

Stellen Sie einen Erfahrungs-Kit zusammen. Sammeln Sie dazu einige Gegenstände, die in Zusammenhang mit Ihrem Thema stehen, und umgeben Sie sich eine Weile mit ihnen. Manchmal lösen sie gerade dann, wenn Sie es am wenigsten erwarten, eine wichtige Entdeckung aus.

Tipp 5

Zeichnen Sie Ihre Gedanken auf – in Form von Notizen, Skizzen oder Noten. Sortieren Sie sie richtig ein. Denken Sie daran, dass die Ideen Ihnen nicht viel nützen, wenn Sie nichts mit ihnen anfangen, wenn Sie sie nicht in irgendeiner Form realisieren.

KAPITEL 4

SCHNEIDEN

Mit welcher Form wird die Reihe fortgesetzt?

Scheibchen und Würfel

Ideen klein schneiden

„Wir gedeihen in Welten voller Informationen,
weil wir die wunderbaren und gleichzeitig alltäglichen
Fähigkeiten besitzen, auszuwählen, zu verarbeiten,
etwas hervorzuheben, zu strukturieren, zu betonen,
zu gruppieren, paarweise zu ordnen, zu verschmelzen,
zu harmonisieren, zu synthetisieren, zu konzentrieren,
zu organisieren, zusammenzufassen, zu reduzieren,
auf den Punkt zu bringen, zu wählen, einzuordnen,
zu katalogisieren, zu verfeinern, zu abstrahieren,
zu überfliegen, genauer anzusehen, zu idealisieren,
zu isolieren, zu diskriminieren, zu unterscheiden,
durchzusehen, zu sortieren, Rosinen herauszupicken,
zu gruppieren, das Wesentliche zu erkennen,
zu integrieren, zu vermischen,
den Durchschnitt zu bilden, zu filtern, in einen Topf zu
werfen, auszulassen, zu begradigen, in Stücke zu teilen,
zu inspizieren, Annäherungen zu finden,
Gruppen zu bilden, zusammenzubauen, zu gliedern,
zusammenzufassen, in Einzelteile zu zerlegen, zu prüfen,
durchzublättern, einen Blick hineinzuwerfen,
Listen zu bilden, die Spreu vom Weizen zu trennen
sowie Birnen und Äpfel auseinander zu halten."

Edward R. Tufte, Statistiker und Kartograf

Wenn man genug Ideen gesammelt hat, verfügt man über eine Menge Rohmaterial. Um diesen Schatz von Möglichkeiten weiterzuentwickeln, schreitet der kreative Geist zum nächsten Schritt. Das Material wird analysiert, die Daten werden sortiert, ausgewählt, bearbeitet und geordnet.

Die meisten Menschen halten die Analyse für eine kalte, unpersönliche Tätigkeit, die irgendwo im Keller von Forschungsinstituten oder in den Praxen von Psychotherapeuten stattfindet. Dabei ist eine Analyse ein dynamischer Prozess, der sich auf viele verschiedene Arten durchführen lässt. Das Wort „Analyse“ leitet sich von einem griechischen Begriff ab, der bedeutet, dass etwas in Teile zerlegt, gelockert oder aufgelöst wird. In diesem Sinn ist die Analyse der Akt des Zerlegens eines Ganzen in seine Einzelteile. Indem man Informationen mit geistigen Messern und Beilen zerhackt, erhält man einen klareren Blick auf das Thema.

Dieses „Zerlegen in Einzelteile“ ist in vielen Fällen nützlich. Sie können damit die Vor- und Nachteile einer beruflichen Veränderung abwägen, den Informationsfluss in einem großen Unternehmen untersuchen oder die beste Möglichkeit zur Anordnung Ihrer Weinsammlung herausfinden. Alle komplexen Systeme wie der menschliche Körper, die Erdatmosphäre, Mozarts Jupitersymphonie oder die japanische Außenpolitik lassen sich besser verstehen, wenn man sie in kleinere Teile zerlegt.

Die Analyse ist sozusagen das Tranchiermesser in Ihrer geistigen Küche. Sie können damit ins Innere einer Situation blicken und sie genauer untersuchen. Oft führt die Betrachtung der Einzelteile zu neuen Erkenntnissen und frischen Ideen.

Kehren wir kurz zu der Übung am Beginn dieses Kapitels zurück. Wie ist es Ihnen mit der Aufgabe ergangen?

Wenn Sie die Abbildung auf eine bestimmte, genau richtige Weise betrachten, finden Sie plötzlich die Antwort. Denken Sie darüber nach, ob die Formen Sie an etwas erinnern. Können Sie sie mit irgendetwas bereits Bekanntem in Verbindung bringen? Könnten sie für Buchstaben stehen, für eine neue Art von Alphabet, für irgendeine Art von Zahlen?

Gewinnen Sie den geistigen Abstand, ändern Sie Ihren Blickwinkel, und Sie erkennen möglicherweise die Ziffern von eins bis sieben. Sehen Sie erneut hin. Jede Ziffer ist mit ihrem Spiegelbild verschmolzen. Die nächste Form muss also eine doppelte Acht sein.

Analysemesser haben mehrere Funktionen. Sie trennen das Äußere ab, schneiden das Unwichtige weg und lassen das Wesentliche übrig. Das Analysemesser sollte sich hart und gut ausbalanciert anfühlen und einen bequemen, sicheren Griff besitzen. Seine scharfe Klinge soll Sie zum Schneiden geradezu herausfordern.

Setzen Sie sich ein Ziel

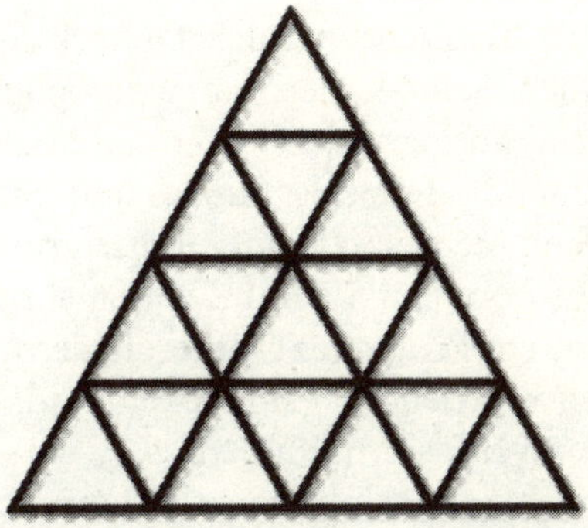

Übung
Wie viele Dreiecke können Sie in der Abbildung erkennen?

Wenn wir über ein Problem oder eine Situation nachdenken, betrachten wir sie meist als feste Einheit. Aber ebenso wie ein Haus aus vielen Zimmern besteht und jedes Zimmer wiederum aus zahlreichen Teilbereichen, besteht auch jede Situation, die kreativ behandelt werden will, aus verschiedenen Elementen. Wenn Sie neue Ideen hervorbringen wollen, sollten Sie die einzelnen Bestandteile identifizieren und sich nacheinander auf jeden einzelnen von ihnen konzentrieren.

Nehmen wir an, Sie möchten etwas für Ihre Gesundheit tun. Sie können nicht Ihre gesamte Gesundheit auf einmal verbessern. Stattdessen betrachten Sie die einzelnen Aspekte der Gesundheit – den Stoffwechsel, die Ernährung, die körperliche Konstitution usw. – und überlegen, was Sie zur Stärkung jedes einzelnen tun können. Dabei nehmen Sie sich einen nach dem anderen vor.

Bei der kreativen Analyse eines Themas haben Sie die Gelegenheit, viele verschiedene Bestandteile zu identifizieren und sich der Reihe nach auf sie zu konzentrieren. Bei der ersten Betrachtung der Dreiecksfigur auf der vorhergehenden Seite haben Sie womöglich 16 gleich große Dreiecke ausgemacht. Fügen Sie noch das große, alles umrahmende Dreieck hinzu, und Sie haben 17 Dreiecke. Wenn Sie zusätzlich die mittelgroßen Dreiecke hinzurechnen, kommen Sie auf 27. Je mehr Möglichkeiten Sie haben, ein Problem zu untergliedern, desto mehr Eigenschaften werden Sie entdecken und damit auch verändern und verbessern können.

Wie sucht man nach Eigenschaften? Schreiben Sie zuerst einfach eine Liste der Merkmale, ohne sich darüber Gedanken zu machen, ob sie richtig oder gar vollständig ist. Vertrauen Sie auf Ihre Intuition, denn sie hilft Ihnen dabei, diejenigen Merkmale zu finden, mit denen Sie Ihr Problem untersuchen und in den Griff bekommen können.

Es gibt aber auch die Möglichkeit, die Merkmale eines Objekts in bestimmte Kategorien einzuordnen und damit die Suche entlang gewisser Bahnen zu lenken:

Physische Eigenschaften

Betrachten Sie Gewicht, Höhe, Breite, Tiefe, Struktur, Reihenfolge, Anordnung, Muster, Beschaffenheit, Farbe, Geschwindigkeit, Bewegungsgrade, Geruch, Geschmack und Klang.

Zeitgebundene Eigenschaften

Woher stammt das Objekt, was ist seine Geschichte, wie wird es gegenwärtig und zukünftig verwendet, und wie wird es schließlich einmal enden?

Eigenschaften der Herstellung

Wie wurde das Objekt entwickelt, als Prototyp und später als Fertigprodukt gefertigt? Wie wird es vermarktet, transportiert, verkauft und verwendet?

Psychologische Eigenschaften

Welches Gefühl vermittelt Ihnen das Objekt? Fühlen Sie sich glücklich, traurig, gleichgültig, dankbar, beeindruckt, zufrieden oder unzufrieden?

Kulturelle Eigenschaften

Gibt es bestimmte Regeln für das Objekt? Ist sein Gebrauch durch Verbote oder Gesetze eingeschränkt? Welche Bedeutungen hat das Objekt? Für wen? Hat das Objekt für alle Menschen den gleichen Zweck und die gleiche Funktion?

Denken Sie an bestimmte Merkmale einer Kamera:

- Filmtransportmechanismus
- Brennweite des Objektivs
- Gehäuse
- Belichtungsmesser
- Objektivöffnung
- Verschlussgeschwindigkeit
- Blitzlicht
- Film

Konzentrieren Sie sich nun auf jede dieser Eigenschaften und versuchen Sie, sie zu verbessern, um eine bessere Kamera zu erfinden. Fragen Sie sich: „Wie ließe sich das noch verbessern?“ – „Muss das so sein, oder gibt es eine andere Möglichkeit?“

Innerhalb der letzten 20 Jahre haben die japanischen Kamerahersteller ein Wettrennen zur Optimierung ihrer Kameras veranstaltet. So entwickelten sie die folgenden Verbesserungen:

- Zusätzliche Motoren zum Weitertransport von 35-mm-Filmen. Mit den schnellsten Motoren können bis zu 15 Bilder pro Sekunde geschossen werden, was für Sportaufnahmen ideal ist. Viele Kameras haben einen automatischen Filmtransport, was das Fotografieren einfacher macht.
- Autofokus-Linsen stellen das Bild automatisch scharf, entweder mithilfe von Infrarotstrahlen oder mit Kontrastfühlern.
- Mit Zoom-Linsen lässt sich die Entfernung verstellen, ohne die Linse auszuwechseln.
- Neue Gehäuse gleichen nicht mehr dem standardmäßigen Gehäuse von 35-mm-Kameras, sondern eher Filmkameras mit nur einem Griff.
- Neue Belichtungsmesser verwenden Mikroprozessoren, um das Fotografieren zu automatisieren. Bei manchen werden sogar künstliche Stimmen eingesetzt, die dem Fotografen mitteilen, ob die Umgebung zu hell oder zu dunkel ist.
- Plastiklinsen sind leichter und billiger in der Herstellung.
- Vertikale Verschlussklappen sind schneller, weil sie sich von oben nach unten über die Filmebene bewegen – der zurückzulegende Weg ist kürzer.

- Eingebaute Blitzlichter werden automatisch aktiviert, wenn die Umgebung zu dunkel ist.
- Bei vielen Filmarten kann ein Fotograf heute zwischen Schwarzweißbildern, Farbdias oder Farbbildern wählen, nachdem er die Fotos bereits geknipst hat. Bei der neuesten Technik wird der Film ganz überflüssig. Die Kammeras produzieren ein elektronisches Bild, das vom Computer verarbeitet wird.

Wenn Sie versucht hätten, eine Kamera zu verbessern, ohne sie in ihre Einzelteile zu zerlegen, hätten Sie sicherlich einige Möglichkeiten übersehen. Was wäre, wenn Sie alles besser gemacht, aber die Linse, die Batterie oder das Gewicht außer Acht gelassen hätten?

Viele Hersteller wenden zur Verbesserung ihrer Produkte die kreative „Scheibchen-und-Würfel-Methode“ an. So entwickelte der schwedische Werkzeughersteller AB Bacho Tools® einen Griff für Schraubendreher, der sich bequem mit beiden Händen anfassen lässt und der zahlreiche Design-Preise gewonnen hat. Die Universität von Hawaii entwickelte ein neues Teleskopdesign, bei dem der riesige Hauptspiegel in mehrere kleine und billigere Spiegel aufgeteilt ist, die mittels Computer so gesteuert werden, dass sie sich wie ein einziger Spiegel bewegen. Die Firma Apple® entwickelte ein Notebook mit eingebauter Maus.

Diese Methode des Zerkleinerns großer Dinge in viele kleine Teile funktioniert auf allen Gebieten, von der industriellen Produktentwicklung bis hin zur Planung einer unvergesslichen Betriebsweihnachtsfeier. Überlegen Sie, wie Sie die folgenden Themen in kleine Teilaufgaben zerlegen könnten:

- Einen Brief an eine Person schreiben, die gerade ihre Arbeitsstelle verloren hat.
- Einem Teenager helfen, die richtige Universität auszusuchen.
- Eine Entscheidung darüber treffen, wie man am besten abnehmen kann.
- Sich auf eine Liebesbeziehung einlassen.
- Einem Zehnjährigen das Jonglieren beibringen.

Ideen lassen sich oft dadurch verbessern, dass man sich viele kleine Variationen ausdenkt. Jede Änderung wäre für sich genommen nicht weiter bedeutsam, doch in ihrer Gesamtheit stellen sie einen gewaltigen Entwicklungsschritt dar.

Wenn Sie ein Problem in möglichst viele Teilbereiche aufgliedern können, haben Sie umso mehr Angriffspunkte, an denen Sie bei Ihrer Untersuchung und Lösung ansetzen können. Betrachten Sie die folgenden fünf Formen in der Abbildung:

Welche ist am breitesten?

Es handelt sich um fünf genau gleich große Quadrate. Aber je mehr man sie aufteilt, desto breiter *wirken* sie. Auf genau die gleiche Weise ändert sich für Sie auch die Wahrnehmung eines Problems, wenn Sie es in kleinere Einzelteile zergliedern.

Rezept für hervorragende Ideen

Schritt 1

Schreiben Sie Ihr Problem, Ihre Aufgabe oder Situation in die Mitte eines großen Blattes Papier. Notieren Sie im Stil einer Mind-Map mehrere wichtige Eigenschaften. Wenn Sie beispielsweise die Aufgabe hätten, einen besseren Stuhl zu entwerfen, schreiben Sie zehn Merkmale des Stuhls auf.

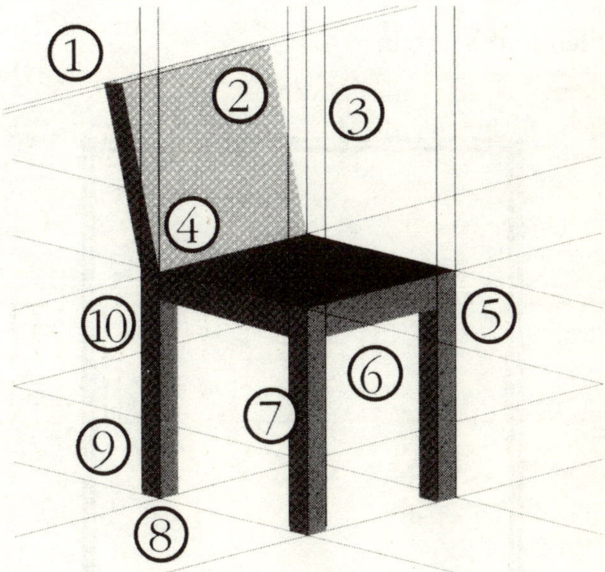

Schritt 2

Nehmen Sie sich nun der Reihe nach jede der Eigenschaften vor und verändern Sie sie. Überlegen Sie, wie sich Ihre Änderungen auf das Gesamtprodukt auswirken würden.

Schritt 3

Markieren Sie die besten drei Ideen und schreiben Sie eine formelle Präsentation, in der Sie beschreiben, wie sie durchführbar wären und wieso sie eine Verbesserung darstellen.

Teilen und Vierteln

Übung
Auf wie viele verschiedene Arten lässt sich ein Quadrat in vier symmetrische Teile teilen? (Zielvorgabe: zehn)

Ein Thema wird analysiert, um es besser verstehen zu können. Die Suche nach den geeignetsten Teilungsmöglichkeiten ist oft mit mehreren Versuchen und Irrtümern verbunden.

Einer meiner Lehrer hatte eine Faustregel dafür, wie er an jedes neue Thema heranging. Man nehme das Thema, teile es in vier Teile und spalte anschließend wiederum jedes von ihnen in vier Teilbereiche auf. Wollte man also beispielsweise Jura studieren, könnte man an folgende vier Teilbereiche denken:

Das Rechtssystem

Rechtsanwälte

Gesetzesvollzug

Gesetzesreform

Zum Stichwort „Rechtssystem" fallen einem dann vielleicht das Strafrecht, das Zivilrecht, die Gesetzgebung und die Richter ein. Bei Anwälten denkt man an Jurastudium, Kanzleien, an Rechtsanwälte, die in Unternehmen arbeiten, und an die Honorare. Unter Gesetzesvollzug könnte man die Stichwörter Polizei, Überwachung, Handschellen und Gefängnis nennen. Und zum Thema Gesetzesreform fallen einem vielleicht die Politik, Wahlen, Gleichstellungsgesetze und die Steuergesetzgebung ein.

Wichtig ist, die Quote von jeweils vier Teilbereichen einzuhalten. Vier ist eine gute Zahl, denn sie garantiert in der Regel eine zufrieden stellende Anzahl von Alternativen. Wenn Sie also vor dem Problem stehen „Wie kann ich meine finanzielle Situation verbessern?", dann teilen Sie dieses Thema in vier Kategorien: Ersparnisse, steuerliche Planung, Umgang mit Bargeld und Investitionen. Wenn Sie jeden dieser Bereiche weiter unterteilen, werden Sie die Gebiete entdecken, an denen Sie noch arbeiten können. Außerdem stoßen Sie wahrscheinlich auf neue Möglichkeiten zur Verwaltung Ihrer Finanzen.

Der Gedanke, etwas durch vier zu teilen, vermittelt psychologisch gesehen ein Gefühl der Vollständigkeit. In der menschlichen Geschichte finden sich zahlreiche Beispiele dafür. Aristoteles gliederte das Universum in vier Elemente – Feuer, Erde, Luft und Wasser. Galen glaubte, dass die menschliche Gesundheit von den vier Körpersäften gesteuert werde – Blut, Schleim, Galle und schwarze Galle. Der Psychologe Carl Gustav Jung machte im Menschen vier Fähigkeiten aus – Denken, Gefühl, Sinneswahrnehmung und Intuition. Und in der Naturwissenschaft ließen sich nach dem Standardmodell der Elementarteilchenphysik – bis vor kurzem – alle in der Natur vorkommenden Kräfte auf vier fundamentale Wechselwirkungen zurückführen, nämlich Elektromagnetismus, die starke und die schwache Wechselwirkung sowie die Gravitation.

Überlegen Sie sich einige Möglichkeiten dafür, wie sich ein Quadrat in vier Teile teilen lässt (s. nächste Seite).

Es gibt viele interessante Möglichkeiten, ein Thema aufzugliedern. Manchmal kommen wir jedoch ausgerechnet nicht auf die einfachste Möglichkeit. Betrachten Sie die beiden folgenden Formen, die jeweils in vier Teile zerteilt wurden.

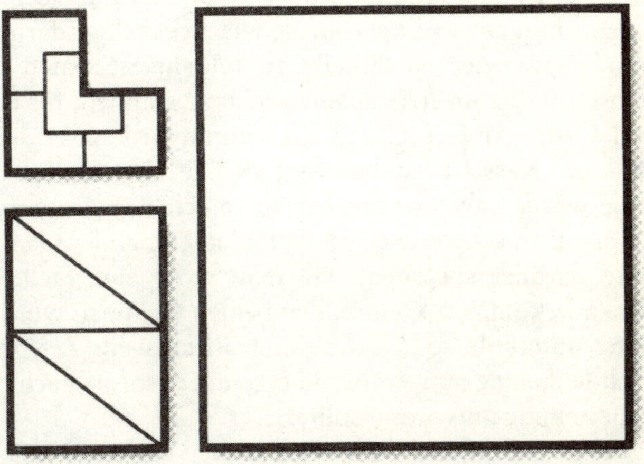

Überlegen Sie jetzt, wie Sie das Quadrat in fünf identische Formen zerlegen könnten.

Oft findet man keine Lösung, weil man durch vorhergehende Wahrnehmungen blockiert ist. Die Antwort auf die Aufgabe ist simpel: Das Quadrat lässt sich in fünf parallele Streifen zerlegen. Ohne die Abbildungen daneben wäre die Lösung wesentlich einfacher zu finden, aber die beiden Beispiele bilden einen irreführenden Kontext, da sie suggerieren, dass es sich bei den Teilen um komplexe Formen handeln muss. Ich sah selbst Leute mit Doktortitel 20 Minuten überlegen, bis ihnen die Lösung einfiel.

Wenn wir ein Thema immer auf eine bestimmte Weise in Kategorien einteilen und es stets vom selben Standpunkt aus betrachten, wird unsere Beziehung zu ihm relativ eingeschränkt. Je besser ein Mensch mit einem Thema bereits vertraut ist, desto schwerer fällt es ihm oft, neue Ideen hervorzubringen. Die beiden Wissenschaftlerinnen Ellen Langer und Cynthia Weinman untersuchten in Boston in einem Experiment, wie Arbeitslose darüber sprachen, wieder eine Stelle zu finden. Sie baten die Menschen, die im Arbeitsamt Schlange standen, für eine Studie zur „Untersuchung der Stimmwiedergabequalität" eine Kassette zu besprechen. Die eine Hälfte der Leute wurde gebeten, darüber zu sprechen, warum man in Boston so schwer eine Stelle findet. Die andere Hälfte sollte darüber sprechen, wie man wohl eine Stelle in Alaska bekommen könnte. Die beiden Gruppen wurden weiter unterteilt, sodass die eine Hälfte jeweils Zeit zum Nachdenken bekam, während die andere sofort nach der Fragestellung antworten sollte.

Die Leute, die Zeit zum Nachdenken hatten, wie sie in Alaska eine Arbeitsstelle finden könnten, hatten die meisten Ideen. Personen, die sofort über die Arbeitsmarktsituation in Boston sprechen sollten, hatten ebenfalls viele Einfälle. Im Gegensatz dazu fielen die Ideen bei den Menschen, die sich längere Zeit überlegen durften, wie man in Boston zu einer Arbeitsstelle kommt, eher sparsam aus, und auch die Leute, die sofort beschreiben sollten, wie sie in Alaska eine Arbeit finden könnten, waren nicht sehr einfallsreich.

Diese Studie legt nahe, dass wir am flüssigsten sprechen können, wenn wir entweder genug Zeit hatten, uns mit einem fremden Thema zu befassen, oder wenn wir uns spontan über etwas Vertrautes äußern sollen.

Andererseits fällt uns weniger ein, wenn wir bekannte Themen zu stark analysieren. Das deutet darauf hin, dass es zwei Möglichkeiten gibt, um neue Ideen zu vertrauten Themen hervorzubringen. Entweder treten wir im Geiste einen Schritt zurück und spulen so viele Ideen ab, wie wir können – das ist die grundlegende Brainstorming-Methode. Oder wir erreichen es irgendwie, dass das Thema uns wieder fremd wird.

Untersuchen Sie das Gegenteil

Übung
In welche Richtung zeigen die Pfeile?

Kreative Menschen haben anscheinend eine Gabe dafür, ein Thema so zu behandeln, als sei es eine Statue, die man von verschiedenen Standpunkten aus betrachten muss. Sie können darum herum gehen, es aus der Ferne betrachten, um es vollständig auf sich wirken zu lassen, und wieder nahe herankommen, um die Einzelheiten zu untersuchen und den negativen Raum, also die Form, die um die Statue herum entstanden ist, zu begutachten.

Oft entstehen neue Ideen, indem wir das Gegenteil betrachten. Der chinesische Philosoph Lao-tse schrieb im 6. Jahrhundert vor Christus, ein weiser Führer verstehe sich darauf, kreativ zu sein. Um zu führen, müsse er lernen zu folgen. Um reich zu werden, müsse er lernen, bescheiden zu leben. In beiden Fällen liege die Kreativität in der Wechselwirkung.

Wenn wir unseren Geist umschalten und das Gegenteil eines Themas betrachten, passieren mehrere Dinge mit unseren analytischen Fähigkeiten. Wir freuen uns über das Gefühl der Entspannung, das uns überkommt, nachdem wir gerade fieberhaft daran gearbeitet haben, ein Ziel zu erreichen. Und wir können genau festlegen, was wir als Ergebnis erhalten wollen, wenn wir definieren, was wir nicht wollen.

Nehmen wir an, Sie erstellen eine Mind-Map über das Thema, wie Sie Ihre körperliche Fitness steigern können. Wenn Sie dagegen eine Mind-Map über das Gegenteil von Fitness zeichnen würden, könnte sie so aussehen:

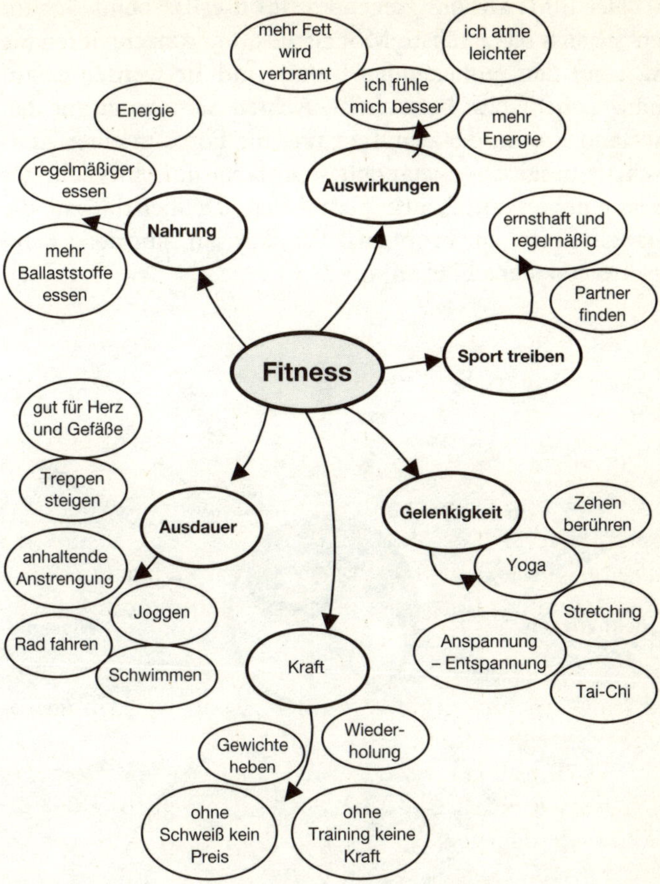

Wenn man sich einer Idee über ihr Gegenteil nähert, gehen die Gedanken in ganz andere Richtungen, was wiederum zu anderen Lösungen führen kann. Um die Fitness zu verbessern, könnte man sich beispielsweise nicht nur überlegen, was man tun sollte, sondern auch, was man vermeiden sollte.

Der Blick auf das Gegenteil ist oft erfrischend. Schauen Sie sich das nächste Möbelstück an, konzentrieren Sie sich auf den umliegenden Raum, und Sie werden es auf ganz neue Weise betrachten. Achten Sie einmal auf den weißen Raum, der den Text und die Fotos in einer Zeitschrift umgibt – es handelt sich dabei um ein wichtiges Element der grafischen Gestaltung. Denken Sie an die Möglichkeit, ein Problem zu umkreisen, um neue Perspektiven zu erschließen.

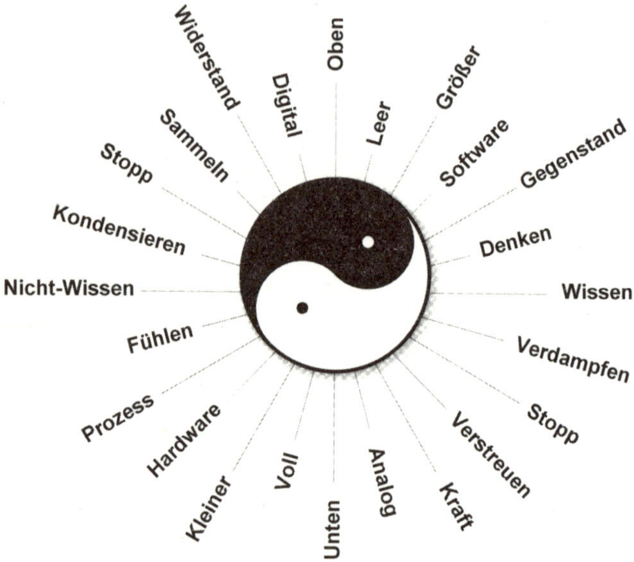

Schaffen Sie neue Zusammenhänge

In der Firma des Unternehmers Ralph Stayers werden Würstchen hergestellt. Vor einiger Zeit, als der Firma der Konkurs drohte, nahm sich Stayer alle seine Produkte vor. Er achtete besonders darauf, wie die Würstchen klassifiziert wurden. Auf allen Unternehmensebenen, von der Unternehmensleitung bis zu den Arbeitern, wurden die Würstchen nach der Art ihrer Herstellung klassifiziert. Stayer fragte sich dagegen in einem Augenblick der Inspiration, was wäre, wenn die Würstchen stattdessen nach der Art klassifiziert würden, wie die Leute sie verzehrten. Stayer betrachtete seine Würstchen unter dem Gesichtspunkt einiger neuer Kategorien:

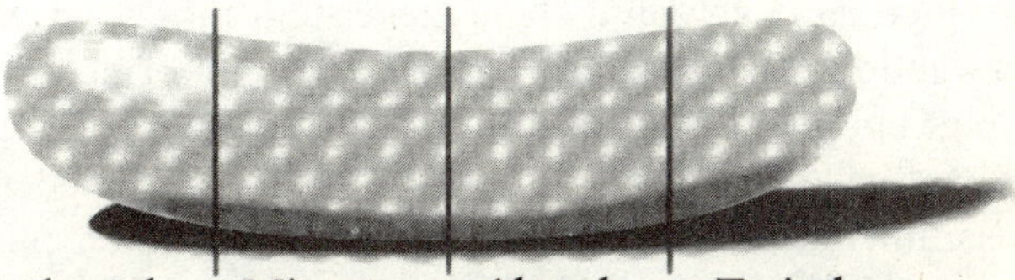

Er fragte sich beispielsweise: „Was essen die Leute zu ihren Frühstückswürstchen?" Dabei fand er heraus, dass viele Amerikaner gerne Ahornsirup über ihre Würstchen träufeln. Das Unternehmen führte daraufhin ein Frühstückswürstchen mit Ahornsirup ein. Außerdem entdeckte Stayer, dass manche Leute auch gerne Bier zu ihren Würstchen trinken, also entwickelte er ein Würstchen mit Biergeschmack. Andere Würstchen hatten wiederum das Aroma italienischen Rotweins. Nachdem das Unternehmen die Würstchen in neue Kategorien eingeteilt hatte, wurden sie auf ganz andere Weise betrachtet. Stayers Ideen hauchten dem Unternehmen neues Leben ein. Schon nach kurzer Zeit erreichte das Unternehmen die höchsten Marktanteile, obwohl seine Produkte die teuersten waren.

Kinder sind Meister im Verändern von Kontexten. Als ich meiner 18 Monate alten Tochter eine kleine Rutschbahn schenkte, wusste sie genau, was man damit anfangen konnte. Sie kletterte hinauf und rutschte herunter. Kurz darauf kroch sie unter die Rutsche, so dass diese zur Brücke wurde. Sie hängte eine Decke darüber und verwandelte sie in ein Haus. Sie bewahrte darin ihre Stofftiere auf. Sie stellte ihr Puppengeschirr auf eine der Stufen und verwendete sie als Tisch. Je nach Kontext erfüllte die Rutsche immer wieder andere Zwecke.

Eine klassische Übung für kreatives Denken ist, sich für einen ganz gewöhnlichen Ziegelstein möglichst viele Verwendungsmöglichkeiten auszudenken. Normalerweise regt einen ein Ziegelstein ja nicht gerade zu geistigen Höhenflügen an; stellt man ihn sich aber in verschiedenen Zusammenhängen oder Umgebungen vor, treten plötzlich unglaublich viele Möglichkeiten zu Tage. Fragen Sie sich, wie Sie den Ziegelstein im Keller oder Badezimmer verwenden könnten. Stellen Sie sich Einsatzbereiche im Flugzeug, in einer Kunstgalerie, in einer Kindertagesstätte oder in einer Glasfabrik vor. Denken Sie sich jetzt sofort 20 verschiedene Verwendungszwecke für einen Ziegelstein aus.

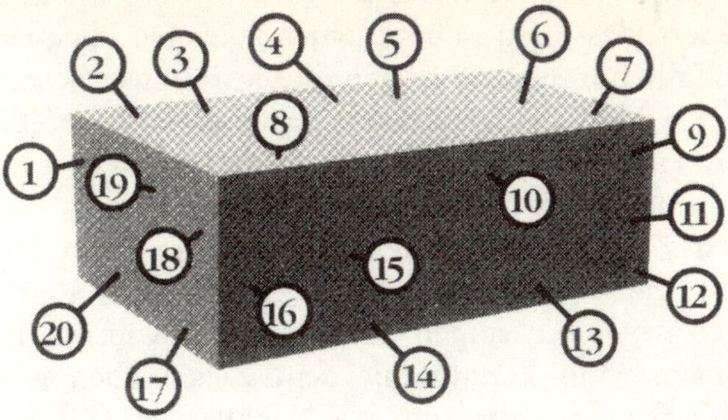

1. ______	11. ______
2. ______	12. ______
3. ______	13. ______
4. ______	14. ______
5. ______	15. ______
6. ______	16. ______
7. ______	17. ______
8. ______	18. ______
9. ______	19. ______
10. ______	20. ______

Oft werden kreative Lösungen für ein Problem dadurch blockiert, dass man sich auf einen zu engen Blickwinkel innerhalb nur eines einzigen Bezugsrahmens konzentriert. Ein Mensch, der mehrere Bezugsrahmen kombinieren und ihre Verbindungen erkennen kann, ist eher in der Lage, einen kreativen Durchbruch zu erzielen.

Mit Ziegeln kann man ein Haus oder einen Kamin bauen, einen Bürgersteig pflastern und den Rest der Ziegel im Garten stapeln und dann als Kunstwerk bezeichnen. Man könnte mit dem Ziegel auch an die Nachbarstür pochen, um den Nachbarn aufzufordern, die Musik leiser zu stellen, oder man könnte seinen Hund damit erschlagen. Anschließend könnte man das Beweisstück zermalmen, daraus Pigment herstellen und noch mehr Kunstwerke schaffen. Ziegelsteine lassen sich auch als Türstopper oder als Untersatz für eine Auflaufform im Backofen verwenden. Man kann mit Ziegeln jonglieren, für eine Demonstration der Teilchenphysik zwei Ziegel aufeinanderprallen lassen, oder die raue Oberfläche als Reinigungsgerät benützen. Was fällt Ihnen noch dazu ein?

Überlegen Sie doch einmal, wie ein neuer Kontext ein Spezialprodukt in einen allgemeinen Gebrauchsgegenstand verwandeln könnte. 1956 erfanden und bauten die Gebrüder Jacuzzi, die eigentlich Wasserpumpen an Bauern verkauften, einen Whirlpool für ihren von Arthritis geplagten Cousin. Zwölf Jahre später stellte einer der Brüder die Idee des Whirlpools in einen neuen Zusammenhang – den von Luxusbädern –, und seitdem sind Badezimmer nicht mehr das, was sie früher waren.

Unsere Anhänglichkeit gegenüber gewohnten Kontexten und Kategorien kann außerordentlich stark werden. Denken Sie einmal an den gregorianischen Kalender. Er ist uns vertraut, ist überall anerkannt, aber er folgt vollkommen willkürlichen Regeln. Von 1793 bis 1805 versuchte die französische Regierung, einen neuen metrischen Kalender einzuführen, der die Zeiteinheiten harmonisieren sollte. Das metrische Jahr wurde in 12 Monate zu je 30 Tagen eingeteilt. Jeder Monat bestand aus drei Wochen mit je 10 Tagen, wobei auf die ersten sieben Arbeitstage jeweils drei Tage der Ruhe folgten. Die Tage erhielten lateinische Bezeichnungen von *primedi* bis *decadi*. Die Monate wurden nach den Eigenschaften der Jahreszeiten benannt. Die Regeln dieses metrischen Kalenders hatten im Gegensatz zum gregorianischen Kalender eine klare, logische Struktur. Dennoch war der konzeptuale Übergang auf dieses überlegene System einfach ein zu großer Schritt. Es wird vermutlich noch lange dauern, bis ein solcher metrischer Kalender eingeführt werden kann.

Neue Kategorien bieten oft ganz frische Einblicke in ein Problem und führen zu zahlreichen neuen Lösungen. Vor kurzem wurde ein Beratungsunternehmen damit beauftragt, das Burnout-Syndrom unter leitenden Angestellten zu untersuchen. Die leitenden Manager hatten das Gefühl, dass sie nicht mehr so viel Freude an ihrer Arbeit hatten wie früher. Durch ihre überfüllten Terminkalender wurden sie ständig von Fristen und den dringenden Anforderungen ihrer Arbeit eingeengt. Eine Beraterin forderte die Manager auf, eine Liste aller Gelegenheiten anzufertigen, bei denen sie im Leben Freude empfanden. Dabei sollten sie die Antworten aber in vier Spalten aufteilen: Aktivitäten, die weniger als fünf Minuten dauern, solche, die fünf Minuten bis eine halbe Stunde dauern, Tätigkeiten, die zwischen einer halben Stunde und einem halben Tag dauern, und solche, die mehr als einen halben Tag in Anspruch nehmen, wenn man sie richtig genießen möchte.

Die Manager machten die Entdeckung, dass die meisten Aktivitäten, die ihnen Freude bereiteten, einen halben Tag oder länger dauerten. Sie hatten also deshalb so wenig Spaß, weil sie nie genug Zeit hatten, etwas zu tun, was ihnen Freude bereitete. Die Lösung: Die Manager mussten ihren Blickwinkel ändern und Aktivitäten finden, die sie in kürzerer Zeit genießen konnten. Als sie sich dann auf Mini-Pausen konzentrierten, entdeckten sie Möglichkeiten, die ihnen zuvor verborgen geblieben waren.

Das Einteilen der Dinge in Kategorien ist ein derart grundlegender Teil unseres Umgangs mit der Welt, dass wir es kaum mehr wahrnehmen. Was sehen Sie, wenn Sie das folgende Muster betrachten?

Sie sehen wahrscheinlich lauter waagerechte Zeilen aus Kreuzen und Bindestrichen. Nur wenige Menschen sehen auf Anhieb eine Reihe von vertikalen Spalten aus sich abwechselnden Kreuzen und Bindestrichen. Sobald Sie das Muster aber so betrachten, legen Sie eine neue Anschauungsweise für die Abbildung fest.

Dr. Edward de Bono, der den Ausdruck *laterales Denken* prägte, vertritt die Theorie, dass die Art und Weise, wie wir Ideen wahrnehmen und gruppieren, sich wesentlich auf die Art und Weise auswirkt, wie wir Probleme lösen. Der vertikale Denker gibt sich sofort mit dem ersten Muster zufrieden, das er wahrnimmt. Er verwendet dieses Muster als Lösung. Aus diesem Grund bleibt er meist auf konventionelle Lösungen beschränkt, weil ihn seine Wahrnehmung keine anderen Möglichkeiten in Betracht ziehen lässt.

Der laterale Denker versucht dagegen, mehrere Muster wahrzunehmen, bevor er sich daran macht, ein Problem zu lösen. Kreativität verlangt schon aus ihrem Wesen heraus eine andere Interpretation, nämlich den Wunsch von Seiten der potenziellen Schöpfer, etwas Neues zu sehen. Der Psychologe William James sagte einmal, dass der Begriff „Genie“ in Wahrheit nichts anderes bedeute als die Fähigkeit, Dinge auf ungewöhnliche Weise wahrzunehmen.

Ändern Sie die Perspektive

Übung
Wie viele Würfel können Sie in dieser Abbildung sehen?

Die Problemlösung erhält auch dann oft einen neuen Antrieb, wenn man vertraute Muster auf neue Weise betrachtet. Ein schneller Blick auf die Abbildung oben offenbart sieben Würfel. Wenn Sie nun im Geist Ihre Perspektive ändern und die Würfel sozusagen von unten anstatt von oben betrachten, sehen Sie drei ganze sowie mehrere unvollständige Würfel. Das Seltsame daran ist, dass Sie die Orientierung der Würfel jederzeit verändern können, wenn Sie das wollen. Aber in der Abbildung ändert sich nichts – es passiert alles nur in Ihrem Kopf.

Der Wechsel zu einem neuen Blickwinkel oder die Betrachtung einer Sache auf eine Weise, die anderen Menschen verborgen bleibt, kommt dem innersten Wesen der schöpferischen Fantasie sehr nahe. In Ihrem Geist verändert sich etwas, und Sie bilden für das, was Sie sehen, einen neuen Rahmen. Sie entdecken einen neuen Blickwinkel. Derartige plötzliche Entdeckungen führen oft zur Vereinfachung komplexer Probleme.

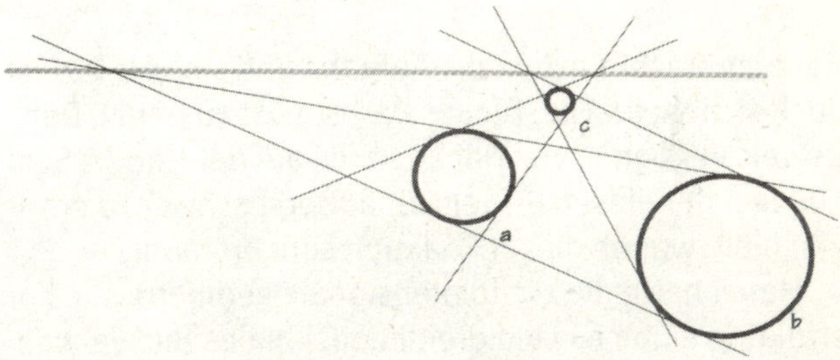

Der Mathematiker Thomas Hardy kam einmal zufällig bei einem Kollegen vorbei, der eine Aufgabe für den Mathematik-Wettbewerb der Harvard-Universität entwarf. Es sollte bewiesen werden, dass die Schnittpunkte der Tangenten dreier beliebiger Kreise immer auf einer Geraden liegen.

Beweisen Sie, dass die Schnittpunkte der Tangenten dreier beliebiger Kreise a, b und c immer auf einer Geraden liegen.

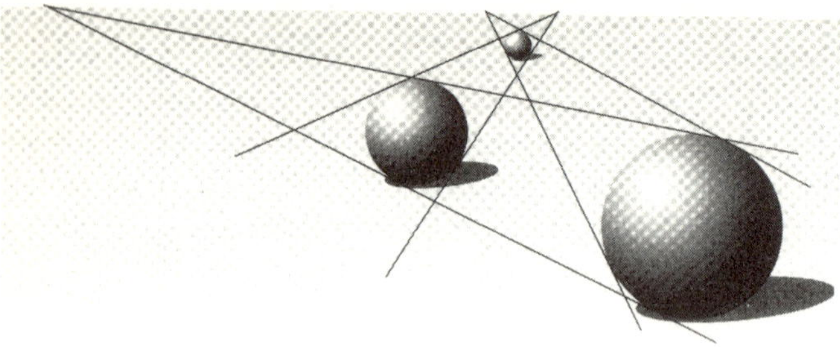

Hardy betrachtete kurz die Aufgabe und sagte: „Das ist doch sicher ein Witz. Dieses Problem ist zu trivial. Der Beweis liegt ohne viel Nachdenken auf der Hand." Sein Kollege, der diesen Beweis für äußerst schwer zu erbringen hielt, war ob dieser Reaktion sehr erstaunt.

Hardy hatte die zweidimensionale geometrische Konstruktion einfach in ein dreidimensionales Bild verwandelt. Er betrachtete die drei ungleichen Kreise als drei gleiche Kugeln auf einer flachen Ebene. Die Linien zwischen den Kugeln waren Perspektivlinien. Wenn man voraussetzt, dass diese Perspektivlinien auf einer flachen Ebene liegen, konvergieren sie am Horizont. Diese Beziehung gilt erstaunlicherweise in jedem Fall.

Die Fluchtpunkte dreier beliebiger Kugeln konvergieren immer am Horizont.

Die Standpunkte anderer Menschen

> „Der Gaumen wird empfindsamer und empfänglicher für Nuancen, wenn er unterhalten und immer wieder überrascht wird, wenn er alle paar Bissen etwas Neues zu schmecken bekommt. Gegensätze und Vielfalt sind biologisch nachprüfbare kulinarische Grundsätze."
>
> *Harold McGee*, Ernährungswissenschaftler

Wie wechseln wir die Perspektive? Eine effektive Möglichkeit ist beispielsweise, sich vorzustellen wie ein anderer Mensch ein Thema wahrnehmen würde. Wie würde etwa Ihre Großmutter es sehen? Oder Ihr Neffe, oder der Lehrer, den Sie in der zehnten Klasse hatten? Wie würde Ihr Hund – der die menschliche Sprache nicht verstehen kann – die Situation betrachten? Versetzen Sie sich wirklich in die Lage dieser Personen oder Tiere.

Damit die Übung etwas genauer durchgeführt wird, sollten Sie eine Reihe von Mind-Maps auf Papier festhalten. Notieren Sie auf der einen Hälfte des Blattes die Themen und Sorgen der anderen Person und auf der zweiten Hälfte Ihre eigenen. Welche frischen Perspektiven ergeben sich daraus für Sie?

Eine meiner Freundinnen gestaltet Ausstellungsräume in Museen. Wenn sie ihre Arbeit prüfen möchte, wandert sie auf ungewohnte Weise durch den Raum. Zuerst setzt sie sich eine dunkle Sonnenbrille auf und versucht die Beschilderung zu lesen. Dabei fragt sie sich: „Wie kommt einem 70-Jährigen dieser Raum vor?" Außerdem bleibt sie immer wieder stehen, kauert sich auf den Fußboden, sieht sich um und überlegt: „Wie sieht ihn ein kleines Kind?" Dann wiederum beachtet sie die Schilder überhaupt nicht und fragt sich: „Wie wirkt der Raum auf einen Besucher aus dem Ausland?“

Je mehr Perspektiven Sie entdecken, desto wahrscheinlicher kommen Ihnen neue Ideen in den Sinn. In ihrem Buch *Thunderbolt Thinking* spielt Grace McGartland mit dem Gedanken, dass man sich vorstellen sollte, man selbst sei das Produkt. Wenn man also ein Verkäufer ist, sollte man sich ausmalen, was ein Staubsauger während der Verkaufspräsentation erlebt, was das Auto empfindet, wenn der Kunde sich zum ersten Mal hineinsetzt, wie sich Bücher auf ihrem Transportweg fühlen. Wie wäre es wohl, wenn Sie einen ganzen Nachmittag lang das Produkt wären? Wie würde Ihnen Ihr Produkt vorkommen, wenn Sie es aus der Zukunft oder aus der Vergangenheit betrachten könnten? Treten Sie näher, um die Einzelheiten besser zu erkennen, und entfernen Sie sich wieder, um das Gesamtbild in Augenschein zu nehmen. Vor Ihnen öffnet sich eine unendliche Auswahl verschiedener Perspektiven.

Rezept für hervorragende Ideen

Schritt 1

Listen Sie drei Personen auf, die mit dem Problem zu tun haben.

1.______________________________________

2.______________________________________

3.______________________________________

Schritt 2

Beschreiben Sie das Problem jeweils von deren Standpunkt aus.

1.______________________________________

2.______________________________________

3.______________________________________

Schritt 3

Schreiben Sie von jeder Person einen Vorschlag zur Lösung des Problems auf.

1.______________________________________

2.______________________________________

3.______________________________________

Die folgenden Rätsel und Aufgaben dienen der Schärfung Ihrer analytischen Fähigkeiten:

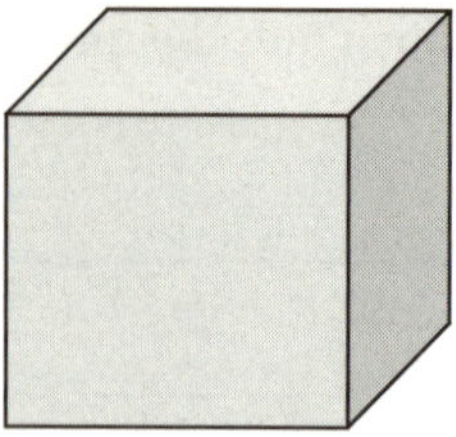

Würfel
Wie können Sie einen Würfel so halten, dass Sie einen anderen Würfel derselben Größe durch ihn hindurchschieben können?

Balance
Wie viele Kreise bilden das Gleichgewicht zu dem Quadrat auf der vierten Waage?

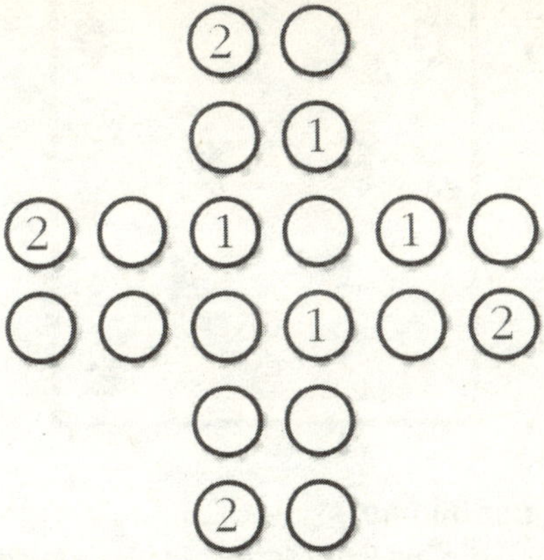

Vertracktes Kreuz

Wie viele Quadrate können Sie in diesem Kreuz entdecken, wenn Sie jeweils vier beliebige Kreise als Eckpunkte eines Quadrats betrach-ten? Beispielsweise bilden die vier Kreise mit der Ziffer 1 die Ecken eines Quadrats und ebenso die vier Kreise mit der Ziffer 2.

16 Punkte

Zeichnen Sie sechs gerade Linien, die alle 16 Punkte miteinander verbinden.

Aufteilung der Bäume

Wie lässt sich dieses Grundstück in vier gleich große Stücke teilen, auf denen noch dazu jeweils gleich viele Bäume stehen?

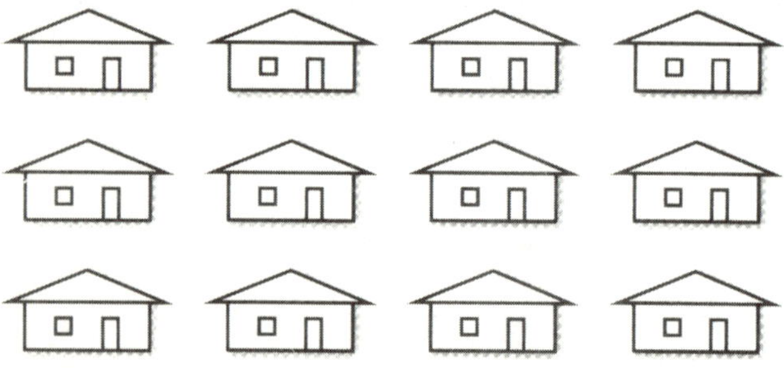

Der kürzeste Weg

Verbinden Sie alle zwölf Häuser mit dem kürzest möglichen Telefonkabel. Wie verläuft der kürzeste Weg, der durch alle zwölf Häuser führt? Er kann bei jedem beliebigen Haus beginnen und muss nicht zum Ausgangspunkt zurückkehren.

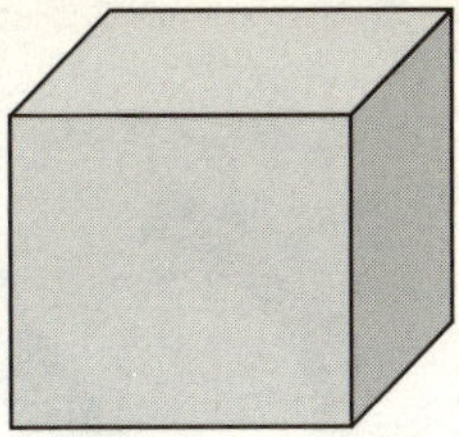

Einzigartige Würfel
Wie viele Möglichkeiten gibt es, die Flächen eines schwarzen Würfels weiß zu färben? Jede Möglichkeit muss einen einzigartigen Würfel ergeben, der sich nicht durch Rotation in einen anderen verwandeln lässt.

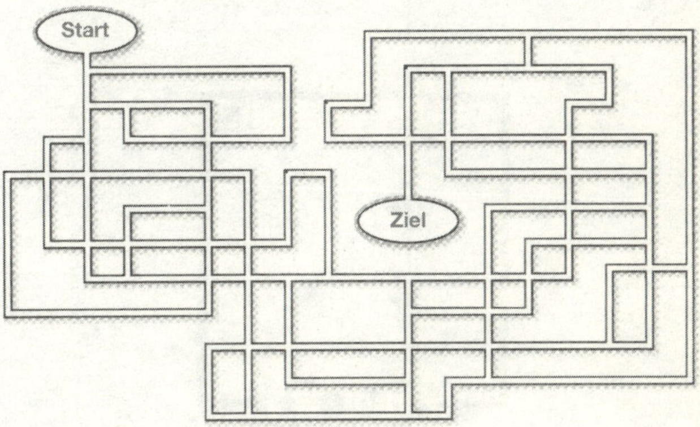

Einfach erstaunlich
Wie lautet die einfachste Anweisung, mit der Sie einer anderen Person den Weg durch das Labyrinth weisen können (vom Start zum Ziel)?

Enger oder weiter?
Wird das Loch in einem metallenen Dichtungsring beim Erhitzen des Ringes weiter, enger oder bleibt es gleich groß?

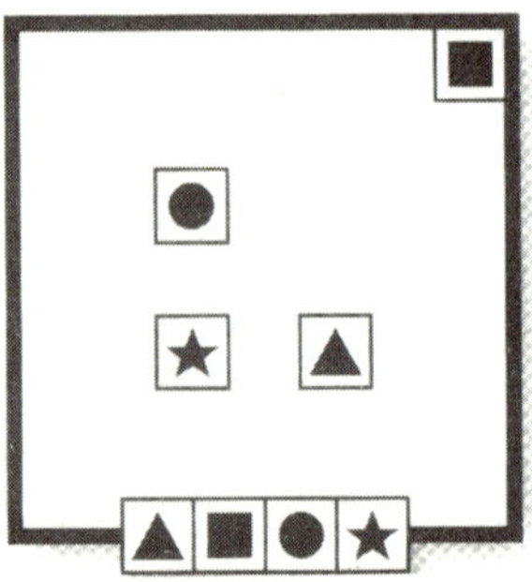

Verbindungen
Zeichnen Sie vier Wege, die jeweils die gleichen Formen miteinander verbinden. Die Wege dürfen sich nicht kreuzen und müssen innerhalb der Umrandung des Quadrats bleiben.

Visuelle Logik
Welche Form aus der unteren Reihe vervollständigt die obere Reihe?

Vorsicht, Falle
Welche drei Feler finden Sie in diese Satz?

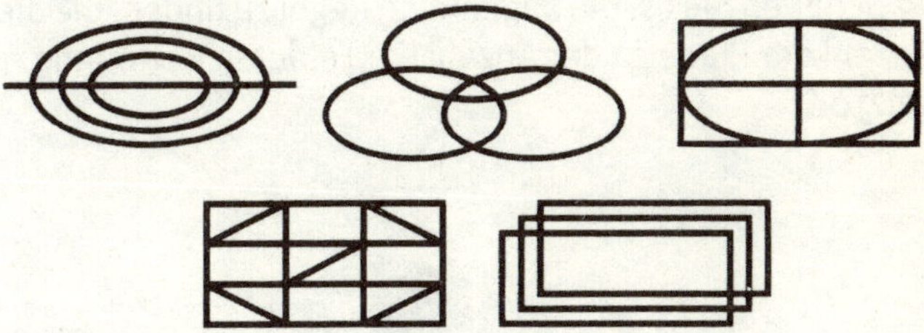

Ununterbrochene Striche
Welche der folgenden fünf Figuren lässt sich nicht mit einem ununterbrochenen Strich zeichnen, d. h. ohne den Stift einmal vom Papier zu nehmen und ohne ein Stück zurückzufahren?

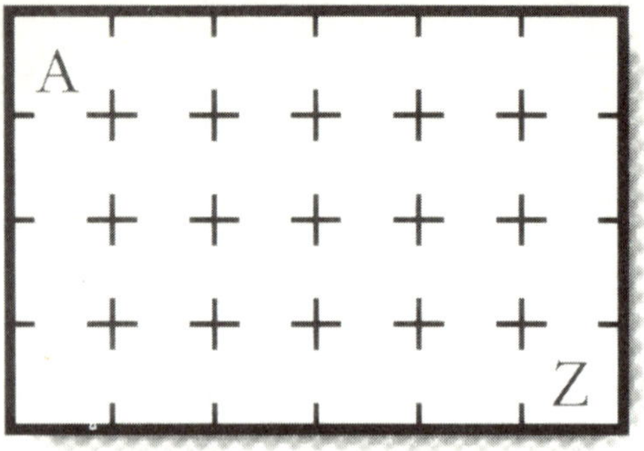

Geistige Analyse
Wie viele mögliche Routen gibt es für einen Weg von A nach Z, wenn man immer nur entweder nach unten oder nach rechts gehen darf?

Schaffen Sie es, die allgemeine Regel zu finden, die die Anzahl der Pfade zu der Anzahl der Felder in Beziehung setzt?

Im Verborgenen
Wie viele Würfel gibt es in dieser symmetrischen Figur?

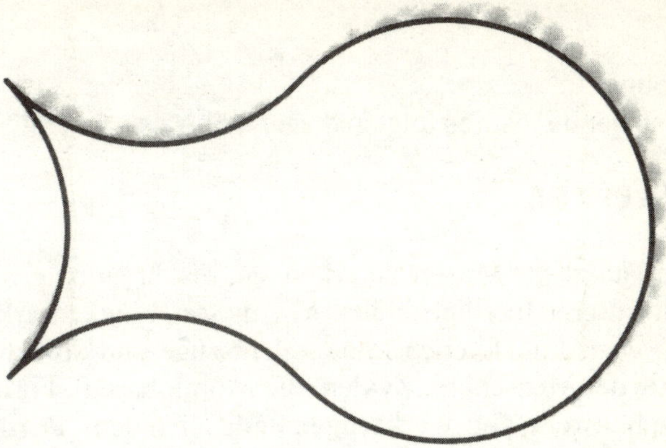

Die Quadratur des Kreises
Wie können Sie mit nur zwei Schnitten aus der fol-genden Abbildung ein Quadrat formen?

Was verursacht Krankheiten?
Warum ist der Himmel blau?
Warum gibt es Sterne?
Warum schneit es?

Kreative Erklärungen
Trainieren Sie Ihre Fähigkeit, neue Erklärungen für Situationen und Naturerscheinungen zu finden, indem Sie sich für die folgenden Phänomene jeweils drei fantastische Erklärungen ausdenken:

Suchen Sie nach Mustern

Übung
Welcher Buchstabe folgt in dieser Reihe als nächster?

W B F I D R A...

Die Fähigkeit, Muster zu erkennen, macht einen großen Teil unserer Intelligenz aus. Mit dieser Fähigkeit erkennen wir Ähnlichkeiten (die Gesichtszüge und Sprachakzente der Menschen), Zyklen (die Mondphasen), Formen (die Bauweise von Werkzeugen und Gebäuden), Prozesse (wie bringt man einen Drachen in die Luft und hält ihn dort) und Wahrscheinlichkeiten (die Wahrscheinlichkeit, mit einem Flugzeug abzustürzen, ist weitaus geringer als die, in der Großstadt von einem Auto überfahren zu werden). Das Erkennen von Mustern, Prinzipien, Regeln, Tendenzen, Wahrscheinlichkeiten und Beziehungen vermittelt neue Informationen.

Ein Muster zu finden heißt so viel wie eine Ursache oder eine Tendenz festzustellen. Der fehlende Buchstabe in der oben gezeigten Reihe ist „N". Es handelt sich dabei jeweils um die Anfangsbuchstaben der Wörter in der Frage: „Welcher Buchstabe folgt in dieser Reihe als nächster?"

Das Leben ist aber nur selten so wohl geordnet. Die Muster, die wir erkennen, sind wesentlich vielfältiger und komplexer. Sie zu entdecken ist ebenso lohnend wie anregend, und es schärft unsere Aufmerksamkeit für die kleinen Details im Leben.

Spam-Mail

Sehen Sie Ihre E-Mail-Nachrichten kurz durch, bevor Sie sie löschen. Welche neuen Trends in Werbung und Marketing, bei neuen Produkten und Werten leiten Sie daraus ab? Sammeln Sie Ihre Spam-Mail einmal einen Monat lang und beobachten Sie, was passiert.

Popmusik

Welche Trends gibt es in der Popmusik? Wird sie lauter oder leiser, intimer oder einschüchternder? Nimmt die kulturelle Vielfalt zu? Oder ändern sich die Instrumente? Spielen die Radiosender mehr oder weniger unterschiedliche Stilrichtungen als vor fünf Jahren?

Buchläden

Können Sie einheitliche Themen bei den Bestsellern feststellen? Wie sehen die Titelbilder von Zeitschriften aus? Welche Werte propagiert die Popkultur? Wer sind die Helden, wer die Schurken? Warum werden sie jeweils als solche dargestellt?

Lebensmittelgeschäfte

Welche neuen Produkte gibt es? Welche Produkte sind verschwunden oder erlebten ein Comeback? Welche Produkte haben die Zeiten überdauert? Gibt es neue Produktkategorien?

Fernsehsendungen

Welche Trends zeichnen sich in der Hauptsendezeit ab? Wird Reality-TV populärer oder nicht? Wechseln immer noch genauso viele Schauspielerinnen und Schauspieler vom Film zum Fernsehen? Welche Charaktere werden heute in Familienserien gezeichnet? Warum gibt es so viele Serien über Ärzte, Anwälte und die Polizei und so wenige über Wissenschaftler, Politiker und Ingenieure?

Fernsehwerbung

Gibt es neue Produktionsmethoden oder werden alte Methoden neu entdeckt? Zu welcher Tageszeit werden die besten Werbespots gesendet und wann die schlechtesten? Wer ist die angepeilte Zielgruppe für einen bestimmten Werbespot?

Kleidung

Wandert der Saum nach oben oder nach unten? Werden die Jackenaufschläge schmaler oder breiter? Welche Farben sind in dieser Saison modern? Wie sind sie im Vergleich zu den vergangenen Saisons?

Alltagsbeschäftigungen

Vilfredo Pareto, italienischer Wirtschaftswissenschaftler im 19. Jh., formulierte ein Prinzip, das wir heute als die 80-20-Regel bezeichnen. 80 Prozent des Wertes einer Gruppe konzentrieren sich in 20 Prozent der Bestandteile der Gruppe. Beispielsweise stammen 80 Prozent unserer Anrufe von 20 Prozent unserer Kunden und Freunde. 80 Prozent der Gedanken, an die Sie sich erinnern, stammen aus 20 Prozent des Materials, das Sie lesen. 80 Prozent des Verkehrs in einem Büro findet auf 20 Prozent der Bürofläche statt. Welche anderen alltäglichen Muster zeigen die 80-20-Regel in Aktion?

Die Suche nach Mustern bringt Sie dazu, Fragen zu stellen, und wie wir in Kapitel 2 gesehen haben, dienen Fragen dazu, Ihre kreativen Kräfte freizusetzen.

Geistige Landkarten

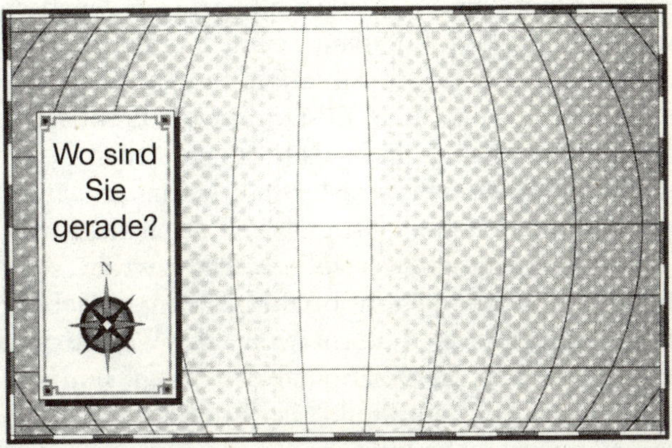

Übung
Wo befinden Sie sich jetzt gerade?
Beschreiben Sie die Lage Ihres derzeitigen Aufenthaltsortes.

Welche Art von Karte taucht nun vor Ihrem geistigen Auge auf? Sie sehen sich selbst wahrscheinlich in einem Raum innerhalb eines Gebäudes, das sich wiederum in einem Netzwerk von Straßen und anderen Gebäuden befindet. Vielleicht erweitern Sie Ihre geistige Landkarte sogar so weit, dass Ihre Stadt, Ihr Land, der ganze Kontinent, der Planet und die Galaxie darin verzeichnet sind.

Die vertrautesten Landkarten zeigen geografische Beziehungen. Sie veranschaulichen Entfernungen, die Lage von markanten Punkten und Wege, die verschiedene Orte miteinander verbinden. Sie sind Blaupausen der Realität.

Landkarten gibt es in zahllosen Erscheinungsformen. Ein Rezept ist beispielsweise eine Landkarte zum Kochen oder Backen, ein Drehbuch ist die Landkarte für einen Film. Ein Stammbaum ist eine Landkarte des genetischen Austauschs, ein Geschäftsplan ist eine Landkarte, die den Weg von der derzeitigen Situation eines Unternehmens bis zu dem gewünschten Zustand zeigt. Praktisch alle Prozesse lassen sich grafisch als Karte darstellen.

Bevor die Bewohner der Marshall-Inseln das geschriebene Wort übernahmen, fertigten sie Karten aus Zweigen an. Mit Kokosfasern verwobene Palmzweige stellten hunderte von Kilometern offener See dar. Gebogene Zweige symbolisierten vorherrschende Wellenfronten, Muscheln zeigten die Positionen der Inseln, und Fäden gaben an, ab welchem Punkt die Inseln jeweils in Sicht kommen würden. Die Inuit im Norden Kanadas schnitzten grobe Skulpturen, die die Umrisse der Küstenlinie darstellten. Diese Landkarten – robust, funktional und zuverlässig – nahmen sie mit auf ihre langen Kanufahrten auf der Jagd nach Seehunden.

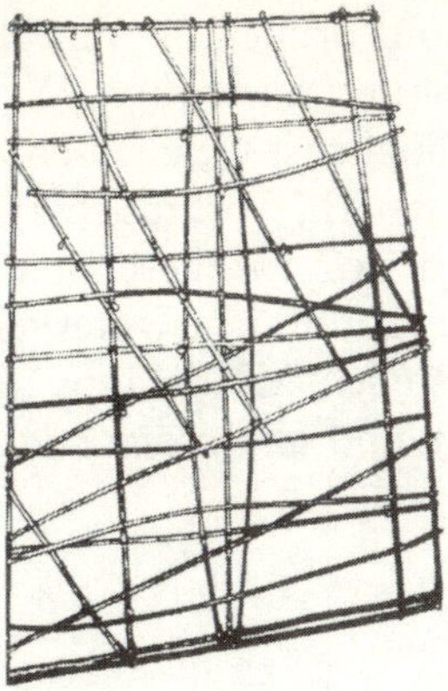

Karte der Bewohner der Marshall-Inseln

Karte der Inuit

Der Architekt und Designer Richard Saul Wurman schreibt, ohne Landkarte könne man nichts wahrnehmen. Eine Landkarte biete den Menschen die Möglichkeit, die Wahrnehmungen anderer zu teilen. Sie sei ein verständlich gemachtes Muster, eine strenge, erklärbare Form, die impliziten Prinzipien, Regeln und Maßstäben folge. Es gibt viele Landkarten, die wir zur Entwicklung und Erprobung unserer Ideen verwenden können. In der Wirtschaftswelt gibt es eigene Landkarten, um unter anderem Gewinn, Verlust und Marktanteile darzustellen. Betrachten Sie nun einige andere Möglichkeiten zum Einsatz von Karten:

Die Karte der Zukunft

Suchen Sie sich ein Thema aus und ordnen Sie ihm die Faktoren zu, die sich auf seine Zukunft auswirken. Diese Art von Karte regt Sie dazu an, möglichst viele Daten zu berücksichtigen, beispielsweise Steuern, Verbrauchergeschmack, Zinssätze, Änderungen des Farbgeschmacks und niedrigere Herstellungskosten. Zahlreiche Unternehmen, die Trends beobachten, erstellen Mind-Maps aus hunderten von Veröffentlichungen und setzen diese dann zusammen.

Die Teamkarte

Regen Sie in Brainstorming-Sitzungen Ihr Team zur Mitarbeit an, indem Sie jedes Mal eine riesige Mind-Map anfertigen. Da die Ideen anfangs in keine Hierarchie eingeordnet werden und da jede neue Idee in die vorhandene Mind-Map passt, wirkt sich diese Praxis positiv auf die Antriebskraft der Leute aus. Überlegen Sie sich, ob Sie diese Mind-Maps dann nicht eine Woche lang im Aufenthaltsraum hängen lassen.

Die „Von-hier-nach-dort-Karte"

Zeichnen Sie eine Karte mit zwei fixen Punkten – Hier und Dort. Unter „Hier" beschreiben Sie die gegenwärtige Situation. Es kann sich um den Status einer Geschäftsbeziehung handeln, um Ihre finanzielle Position oder auch um den Status eines Projekts. Anschließend listen Sie rund um das Wort „Dort" herum alle Faktoren auf, die ein ideales Ergebnis bedeuten würden. Daraufhin arbeiten Sie den Weg von „Hier" nach „Dort" aus. Nehmen wir an, Sie möchten in zwei Wochen in der Mongolei sein. Was müssten Sie tun, um dieses Ziel zu verwirklichen? Zeichnen Sie jeden Schritt ein, den Sie unternehmen müssten, von der Beschaffung des Visums über die Buchung eines Fremdenführers bis hin zum – Kauf einer Landkarte!

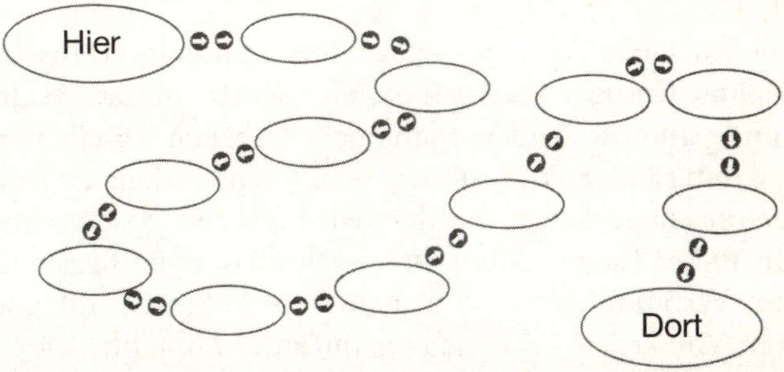

Die Kraftfeldkarte

Das Leben ist wie ein Flipperautomat, in dem wir der Ball sind. Wir sind ständig irgendwelchen Kräften ausgesetzt, die uns in verschiedene Richtungen zerren und stoßen wollen. Wenn Sie indes lernen, diese Kräfte zu verstehen, können Sie besser entscheiden, an welchen Punkten Sie Ihre Energie und Ihre Ressourcen am wirkungsvollsten einsetzen sollten. Schreiben Sie Ihren Gedanken in die Mitte einer Karte und listen Sie dann auf der einen Seite alle Faktoren auf, die diese Idee unterstützen, beispielsweise Zeit, Gelegenheit, hilfreiche Personen usw. Beschreiben Sie auf dieser Seite dann auch das bestmögliche Szenario. Auf der anderen Seite der Karte schreiben Sie alle Faktoren untereinander, die gegen Ihre Idee sprechen, beispielsweise Budgetgrenzen, Zeitpunkt und die allgemein herrschende Stimmung unter den beteiligten Personen. Beschreiben Sie dann das Szenario im ungünstigsten Fall. Am Ende müssen Sie sich die Karte dann genau ansehen und überlegen, was Sie tun können, um die positiven Faktoren zu maximieren und die negativen zu minimieren.

Die Kontextkarte

Soll ein Gedanke von mehreren Standpunkten aus beleuchtet werden, zeichnen Sie eine Karte, in der Sie, Ihr Kunde und die beiden Managementebenen jeweils über und unter Ihnen vorkommen. Schreiben Sie dann zu jeder Person einige Sätze, die deren Perspektive beschreiben. Mit dieser Karte sollten Sie es schaffen, neue Beziehungen, Verbindungen und gemeinsame Faktoren aufzudecken. Außerdem erkennen Sie mit ihrer Hilfe oft, wie Sie die Idee den maßgeblichen Leuten inner- und außerhalb Ihres Unternehmens am besten verkaufen können.

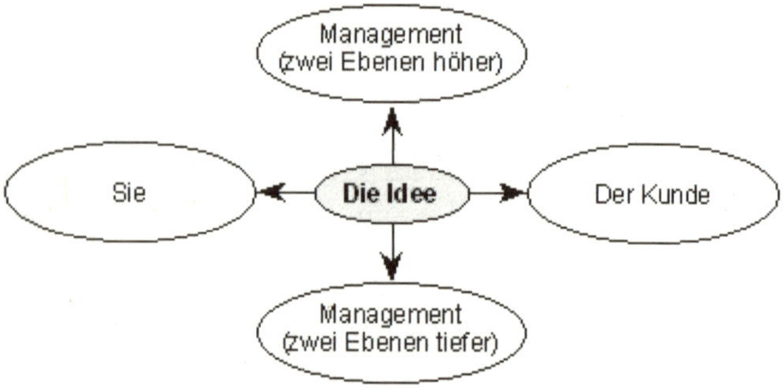

Die Ideenrasterkarte

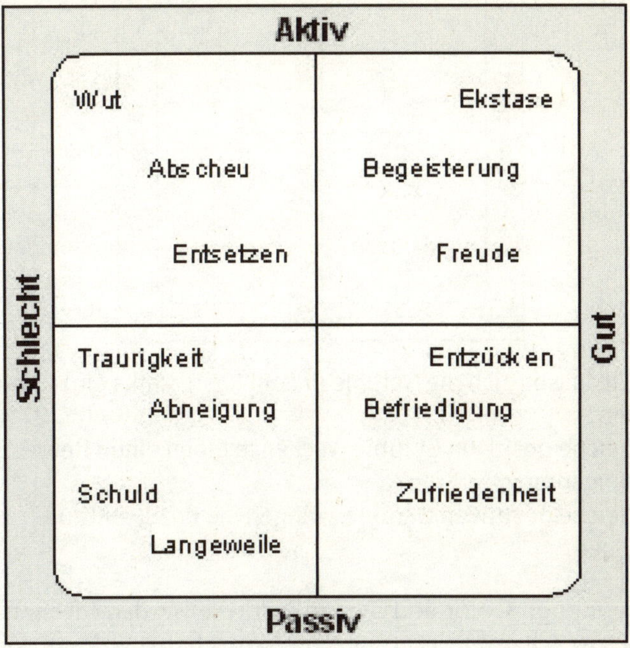

Ebenso wie alle Karten komprimiert das Ideenraster große Informationsmengen in einem einzigen Bild. Ideenraster lassen sich auf vielfältige Weise verwenden. Der Psychologe Charles Osgood verwendete beispielsweise ein solches Raster, um die menschlichen Gefühle entlang zweier abstrakter Eigenschaften anzuordnen. In der abgebildeten Karte ist die Wut aktiv und schlecht, während die Langeweile schlecht und passiv ist. Diese Karte lässt interessante Zusammenhänge zwischen verschiedenen Gefühlen erkennen.

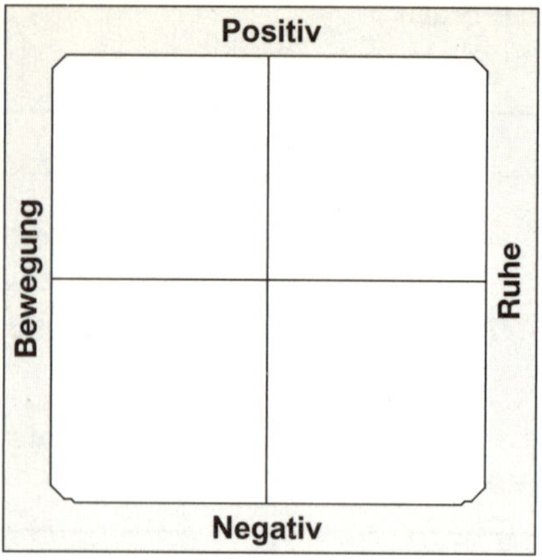

Wie lassen sich die Gefühle in dem Raster links einzeichnen?
Welche positiven Gefühle wecken in Ihnen einen Bewegungsdrang?
Welche negativen Gefühle zwingen Sie dazu, still zu sitzen?

Im Nippon Color and Design Institute werden Ideenraster zur Charakterisierung von Wirtschaftsmärkten und zur Entwicklung von Nischenprodukten eingesetzt. Die folgende Karte analysiert, welche Wirkung ein Taschenrechner auf Frauen hat. Beachten Sie die drei Bereiche, auf die das Unternehmen mit dem Taschenrechner abzielt.

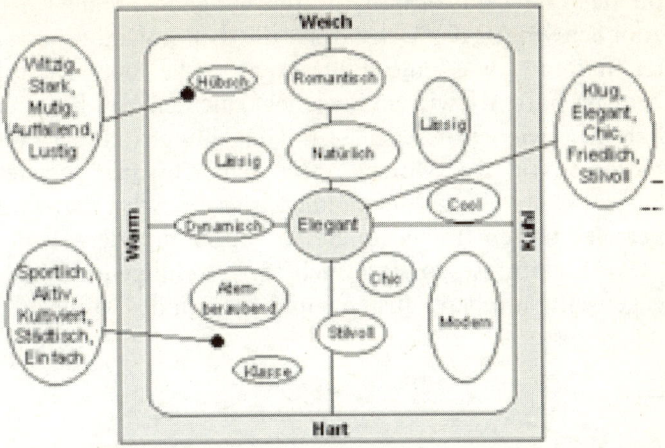

Ein solches Raster zeigt oft neue Zusammenhänge und identifiziert Marktlücken, es prognostiziert die Nachfrage nach neuen Marktideen, hilft bei der strategischen Planung und bei der Abgrenzung eines Unternehmens gegen seine Wettbewerber. Wo lägen in diesem Diagramm ein Honda Accord, ein BMW oder ein Jaguar?

Das Gleichnis von den Blinden und dem Elefanten

Einstmals lebte in Shrâvastî (in Nordindien) ein gewisser König. Der gebot seinem Diener: „Lass alle blind Geborenen der Stadt an einem Orte zusammenkommen." Als dies geschehen war, ließ er den blind Geborenen einen Elefanten vorführen. Die einen ließ er den Kopf betasten mit den Worten „So ist ein Elefant", andere das Ohr oder den Stoßzahn, den Rüssel, den Rumpf, den Fuß, das Hinterteil, den Schwanz, die Schwanzhaare. Dann fragte er: „Wie ist ein Elefant beschaffen?" Da sagten die, welche den Kopf betastet hatten: „Er ist wie ein Topf", die das Ohr betastet hatten: „wie ein geflochtener Korb zum Schwingen des Getreides“, die den Stoßzahn betastet hatten: „wie eine Pflugstange“, die den Rumpf betastet hatten: „wie ein Speicher“, die den Fuß betastet hatten: „wie ein Pfeiler“, die das Hinterteil betastet hatten: „wie ein Mörser“, die den Schwanz betastet hatten: „wie eine Mörserkeule“, die die Schwanzhaare betastet hatten: „wie ein Besen“. Und mit dem Rufe: „Der Elefant ist so und nicht so“, schlugen sie sich gegenseitig mit den Fäusten zum Ergötzen des Königs.

Schneiden

> „Der kreative Prozess besteht aus einer ständigen Abfolge des Trennens und Zusammenführens, des Zusammenführens und des Trennens, und zwar in vielen Dimensionen – affektiv, konzeptuell, einfühlsam, willentlich und physisch."
>
> *Albert Rothenberg*

Analyse ist die Klärung von Informationen. Die Lösung von Problemen, die Definition von Gegenständen, die Feststellung von Ursachen, Bedeutungen und Gründen beruhen auf scharfer Analyse. Das Zerkleinern vereinfacht die Informationen und erweitert Ihr Wissen über ein bestimmtes Thema.

Tipp 1

Zerlegen Sie Ihr Problem bzw. Ihre Idee in ihre Bestandteile. Studieren Sie die einzelnen Eigenschaften. Falls Ihnen das Thema bereits vertraut ist, versuchen Sie es in einem anderen Licht zu sehen.

Tipp 2

Untersuchen Sie Ihre Idee von mehreren Standpunkten aus. Fragen Sie sich, wie Ihr Kunde sie wohl aufnehmen wird. Was fällt einem Sechsjährigen auf? Was könnte ein Wissenschaftler mit ihr anfangen? Neue Perspektiven eröffnen neue Informationen und Ideen. Vermeiden Sie eine Verhärtung der Kategorien.

Tipp 3

Ordnen Sie die Informationen visuell. Zeichnen Sie die Fakten, Beziehungen und Einzelheiten in eine Mind-Map ein – auf diese Weise behalten Sie auch einen besseren Überblick über die Informationen.

KAPITEL 5

MISCHEN

A E E
R
K U H

Das Aha-Prinzip

Sehen Sie sich die Buchstaben in der Abbildung an und probieren Sie so lange, sie in verschiedene Reihenfolgen zu bringen, bis sie ein Wort ergeben. Mischen Sie sie frei durcheinander.
Welches Wort entdecken Sie?

Die Rührschüssel der Gedanken

> „Weder die Wörter eines Dichters noch die Dinge eines Erfinders haben an sich besonders bemerkenswerte Eigenschaften. Es sind ganz normale Wörter und Dinge. Neu ist an ihnen nur die Art und Weise, wie sie nebeneinander gestellt werden."
>
> *David Pye*, Schriftsteller

Jeder neue Teil des kreativen Kochvorgangs führt uns weiter voran auf dem Weg der Erzeugung neuer Ideen: Wer seinen Appetit kultiviert, erzeugt Interesse und Leidenschaft und regt dadurch die Fantasie an. Beim Zusammentragen werden die Rohzutaten für den Eintopf gesammelt. Das Schneiden dient dazu, die Informationen zu definieren, sie anzuordnen und sie aus verschiedenen Perspektiven zu betrachten. Der nächste Schritt im kreativen Prozess, das Mischen, gehört ebenfalls zu den normalen Tätigkeiten in der Küche. Beim Mischen werden die Zutaten kombiniert und vermengt, um aus ihnen etwas Neues und Befriedigendes herzustellen.

Wenn wir zwei oder mehr Einzelbestandteile miteinander verbinden, um eine neuartige Kombination herzustellen, dann mischen wir. Der Grafikdesigner, der isolierte Bilder zusammenfügt, um ein Unternehmenslogo zu gestalten, tut nichts anderes, als kreativ zu mischen. Ebenso ist es mit dem Produktdesigner, der die Ideen des Stofftiers und der Pantoffeln zusammenführt. Der Akt des Vermischens hat so revolutionäre Erfindungen wie Gutenbergs Druckerpresse hervorgebracht (die Traubenpresse kombiniert mit Münzstempel) oder auch so alltägliche wie das Wundpflaster (Gazestreifen und medizinisches Pflaster); darüber hinaus solch außergewöhnliche Entdeckungen wie die Chaostheorie (Sahnewirbel im Kaffee und Sternenwirbel in Spiralgalaxien).

Im Kern der Vermischung von Ideen liegt die Entdeckung von Verbindungen zwischen scheinbar zusammenhanglosen Themen. Unser Geist verknüpft ständig alle möglichen verschiedenen Arten von Informationen. Wir kombinieren fleißig Erinnerungen, neue Informationen, Hoffnungen, Ängste, Absichten und auch Ziele, um neue Weltsichten zu produzieren. Es sollte uns daher nicht überraschen, dass das lateinische Wort für „denken", *cogitare*, aus den Wurzeln *cum* und *agitare* abgeleitet ist – es bedeutet „zusammenschütteln".

In diesem Kapitel untersuchen wir verschiedene Möglichkeiten, Ideen zu kombinieren. Wir vermischen sie mit roher Gewalt, indem wir sie durchschütteln und sehen, was dabei herauskommt. Auf unserer Suche nach guten Ideen verbinden wir ein Thema mit einem unbelebten Objekt, wir verwenden eine Ideenmatrix und wir erkunden die Welt der Metaphern. Zuallererst betrachten wir jedoch einmal das wichtigste Aufputschmittel für den kreativen Geist – den Augenblick, in dem uns ein Licht aufgeht.

Der kreative Funke

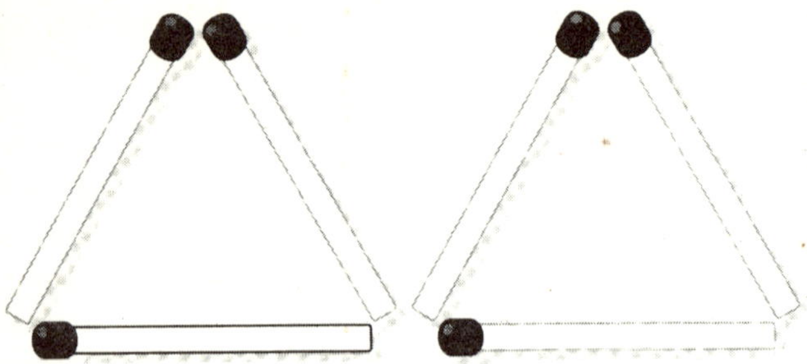

Übung

Ordnen Sie diese sechs Streichhölzer so an, dass sie vier identische gleichseitige Dreiecke bilden.

Die am häufigsten zitierte Geschichte einer kreativen Entdeckung ist wohl die des griechischen Philosophen Archimedes. Sein Cousin, König Hieron II., bat ihn im 3. Jahrhundert vor Christus herauszufinden, ob die Königskrone aus reinem Gold oder aus einer Verbindung aus Gold und billigeren Metallen bestehe. Archimedes ließ sich das Problem mehrere Wochen lang durch den Kopf gehen, da er wohl wusste, dass er die Krone weder einschmelzen noch auf andere Weise verändern durfte. Bei einem seiner Besuche in den öffentlichen Bädern lief jedoch eines Tages das Wasser über den Wannenrand, als er sich hineinsetzte – und die Lösung erschien ihm wie ein Blitz vor seinem geistigen Auge. Er konnte das Volumen der Krone messen, indem er sie in Wasser eintauchte, und dann konnte er dieses Volumen mit dem eines gleich schweren Klumpen reinen Goldes vergleichen. Archimedes war von seiner Entdeckung so begeistert, dass er nackt durch die Straßen rannte und rief: „Heureka! Ich hab's gefunden!"

Sein Experiment ergab anschließend, dass die Krone nicht aus purem Gold bestand. Apropos Verbindungen: Die Antwort auf die Übung zu Beginn des Kapitels lautet „HEUREKA".

Viele Leute sind der Meinung, dass ein „Heureka" nur im Zusammenhang mit bedeutenden kreativen Erfahrungen auftritt und dass echte Augenblicke der Entdeckung immer von dramatischen Gefühlen begleitet sein müssen. Im Laufe eines Tages erfährt aber jeder von uns bei vielen kleinen Ereignissen eine ganze Reihe von „Aha"-Momenten – lauter kleine Heurekas.

Tägliche Heurekas

> Warum nehmen manche Leute abends eine Schere mit ins Bett? Damit sie einem Dieb den Weg abschneiden können.
>
> *Kinderwitz*

Kinder erleben ganze Massen von täglichen „Ahas" und „Heurekas". Wenn Sie einen Erstklässler bei einem Rundgang durch den Zoo oder ein Museum beobachten, werden Sie feststellen, dass er eine endlose Reihe von Entdeckungen macht. Wir, als Erwachsene, können mehr „Heurekas" erleben, wenn wir an jedem Tag aufmerksamer auf die kreativen Episoden achten, die uns begegnen. Das ist ohnehin eine gute Sache: Lassen Sie sich von Erfahrungen gefangen nehmen, die Sie öfter zum Lachen bringen, die Ihnen die Schönheit der Welt nahe bringen und die Ihnen Einsichten vermitteln.

Haben Sie das Rätsel mit den sechs Streichhölzern schon gelöst? Wenn nicht, hier ein kleiner Tipp: Schließen Sie die Augen und denken Sie dreidimensional. Können Sie eine dreidimensionale Struktur bilden, die die Anforderungen erfüllt?

Eine meiner Lieblingsgeschichten zum Thema kreative Verbindungen stammt aus der Kindheit von R. Buckminster Fuller. Als er in der ersten Klasse war, stellte sein Lehrer der Klasse die Aufgabe, aus Streichhölzern und getrockneten Erbsen Modelle von Gebäuden zu basteln. Während die anderen Schüler ihnen vertraute Gebäude wie Wohnhäuser, Schuppen und Lagerhäuser zu bauen anfingen, begann Fuller – der sehr schlecht sehen konnte – die Formen danach aufzubauen, wie sie sich anfühlten. Ihm gefielen Dreiecke, weil sie sich „stabil, verlässlich und fest" anfühlten. Schon bald fertigte er Gitterkonstruktionen, Gerüste und dreieckige Strukturen an, die viel größer waren als die Gebäude der anderen Schüler. Buckminster Fuller sagte, damals habe er zum ersten Mal gefühlt, dass alle Strukturen und Muster in der Natur auf Dreiecken basieren müssten.

Zwei Jahrzehnte später entwickelte Fuller die geodätische Kuppel, eine bemerkenswert stabile Struktur ohne innere Stützen, die beinahe unbegrenzt viel Raum umfassen kann. Heute gibt es weltweit mehr als 300 000 geodätische Kuppeln auf allen Kontinenten. Jede Kuppel ist eine praktische, transportable und sparsame Struktur auf der Basis der einfachsten geometrischen Form, des Dreiecks. R. Buckminster Fullers Kindheitsentdeckung, dass sich aus zweidimensionalen Dreiecken stabile, solide dreidimensionale Formen aufbauen lassen, hatte somit einen permanenten Effekt auf seine Beschäftigung mit Architektur, Naturwissenschaft und Philosophie.

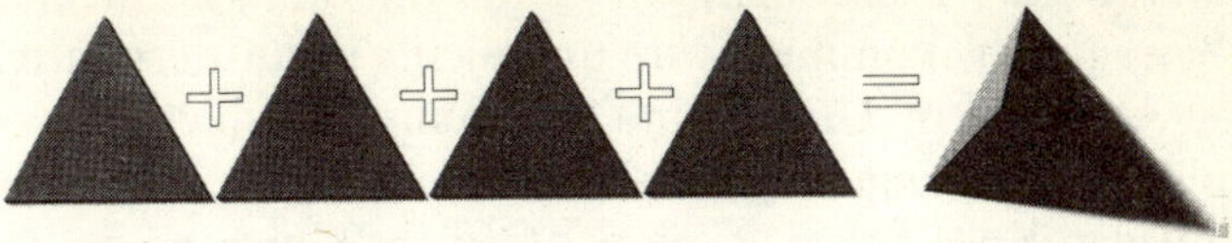

Die Lösung des Rätsels mit den sechs Streichhölzern ist ein Tetraeder. Sobald Sie die Lösung selbst ermittelt haben, wird Ihr Geist durch einen Funken blitzartig erleuchtet. Dieses magische Gefühl ist wahrscheinlich der am häufigsten beschriebene und gleichzeitig am wenigsten verstandene Bestandteil der Kreativität.

Man sagt, die Inspiration sei eine wilde, unkontrollierte Energie des kreativen Geistes. Sie ist wie ein Blitz, der die Geburt einer neuen Idee einleitet. In mancher Hinsicht kommt die Inspiration unwillkürlich. Aber wir strengen uns bewusst an, etwas zu begreifen, ebenso wie wir uns bewusst konzentrieren können. Wenn die Inspiration etwas völlig Unwillkürliches wäre, könnten wir weder Lob noch Belohnung für unsere Ideen in Anspruch nehmen – wenn, dann höchstens für unsere Taten.

Tatsächlich ist es so, dass diejenigen Menschen plötzliche Eingebungen haben, die ihren Geist darauf vorbereiten und die die anstrengende Suche nicht scheuen. Der französische Mathematiker Jules Henri Poincaré schrieb, dass derartige plötzliche Inspirationen immer nur nach mehreren Tagen willentlicher Anstrengung einträten, und zwar nach Anstrengungen, die völlig fruchtlos zu sein schienen und bei denen scheinbar nichts Gutes herausgekommen war – also dann, wenn man das Gefühl hatte, einen vollkommen falschen Weg eingeschlagen zu haben. Diese Anstrengungen waren dann wohl doch nicht so steril, wie sie einem vorkamen. Sie setzten die unbewusste Maschinerie in Gang, die ohne sie nicht in Bewegung gekommen wäre und nichts produziert hätte.

Aus diesem Grund sind berühmte Geschichten von plötzlichen Eingebungen – der Apfel, der Isaac Newton auf den Kopf fiel, das epische Gedicht *Kubla Khan*, das Samuel Taylor Coleridge während eines einzigen Traumes in den Sinn gekommen sein soll, und Archimedes' Erkenntnis über das spezifische Gewicht – zwar ermutigend, aber vielleicht auch irreführend. Sie lassen die lange Zeit der Introspektion außer Acht, die der Erleuchtung vorausging. Der Geist wird durch Forschungen, Analysen und durch das Knüpfen von Verbindungen auf die Erleuchtung vorbereitet. Wenn Sie die Zeit des Herumsuchens abkürzen, verringern Sie die Wahrscheinlichkeit, kreative Ergebnisse zu erzielen. Wenn Sie nicht chaotisch herumstolpern, erhalten Sie nicht genügend Rohzutaten, die die Fantasie speisen.

Rezept für hervorragende Ideen

Schritt 1

Bereiten Sie sich auf die Inspiration vor. Behalten Sie das betreffende Thema immer im Hinterkopf und versetzen Sie sich so in eine Geisteshaltung, die für Entdeckungen offen ist. Versenken Sie sich in das Studium Ihres Themas. Lassen Sie sich Zeit, damit Sie das Thema umkreisen und es von verschiedenen Standpunkten aus betrachten können.

Schritt 2

Suchen Sie auch nach neuen Ideen, die Sie mit Ihrem Thema in Verbindung bringen können. Der Theaterregisseur Peter Sellars forscht an den unmöglichsten Orten nach künstlerischen Interpretationen. Er kombiniert Kampfsport mit Gebärdensprache, Rock-Videos mit Mythen, traditionelle Opern mit modernen Situationen. Die Hauptfigur in Mozarts *Don Giovanni* verzehrt Big Macs und kämpft nicht mit dem Schwert, sondern mit einem Klappmesser. Händel wird in einer Krise im Nahen Osten angesiedelt, und König Lear fährt einen Lincoln Continental. Die Reaktionen auf Sellars' Interpretationen sind zwar sehr gemischt, aber jede Aufführung bringt wieder brandneue Interpretationen und rüttelt die traditionellen Vorstellungen am Theater durcheinander.

Schritt 3

Stellen Sie im Geist Verbindungen her. Nehmen wir an, Sie wollen einen Text auf eine Grußkarte schreiben, auf deren Vorderseite ein Apfel abgebildet ist. Was tun Sie, um Ideen zu produzieren? Sie könnten den Apfel mit Wörtern wie rot, glänzend, Kuchen, rund, knackig, biologisch, Computer, Schallplatten, Samen und Baum verbinden. Sie könnten ihn mit Cidre, Fruchtentkerner, Lehrer, Soße, Wilhelm Tell, Adam und Eva sowie Isaac Newton verknüpfen. Je lebhafter der interne Dialog, den Sie führen, desto mehr wird Ihnen einfallen und desto höher steigt der Pegel Ihrer kreativen Energie. Und während der Pegel steigt, werden Sie von dem befriedigenden Gefühl einer Reihe von Heurekas vorwärts getragen.

Der Ideen-Barmixer

Übung
Können Sie in dieser Abbildung ein Dreieck erkennen?

Unser Geist ergänzt laufend Formen und Muster auf der Grundlage unserer Erwartungen. Obwohl es in dieser Figur kein Dreieck gibt, sondern nur drei Kreise, in denen jeweils ein Ausschnitt fehlt, füllt unser Verstand sie zu einem Dreieck aus.

Eine Verbindung ist ein Zusammenhang zwischen Objekten, der sowohl auf Ähnlichkeiten als auch auf Unterschieden beruhen kann. Unser Geist verbindet, ohne lange zu zögern, Tisch und Stuhl, Schinken und Eier, Bruder und

Schwester, Arbeit und Geld usw. Diese Fähigkeit, Verbindungen herzustellen, ist eine unserer größten kreativen Leistungen. Wir können sie auf vielfältige Weise zur Erzeugung kreativer Energie nutzen.

Ein Freund in der Grundschule erzählte mir einst, er könne alles mögliche mit Erdnussbutter verbinden. Ich sagte beispielsweise „Tasse“, und er antwortete: „Nun, in einer Tasse ist die Milch, die man beim Essen eines Erdnussbutterbrotes trinkt.“ Auf das Wort „Weizenfeld“ fiel ihm ein: „Erdnüsse und Weizen sind genetisch sehr eng verwandt. Außerdem haben sie fast dieselbe Farbe.“ Und sogar, als ich sagte „Andromeda-Galaxie“, konnte er zurückgeben: „Beide haben Spiralwirbel!“ Die Verbindungen waren zwar vielleicht etwas weit hergeholt, aber er ließ sich nie in Verlegenheit bringen.

Verbindungen durch freie Assoziationen lassen sich für alle möglichen Arten von Ideen entdecken. Indem wir unserem Geist freien Lauf lassen, bewegen wir uns in Richtung Inspiration vorwärts. Während wir spontane Verbindungen herstellen, produzieren wir Ideen, die zu echten Lösungen und echten Produkten führen.

Ein kurzer Blick in jede Küche zeigt eine ganze Reihe von Methoden, wie sich unzusammenhängende Objekte zu einem völlig neuen Endprodukt zusammenfügen lassen. Plastiktüten mit Zippverschluss basieren auf der Idee des Reißverschlusses, die auf Plastik übertragen wurde. Die rollenförmige Verpackung von Pillsbury-Brötchen zum Aufbacken wurde in einer Brainstorming-Sitzung entwickelt. Die Idee wurde von Erbsenhülsen entlehnt. Die Technologie des mit Teflon beschichteten Bügeleisens stammt von Teflonpfannen.

Ein Farmer aus Brandon in der kanadischen Provinz Manitoba verband Tauschkarten mit Zuchttieren und erfand Rinder-Tauschkarten. Auf den Karten sind die besten und schönsten Zuchtkühe aus Kanada und den Vereinigten Staaten abgebildet, mit Foto und Informationen über den Stammbaum und das Zuchtpotenzial der Kühe. Die Käufer – und es sind nicht wenige – sind begeistert von dem Bildungswert der Karten und nicht zuletzt auch von ihrem kitschigen Aussehen.

Denken Sie sich nun zur Übung und aus Spaß fünf verschiedene Möglichkeiten aus, um einen Stuhl und Räder zu etwas Neuem zu verbinden.

Stuhl + Räder = ?

Im Jahr 1893 kombinierte George Washington Gale Ferris jr. die beiden und stellte in Chicago das erste Riesenrad der Welt her. Sie könnten an einen Rollstuhl denken, einen Kinderstuhl mit einem Spielzeuglenkrad, mehrere Stühle auf einem großen horizontalen Rad in einem Restaurant für Kinder oder auch an ein großes Schwungrad als Hebevorrichtung für den Sitz eines Fensterputzers. Versuchen Sie nun, ob Ihnen noch mehr Kombinationen einfallen. Ändern Sie die Größe und die Beziehungen, bis Sie noch weitere fünf Ideen entdeckt haben.

Im Folgenden finden Sie noch einige weitere Paare, mit denen Sie das Herstellen von Verbindungen üben können:

Knopf und Herd

Fernrohr und Schaufel

Ohr und Feuer

Film und Klavier

Ball und Floß

Tisch und Hebel

Welle und Sex

Gott und Kaleidoskop

Zufällig ausgesuchte Wörter

Übung
Sie haben den Vorsitz in einem Komitee für Wasserversorgung und -einsparung. Sie blättern durch ein Wörterbuch und zeigen willkürlich auf irgendein Wort. Denken Sie sich zu dem folgenden Wort sechs Ideen zur Einsparung von Wasser aus:

Gefängnis

Bei der Suche nach Verbindungen zwischen einem Wort und einem bestimmten Problem werden Ihnen unzählige nützliche Assoziationen in den Sinn kommen. Stellen Sie sich vor, Sie könnten den inneren Dialog einer Person belauschen, die sich gerade mit dem Problem beschäftigt.

„Wasser und Gefängnis. Schauen wir mal, hmmm. Wasser fließt durch die Gitterstäbe einer Gefängniszelle. Was wären also die entsprechenden Gitterstäbe im Wasserleitungssystem? Wenn wir sie finden würden, könnten wir einige von ihnen verschließen. Gefängnis. Wir könnten Gefängnisstrafen für Wasserverschwender verhängen. Wir könnten die Leute unter Hausarrest stellen, sozusagen als Gefängnisstrafe, und ihren Wasservorrat begrenzen. Was gibt es noch? Was ist ein Gefängnis? In einem Gefängnis werden Menschen eingesperrt. Gefängnisse sind wie Auffangbehälter. Vielleicht könnte man bessere Auffangtanks bauen, um Wasser zu speichern.

Gefängnisse haben kleine Zellen. Vielleicht ließe sich Wasser besser in viele kleine Wasserzellen verteilen. Jeder Haushalt könnte Wasserzellen bekommen, die monatlich aufgefüllt werden. Mehr Wasser gibt es in dem Monat dann nicht. Wir könnten auch mithilfe der Wasseruhren in den Haushalten eine öffentliche Kampagne durchführen. Jeden Monat schicken wir an jeden Haushalt einen Bericht über seinen Wasserverbrauch. Die Menge wird in das Äquivalent von soundsovielen Badewannen umgerechnet, damit sich die Leute eine gute Vorstellung davon machen können. Zusätzlich könnten wir Aufkleber verteilen, die die Leute daran erinnern sollen, Wasser zu sparen – beim Zähneputzen, Duschen usw. Gefängnis. Hmm. Gefängnis und Wasser. Eis besteht aus festgehaltenem Wasser. Es gibt ja diesen Gedanken, Eisberge aus Alaska nach Kalifornien zu treiben und sie dort für Trinkwasser aufzuschmelzen. Welche Möglichkeiten gibt es noch zur Befreiung von Wasser? Aus der Luft. Denken wir nur an die Technologie zur Gewinnung von Trinkwasser aus Luftfeuchtigkeit. Ist das realistisch? Gefängnis. Gefängnisse sind Kerker, und Kerker befinden sich oft tief unten in der Erde. Wie könnte man noch nach Grundwasser graben?“

Je mehr Verbindungen Sie herstellen, desto mehr entdecken Sie. Sie können einfach zufällige Wörter aus allen möglichen Quellen auswählen. Lexika, Thesauren, Enzyklopädien, Zeitschriften, Zitatensammlungen – all das sind hervorragende Rohzutaten für Eintöpfe.

Die Schriftstellerin und Lehrerin Natalie Goldberg hat eine Idee, wie man seinen Geist beim Herstellen von Verbindungen frei herumspielen lassen kann. Wenn Sie beim Schreiben Ihre kreative Energie anzapfen wollen, schreiben Sie drei oder vier Zeilen aus Ihrem Text oben auf ein neues Blatt Papier. Anschließend betrachten Sie jedes Wort als ein Holzklötzchen – sie haben alle dieselbe Größe, Form und Farbe. Kein Wort, sei es nun Verb, Substantiv, Adjektiv oder Konjunktion, ist wertvoller als die anderen.

Nehmen Sie nun ein Drittel dieser Wörter und werfen Sie sie durcheinander. Versuchen Sie nicht, das, was Sie aufschreiben, mit Sinn zu erfüllen. Ihr Gehirn wird versuchen, etwas zu konstruieren und einen logischen Sinn bzw. eine Struktur hineinzubringen. Geben Sie diesem Verlangen nicht nach. Entspannen Sie sich einfach und schreiben Sie die Wörter ohne nachzudenken auf. Schreiben Sie immer weiter, bis das ganze Blatt voll ist.

Fügen Sie dann ein paar Punkte, Kommas und ein oder zwei Frage- und Ausrufezeichen ein. Machen Sie es einfach aus Spaß, ohne darüber nachzudenken. Indem Sie so aus dem Subjekt-Verb-Objekt-Muster ausbrechen, eröffnet sich Ihnen eine völlig neue Betrachtungsweise der Welt.

Wenn Sie mit einem Textverarbeitungsprogramm am Computer arbeiten, schalten Sie den Monitor aus und schreiben Sie Ihre Ideen so schnell auf, wie Sie können. Blicken Sie nicht zurück, halten Sie nicht an, um die Rechtschreibung zu prüfen. Lassen Sie die Wörter einfach frei fließen.

Rezept für hervorragende Ideen

Wenn Sie eine neue Herangehensweise ausprobieren wollen, arbeiten Sie mit zufällig ausgewählten Wörtern. Am besten eignen sich dafür einfache Wörter, die Bilder hervorrufen und voller Assoziationen stecken.

Schritt 1

Schreiben Sie Ihre Eröffnungsfrage auf:

„Wie kann ich ________________________________ ?“

Schritt 2

Wählen Sie ein zufälliges Wort aus der Liste auf der folgenden Seite oder aus einer anderen Quelle, beispielsweise einer Zeitschrift, einem Lexikon, einem Thesaurus oder aus einer Radio- bzw. Fernsehsendung.

Schritt 3

Suchen Sie nach Verbindungen zwischen dem Wort und Ihrem Problem. Gibt es Unterschiede oder Ähnlichkeiten? Achten Sie auf den Klang des Wortes. Suchen Sie metaphorische Verbindungen. Betrachten Sie die Eigenschaften beider Teile.

Schritt 4

Legen Sie eine Ideenquote fest und lassen Sie sich genug Zeit, um alle Möglichkeiten zu erforschen. Notieren Sie Ihre Ideen auf einem Blatt Papier oder in Ihrem Ideen-Tagebuch, damit Sie sich besser konzentrieren können und nicht abschweifen. Bewahren Sie die Ergebnisse auf, um sie später noch einmal anzusehen.

Liste zufällig ausgewählter Wörter

Lampe	Computer	Vakuum	Poker
Baumwolle	Radio	Hammer	Degenscheide
Hose	Ring	Handfläche	Finger
Bleistift	Maschine	Seele	Schokolade
Fernsehen	Nahrung	Ticket	Beerdigung
Baum	Slogan	Operation	Single
Zigarette	Staunen	Zelle	Stoppuhr
Plantage	Rockmusik	Linse	Bingo
Messer	Richter	Lawine	Kind
Sternenzelt	Zug	Fahren	Bombe
Buch	Berg	Seil	Schnellboot
Telefon	Spiel	Schraube	Bär
Kamera	Fan	Scheibe	Kathedrale
Lexikon	Abfluss	Sanduhr	Fabrik
Leiter	Kratzen	Blitz	Rum
Vertrag	Konzert	Teppich	Baseball
Mond	Gefängnis	Höhle	Pendel
Mikroskop	Kreuz	Kälte	Haut
Problem	Witz	Bett	Tresor
Motor	Disco	Klavier	Mokassin
Gehirn	Religion	Tür	Mixgerät
Schmuck	Schrank	Spinne	Wettrennen
Unkraut	Toilette	Handschellen	Kreis
Kaution	Spule	Lesung	Seil
Nuss	Schlauch	Geschmack	Krankheit
Wasch-becken	Dehnung	Klebeband	Armee

Gewehr	Rückgrat	**Bambus**	Gefäß
Halloween	Socken	**Fälschung**	Datei
Gewicht	Stuhl	**Symbol**	Marmor
Tinte	Abendessen	**Kopieren**	Muschel
Gesicht	Code	**Quadrat**	Wolke
Schlaf-zimmer	Leuchten	**Griff**	Tragegurt
Falte	Soße	**Schleuder**	Feuer

Objektverknüpfung

Eine andere Methode zur Anregung der Kreativität funktioniert folgendermaßen: Suchen Sie sich irgendeinen bekannten Gegenstand, beispielsweise einen Stift, halten Sie ihn in der Hand und lassen Sie sich von ihm inspirieren. Sehen Sie im Folgenden, wie ein ganz einfacher hölzerner Bleistift Ihnen neue Gedanken über Ihre Karriere einflößen kann:

Holz: Finden Sie heraus, woraus Sie im Inneren bestehen. Welche Eigenschaften besitzen Sie, welches sind Ihre Stärken, welche Fähigkeiten haben Sie?

Radiergummi: Wie können Sie all das ausradieren, was Sie zurückhält? Müssen Sie auch frühere Fehler ausradieren?

Verjüngung: Konzentrieren Sie sich auf die anstehende Aufgabe. Wenn Sie zulassen, dass Sie abstumpfen, leidet die Schärfe Ihres Images.

Spitze: Setzen Sie sich ein Ziel. Seien Sie sich immer der Gründe bewusst, warum Sie etwas tun. Legen Sie Ihre Richtung genau fest.

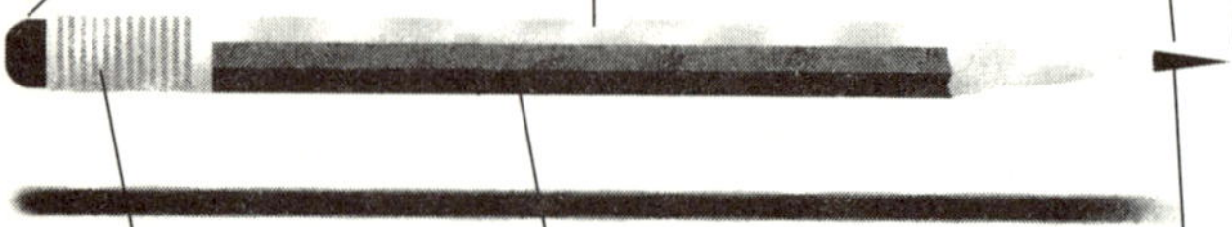

Ring: Ein Ring ist das Symbol für Verpflichtung und Einsatz. Überlegen Sie sich, wie Sie Verbindungen dazu herstellen können, dass Sie zu Ihrem Wort stehen.

Härte: Stellen Sie fest, wann Sie besonders hart sein und sich selbst und andere disziplinieren müssen, um Kontakte zu knüpfen und zu halten. Gehen Sie aber auch nicht zu forsch vor, damit die Verbindung nicht zerbricht.

Schreiben: Bringen Sie Ihre Ideen zu Papier. Schreiben Sie Briefe, zeichnen Sie Gespräche auf, halten Sie die Fortschritte fest, erstellen Sie die nötigen Listen.

Sechs Seiten: Treffen Sie sechs Maßnahmen, die Sie vorwärts bringen:
Belegen Sie einen Kurs – Knüpfen Sie ein Netzwerk – Befragen Sie Personen, die Ihren angestrebten Beruf ausüben – Nehmen Sie sich Urlaub, um zu forschen – Suchen Sie in einer anderen Stadt – Beginnen Sie morgen.

Wie ließe sich Ihre Idee mit einem Buch, einer Tastatur, einer Uhr, einer Münze, einem Bügeleisen, einer Teekanne oder einem Telefon verknüpfen?

Geistige Hieroglyphen

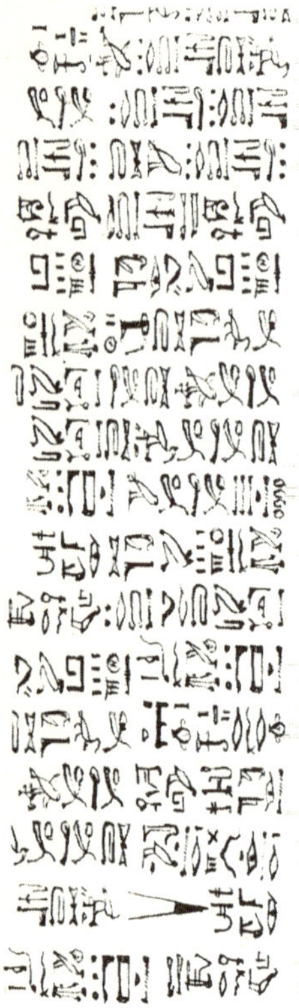

Professor Michael Ray von der Wirtschaftsfakultät der Stanford-Universität regt den Geist seiner Studenten dadurch an, dass er ihnen die Aufgabe stellt, ein Geschäftsvorhaben mit ägyptischen Hieroglyphen zu verbinden. Dabei handelt es sich um äußerst bedeutungsreiche Symbole, die den Geist ganz schön in Bewegung versetzen. Stellen Sie sich beispielsweise vor, Sie wollten mit Immobilien ein Vermögen verdienen. Betrachten Sie die Formen und Figuren und erfinden Sie dabei eine Geschichte, die Ihnen bei der Planung Ihres Vorhabens hilft.

In jede Figur aus diesem Ausschnitt aus dem Ägyptischen Totenbuch lassen sich mehrere Bedeutungen hineinlesen. Die Vögel etwa können zu Geiern (Immobilienmaklern) oder auch zu Symbolen der Freiheit (Kapitalinvestoren) werden. Die menschlichen Figuren stellen entweder Personen, die ein Haus renovieren, oder auch Kunden dar. Das Wellenmuster könnte beispielsweise für Vermögenswerte oder Schulden stehen.

Überlegen Sie, wie Sie diese Formen interpretieren würden, wenn Sie planten, einen Krimi zu schreiben, eine

Eisdiele zu eröffnen oder auch eine Werbekampagne für eine neue Tütensuppe zu entwickeln.

Variationen

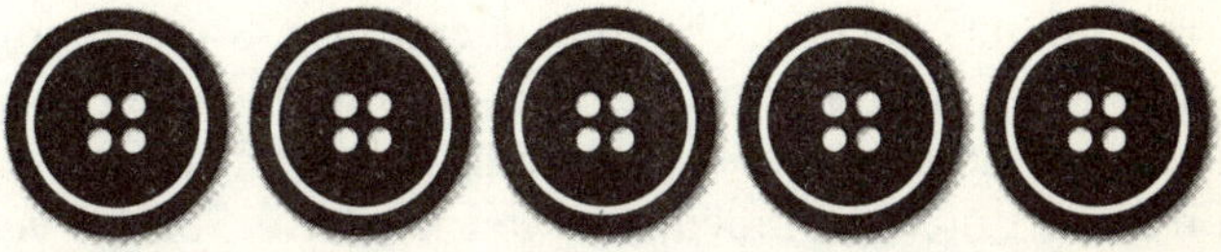

Übung
Ordnen Sie diese fünf Knöpfe so an, dass jeder Knopf jeden anderen berührt.

Im Jahr 1901 besuchte der Erfinder Hubert Cecil Booth eine Neuheitenausstellung in einer Londoner Music Hall. Ein Erfinder aus den USA, dessen Name leider nicht überliefert ist, stellte eine Maschine aus, die Staub von Teppichen entfernte. Die Maschine blies Luft vor sich her – und brachte die ersten sechs Zuschauerreihen zum Niesen. Nach der Demonstration suchte Booth diesen Mann auf und schlug ihm vor, dass die Maschine nicht blasen, sondern saugen sollte. Der Mann antwortete: „Saugen? Saugen? Saugen ist unmöglich!" Daraufhin stürmte er hinaus. Booth dagegen wurde später als der Erfinder des Staubsaugers bezeichnet.

Erfinder und Innovatoren bauen sehr häufig auf der Grundlage der Arbeit ihrer Vorgänger auf. Ein Beispiel ist die Entwicklung des Teleskops. Schon 1609 ordnete Hans Lippershey, ein dänischer Brillenfabrikant, zwei Linsen hintereinander an und erkannte, dass sie das Bild vergrößerten (und umkehrten). 1659 hatte Johannes Hevelius das Fernrohr auf knapp 50 Meter verlängert, um ein größeres Bild zu erhalten und die chromatische Aberration (die Streuung des Lichts in alle Regenbogenfarben) zu vermeiden. Ein paar Jahre später gelang es Robert Hooke, das Fernrohr wieder zu verkürzen, indem er flache Spiegel verwendete, die das Licht mehrmals reflektierten. 1668 konstruierte Isaac Newton ein Teleskop, das das Licht nicht mit einer Linse, sondern mit einem konkaven Spiegel auffing. Ein französischer Bildhauer mit dem Namen Cassegrain verbesserte den Newtonschen Entwurf, indem er zwei konkave Spiegel verwendete. So erhielt er einen schärferen Fokus und konnte gleichzeitig ein kleineres Rohr verwenden.

Die fünf Meter im Durchmesser betragende Glasplatte für das Observatorium am Mount Palomar sprang beim ersten Guss. Um den Spiegel schneller abzukühlen, trugen die Erbauer das überschüssige Glas an der Rückseite ab (so wurde der Spiegel gleichzeitig leichter). Die in der modernen Forschung verwendeten Teleskope bestehen nun aus einer Kombination von Spiegeln, die noch dazu sehr dünn und flexibel angeordnet sind und laufend von Computern überwacht und ausgerichtet werden.

Sollte Ihr Geist manchmal so leer sein wie ein unbeschriebenes Blatt Papier, nehmen Sie doch einfach einen vorhandenen Gegenstand und manipulieren Sie ihn.

Denken Sie immer daran, dass alles Neue lediglich eine Ergänzung oder Veränderung von etwas ist, das vor ihm da war. Sie brauchen nur genügend Zeit, um eine Variation zu finden, mit der Sie Ihr Ziel erreichen.

Nehmen wir an, Sie wollten das Design eines Telefons verbessern. Wählen Sie drei Verben aus der folgenden Liste und nehmen Sie im Geist die entsprechende Handlung an dem Telefon vor. Was erhalten Sie dabei?

Addieren	Verdunkeln	**Umkreisen**	Extrahieren
Subtrahieren	Ergänzen	**Verteidigen**	Durchrütteln
Pressen	Gefrieren	**Vibrieren**	Definieren
Ziehen	Vereinen	**Verschieben**	Verzerren
Abstoßen	Sezieren	**Lockern**	Kopieren
Schützen	Vergrößern	**Schraffieren**	Zurückhalten
Aussondern	Komprimieren	**Gleiten**	Begraben
Integrieren	Drücken	**Zurückbringen**	Konzentrieren
Symbolisieren	Auswringen	**Verbreitern**	Zerstampfen
Abstrahieren	Fallen lassen	**Beobachten**	Zerhacken
Dehnen	Ausstellen	**Zerbrechen**	Verbinden
Verdicken	Eliminieren	**Verhärten**	Fortsetzen
Aufhellen	Zwingen	**Verwischen**	Einfügen
Verführen	Kleben	**Färben**	Multiplizieren
Dividieren	Umkehren	**Transponieren**	Trennen
Abflachen	Rotieren	**Aufbauschen**	

Rätsel und Aufgaben

Rätsel und Aufgaben üben auf Ihren Geist dieselbe Wirkung aus wie Gymnastik auf Ihren Körper. Sie trainieren die Beweglichkeit. Die meisten der folgenden Rätsel sind „Aha"-Aufgaben, d. h. sie erscheinen zunächst verwirrend, bis Sie sie auf die richtige Weise betrachten. Wenn Sie nicht aufgeben, Ihren Verstand immer wieder auflockern und neue Methoden ausprobieren, werden Sie die Lösung bald finden und dabei das elektrisierende „Aha"-Erlebnis empfinden.

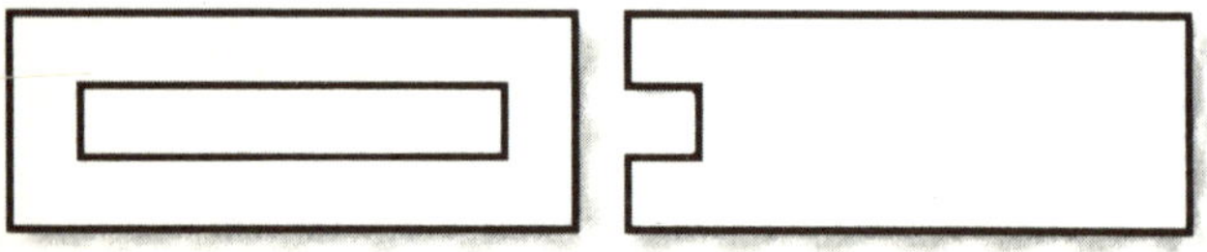

Geistige Kombination 1

Konstruieren Sie im Kopf aus der Vorder- und Seitenansicht dieses Objekts eine dreidimensionale Ansicht. Wie sieht es wirklich aus?

Geistige Kombination 2

Konstruieren Sie im Kopf eine dreidimensionale Ansicht dieses Objekts.

Geistige Gymnastik

Ein Glas ist bis zu einem Drittel mit Wein gefüllt. Ein zweites Glas ist bis zu einem Viertel mit Wein gefüllt. Beide Gläser werden mit Wasser ganz aufgefüllt. Dann wird jedes Glas zur Hälfte geleert und die beiden Reste in einem Glas zusammengeschüttet. Wie hoch ist der Anteil von Wein in dieser verbleibenden Flüssigkeit?

Anstoßen

Zehn Personen sitzen an einem Tisch. Nach der Tischrede heben alle ihr Glas und stoßen jeweils mit jeder anwesenden Person an. Wie viele einzelne Klänge wären zu hören? Können Sie eine allgemeine Regel formulieren, die die Zahl der Gläser zu der Zahl der Klänge in Beziehung setzt?

Gummiquadrate

Eine der gezeigten quadratischen Figuren sieht in gedehntem Zustand aus wie die kreisförmige Figur. Welche ist es?

Verbindungen

Können Sie diese neun Kreise in neun Zeilen zu je drei Kreisen anordnen?

Verbindungen

Führen Sie die drei Linien, die jeweils von den Wasser-, Gas- und Elektrizitätswerken ausgehen, zu je einem Haus, so dass jedes Haus mit Wasser, Gas und Strom versorgt ist. Die Linien dürfen sich nicht überkreuzen. (Es ist ein Trick dabei.)

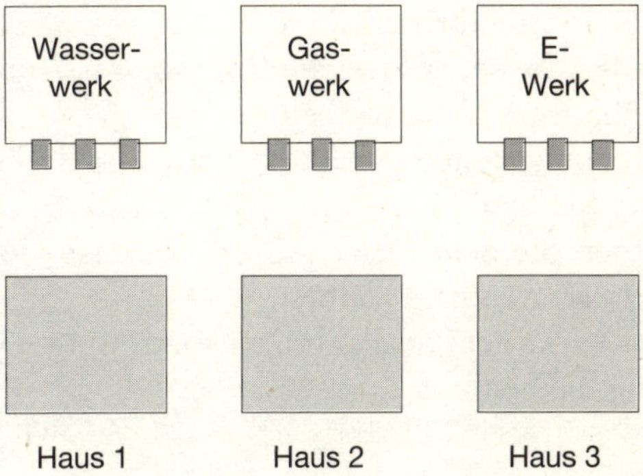

Verbindungen

Können Sie diese neun Kreise in neun Zeilen zu je drei Kreisen anordnen?

Streichholzrätsel

24 Streichhölzer bilden auf dem Tisch eine Gitterstruktur mit drei Mal drei Feldern. Verändern Sie die Anordnung der Streichhölzer im Geist so, dass die folgenden Aufgaben erfüllt werden:

- Entfernen Sie vier Streichhölzer so, dass fünf identische Quadrate übrig bleiben.
- Entfernen Sie sechs Streichhölzer so, dass fünf identische Quadrate übrig bleiben.
- Entfernen Sie acht Streichhölzer so, dass drei Quadrate übrig bleiben.
- Entfernen Sie acht Streichhölzer so, dass vier identische Quadrate übrig bleiben.
- Entfernen Sie acht Streichhölzer so, dass zwei Quadrate übrig bleiben.

Enger Kontakt

Können Sie die sieben Streichhölzer so anordnen, dass alle sich gegenseitig berühren?

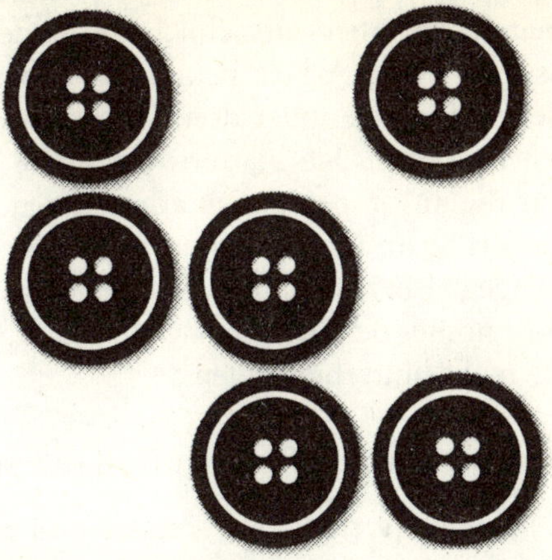

Vier Reihen
Können Sie zwei Knöpfe so umstellen, dass Sie zwei Reihen mit jeweils vier Knöpfen erhalten?

Rätsel zur Schulung des lateralen Denkens

Diese Rätsel wenden sich an Ihre Fähigkeit, Dinge in Frage zu stellen und Schlüsse zu ziehen. Sie müssen sich ihnen von der Seite nähern, wenn Sie sie lösen wollen. Die Erleuchtung kommt, wenn Sie sie von einer „anderen" Seite her betrachten.

Als ein Mitarbeiter zwei Wochen lang vertretungsweise das Sortieren und Verteilen der Post in unserem Unternehmen übernahm, wurde die Post nicht mehr einfach so in die Postfächer geworfen. Stattdessen wurden alle Briefe für eine Abteilung mit einem Gummiband zusammengefasst und sauber in die Mitte jedes Postfachs gelegt. Ich fragte den Mitarbeiter, warum er sich diese Mühe machte.

Er antwortete: „Es mag Ihnen so vorkommen, als ob ich mehr Arbeit hätte, aber tatsächlich verhindere ich dadurch, dass ich mehr Arbeit bekomme. Normalerweise kommen jeden Tag zwei oder drei Leute aus jeder Abteilung in den Postraum. Sie blättern die Briefe durch und nehmen nur die an sie persönlich adressierten Briefe mit. Die übrigen Briefe an die Abteilung bleiben liegen. Wenn die Briefe dagegen bereits gebündelt bereitliegen, nehmen die Leute fast immer den ganzen Packen mit, und ich muss keine Briefe mehr hinterher tragen."

Die wunderbare Schrumpfung der Kaffeetasse

Holen Sie sich eine normale Kaffeetasse und ein quadratisches Stück Papier von etwa 20 cm Seitenlänge. Schneiden Sie ein kreisförmiges Loch von etwa 2,5 cm Durchmesser in das Papier. Können Sie die Kaffeetasse durch das Loch schieben?

Verschwundene Bären

Die kleinen Patienten in einem Kinderkrankenhaus liebten die kuscheligen Teddybären so sehr, dass sie sie oft einfach mit nach Hause nahmen. Wie löste das Krankenhaus dieses Problem? Die Bären wurden ja nicht weggesperrt, es wurden auch nicht plötzlich hässliche Bären verwendet, und auch die Kinder wurden nicht bestraft.

Das neue Wort

Welches allgemein gebräuchliche Wort beginnt mit „IN", endet mit „EL" und hat ein „S" in der Mitte?

Rezept für hervorragende Ideen

Die folgenden Fragen helfen Ihnen, neue Möglichkeiten zum Vermischen und Zusammenfügen zu finden.

Was lässt sich verändern?

Können Sie einen bestehenden Prozess bzw. ein System verändern? Welche Vorgänge können Sie ergänzen, streichen oder ersetzen? Setzt irgendjemand eine Methode ein, die besser funktionieren würde als die Ihre?

Was lässt sich austauschen?

Etwas auszutauschen bedeutet, ein Ziel durch Versuch und Irrtum zu erreichen. Thomas Edison probierte 1700 verschiedene Materialien aus, bis er den richtigen Draht für seine Glühbirne fand. Was lässt sich also austauschen? Wer kann ersetzt werden? Können die Regeln, die Zutaten oder die Prozesse geändert werden?

Was lässt sich kombinieren?

Gibt es neue Zusammenstellungen von Ideen, Zutaten oder Methoden, die Ihnen mehr nützen würden? Können Sie durch Kombination von Elementen Ihre Effizienz erhöhen?

Was lässt sich anpassen?

Was ist noch so ähnlich? Welche anderen Gedanken legt etwas nahe? Gibt es Parallelen in der Vergangenheit? Welcher andere Prozess könnte angepasst werden? Finden Sie in anderen Zusammenhängen oder Wirtschaftszweigen Ideen, die Sie sich einverleiben könnten?

Was lässt sich vergrößern?

Was könnte vergrößert oder erweitert werden? Was ließe sich überbetonen? Können Sie noch weiter, höher oder schneller gehen? Können Sie neue Merkmale einbauen und größeren Wert erzeugen?

Was lässt sich eliminieren oder minimieren?

Was wäre, wenn es kleiner wäre? Was könnten Sie weglassen? Was ließe sich optimieren, zusammenfassen oder komprimieren? Was ist unnötig?

Welcher Verwendungszweck lässt sich ändern?

Wofür könnte es noch verwendet werden? Gibt es neue Einsatzmöglichkeiten für dieses Produkt, ohne dass es verändert werden müsste?

Was ließe sich neu anordnen?

Ein Baseball-Manager hat 362 880 Möglichkeiten, seine Mannschaft aufzustellen. Was können Sie anders anordnen? Denken Sie an Ihr Personal, an Layouts, Blaupausen, Systeme, Zeitpläne und Prioritäten.

Die Ideenmatrix

Übung
Wie schnell können Sie die leeren Felder auffüllen, wenn Sie dabei jeweils die Formen in der obersten Reihe mit den Formen in der linken Spalte kombinieren sollen?

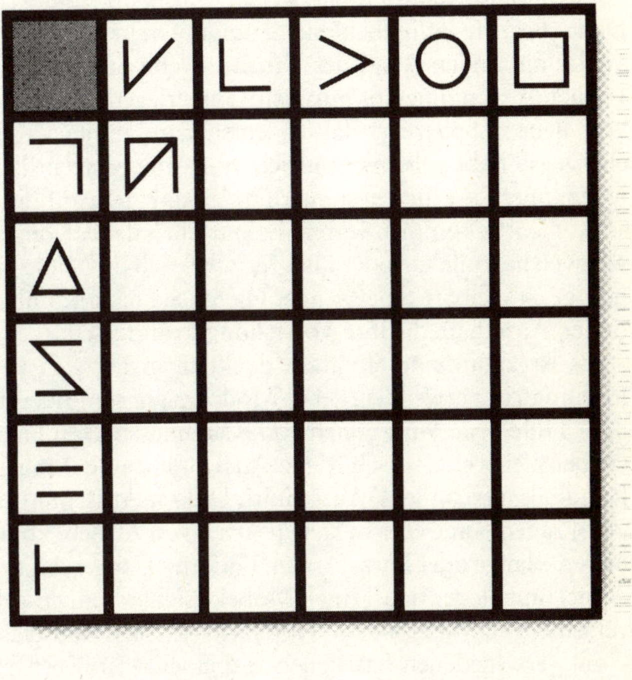

Eine Entfernungstabelle zu einer Straßenkarte gibt die Entfernungen zwischen verschiedenen Orten an. Auf die gleiche Weise zeigt eine Ideenmatrix die Beziehungen zwischen verschiedenen Objekten oder Konzepten auf. Als Elemente können Sie alles verwenden, was Ihnen dabei hilft, Ideen zu produzieren. Wenn Sie beispielsweise eine Ideenmatrix für ein neues Kinderspielzeug erstellen wollen, könnten Sie Eigenschaften von Spielsachen auflisten. Spielsachen können hüpfen, fallen, sich drehen, aufeinander gestapelt werden oder ineinander passen. Schreiben Sie also diese Begriffe in die Felder am oberen Rand der Tabelle. Nun überlegen Sie sich andere Eigenschaften. Spielsachen können rund, quadratisch, weich, pelzig und bunt sein. Diese Begriffe schreiben Sie dann untereinander in die Felder am linken Rand der Tabelle. Wenn Sie dann diese Elemente kombinieren, müssen Sie überlegen, welche Art von neuem Spielzeug daraus entstehen könnte. Möglicherweise haben Sie nicht gleich von Anfang an brillante Ideen, aber Sie erhalten immerhin Anregungen, auf die Sie sonst nicht gekommen wären. Es entstehen dabei Konzepte wie weiche, rollende oder quadratische, sich drehende oder pelzige, stapelbare Spielsachen. Halten Sie nach Kombinationen Ausschau, die Ihre Vorstellungskraft fesseln.

Es ist kaum eine Situation denkbar, in der sich keine Ideenmatrix verwenden ließe. Modedesigner erfinden mit ihrer Hilfe neue Variationen von Kleidungsstücken, indem sie beispielsweise verschiedene Ausschnitte und Krägen – Rundhalsausschnitt, V-Ausschnitt, U-Boot-Ausschnitt und Polokragen – mit verschiedenen Arten von Ärmeln kombinieren – lange oder kurze Ärmel, Puffärmel, angeschnittene Ärmel und Fledermausärmel. Möbeldesigner können dabei verschiedene Materialien – Holz, Metall, Stoff und Plastik – mit verschiedenen Basisteilen verbinden – Rollen, Drehgestell, kippbares Gestell, dreibeinig und Stoffpolster. Berater können mit einer Ideenmatrix für sich neue Möglichkeiten suchen, indem sie ihre Ziele – auf dem Land wohnen, von zu Hause aus arbeiten, sich kreativ fühlen – mit ihren Fähigkeiten – Computerkenntnisse, gut und schnell Texte verfassen, hervorragende Präsentationen vorstellen – kombinieren. Betrachten Sie nun die folgende Matrix und die Kombinationen, die sich aus ihr ergeben.

Fähigkeiten

Ziele	**Computerkenntnisse**	**Interesse an der Natur**	**Kinder fördern**	**Vor Publikum sprechen**	**Organisationstalent**
Auf dem Land wohnen					
Zu Hause arbeiten					
Kreativ arbeiten					
Zeit für die Familie					
Artikel verfassen		●			

Artikel über die Natur verfassen

Bilden Sie Metaphern

> „Die Welt in einem Sandkorn sehen
> Und den Himmel in einer wilden Blume;
> Die Unendlichkeit in deiner Handfläche halten
> Und die Ewigkeit in einer Stunde."
>
> *William Blake*, Schriftsteller

Metaphern – ebenso wie ihre Verwandten, die Vergleiche, Analogien, Parallelen, Allegorien, Symbole und Anspielungen – sind weit mehr als nur Sprachfiguren. Sie sind die Architekten unseres Begriffssystems, sie bauen die Gerüste für unsere Gedanken. Beim Begriff „Metapher" denken wir normalerweise an einen sprachlichen Ausdruck, der aus seinem Bedeutungszusammenhang herausgenommen und als Bild für einen anderen verwendet wird. Betrachten Sie einmal den von Benjamin Franklin geprägten Ausdruck „Zeit ist Geld":

Zeit ist Geld

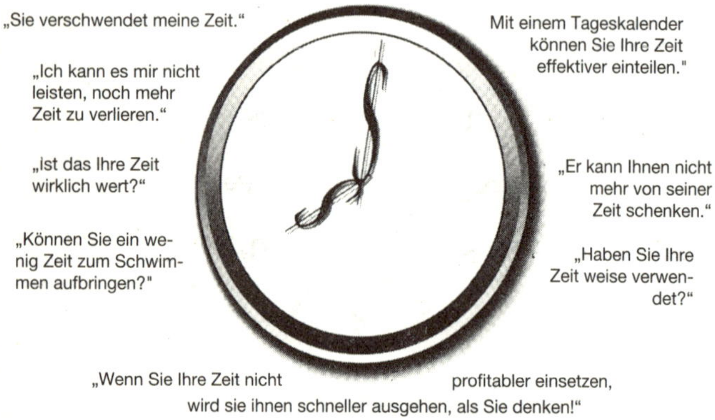

Wenn wir die Zeit als eine Ware betrachten, dann handeln wir auch so, als sei sie eine wertvolle, aber begrenzte Ressource. Die Zeit wird zu einer Substanz, die man verbraucht, verschwendet, investiert, einspart, einteilt. Wir regen uns auf, wenn uns Zeit verloren geht. Die Metapher „Zeit ist Geld" liefert uns eine komplette konzeptionelle Strategie für den täglichen Umgang mit unserer Zeit.

Natürlich ist Zeit nicht wirklich Geld. Zeit, die verbraucht ist, lässt sich nicht zurückgeben. Zeit lässt sich nicht auf der Bank ansparen, ebenso wenig, wie man Zinsen dafür erhält. Zeit ist kein greifbarer Gegenstand, den man in die Hand nehmen kann wie Münzen und Geldscheine.

Andere Metaphern für die Zeit geben andere konzeptionelle Rahmen vor. Die Zeit kann ein Fluss sein, der uns mit sich trägt. Betrachtet man Zeit als eine Landschaft, dann besteht das Leben aus einer Mischung aus unverstellten Aussichten der Freizeit und dichten Wäldern der Aktivität. Ist die Zeit eine Burg, dann ist unsere Reise durch die Zeit wie eine Wanderung durch eine Reihe von miteinander verbundenen, aber dennoch getrennten Räumen, ein Symbol für die Einteilungen in unserem normalen Tagesablauf. Jede Metapher eröffnet eine neue Perspektive, eine neue Gruppe von Assoziationen sowie frische kreative Spannung und Energie. Sehen Sie sich im Folgenden einmal an, wie der Wechsel von einer Metapher zur nächsten uns eine Idee wieder auf neue Weise erforschen lässt.

Gedanken sind Nahrung

Sie schluckten seine halb ausgegorenen Ideen. Ich fange gerade erst an, das Gesagte zu verdauen. Ich bin gerade dabei, diese Gedanken ausreifen zu lassen. Dieses Buch stillt meinen Wissensdurst.

Gedanken sind Produkte

Die Gruppe hat einen hohen Ideenausstoß, und sie wird die rauen Kanten bald abgeschliffen haben. Das andere Unternehmen schafft es nicht, erfolgreiche Ideen zu produzieren. Unser Creative Director versteht es, Ideen den letzten Schliff zu geben.

Gedanken sind Menschen

Diese Ideen bedeuteten die Geburt der modernen Physik. Sie hauchten der Universität neues Leben ein. Die künstliche Intelligenz steckt noch in den Kinderschuhen. Diese Ideen wurden begraben und durch andere ersetzt, denen nun ein langes Leben bevorsteht.

Gedanken sind Pflanzen

Er pflanzte die Theorie in den knospenden Verstand seiner Studenten. Ihre reichhaltige Fantasie brachte sie schließlich zu voller Blüte. Der Gedanke keimte in seinem Gehirn auf. Ihre Überlegungen trugen schließlich Früchte. Die Physik hat viele Zweige.

Gedanken sind Ressourcen

Er erschöpfte seinen Ideenvorrat, aber er hatte dabei sehr weit reichende Gedanken ans Tageslicht gefördert. Sie weiß genau, wo man tiefer nach Informationen schürfen muss. Wenn sie erst lernt, ihre Gedanken besser zu bündeln, werden sie ihr mehr nützen.

Gedanken sind Lichtquellen

Ihre Präsentation beleuchtete die Probleme und lieferte ein brillantes Bild der gesamten Situation. Die Diskussion war sehr erhellend. Die neuen Verbesserungen sind blendend; sie werfen ein sehr gutes Licht auf das Unternehmen.

Wie problemlos wir uns doch in anderen Bedeutungsrahmen zurechtfinden! Wir sprechen von Liebe als einer Kraft (der Funke sprang über), als einer Schlacht (ich habe ihr Avancen gemacht), als Wahnsinn (ich bin verrückt nach ihr) oder als Zauber (sie ist ganz verzaubert von ihm). Streitgespräche betrachten wir als Krieg (ich habe ihn angegriffen), als Gebäude (wir legen einen soliden Grundstein), als Reise (er ist noch nicht weit gekommen) und als Behälter (er hat alle Fakten in seine Präsentation aufgenommen). Lernen sehen wir als einen Erwerbsvorgang (er sammelt Wissen), als Vision (ihr Verstand erkennt Merkmale, die anderen entgehen) und als Erforschen (dieses Kind entdeckt laufend etwas Neues).

Eric Donald Hirsch jr., der Autor eines Lexikons über kulturspezifische Alphabete, betont, wie wichtig es ist, alte und neue Ideen miteinander zu verknüpfen. Seiner Meinung nach funktioniert der Lernprozess oft genau wie eine Metapher. Er verbindet alte Ideen und schafft daraus etwas Neues. Als die Menschen im 19. Jahrhundert die neue Verkehrstechnologie beschreiben wollten, die „tschu-tschu-tschu" machte, bezeichneten sie die Lokomotive als „eisernes Pferd" und das Gleissystem als „Schienenweg". Diese Metaphern vermittelten durch eine Kombination alter Konzepte erfolgreich ein neues Konzept.

Auch Naturwissenschaftler verwenden Metaphern, um neue wissenschaftliche Bilder und Entdeckungen begreifen zu können. Michael Faraday stellte sich Elektrizität als strömende Flüssigkeit vor. Francis Crick und James Watson stellten sich die DNS-Moleküle als Wendeltreppe vor, deren Stufen sich in zwei Hälften teilen und wieder miteinander verbinden konnten. Der Physiker Niels Bohr dachte sich das Atom als Miniatur-Sonnensystem, in dem die Elektronen um einen zentralen Kern kreisten. Jede

Metapher liefert dem Naturwissenschaftler ein System, das er testen, analysieren und weiterentwickeln kann. Echte Vergleiche sind bildend und instruierend. Wenn man sich von einem Ding eine Eigenschaft borgt und sie einem anderen Ding zuschreibt, erhalten die Gedanken eine ganz neue Perspektive.

Wissen Sie noch den Unterschied zwischen Metaphern und Vergleichen? Bei einem Vergleich wird ebenfalls eine Idee mit einer Eigenschaft einer aus einem anderen Bereich stammenden Idee gleichgesetzt, aber dabei wird immer auch das Wort „wie“ verwendet. Es folgt jetzt wieder eine Übung. Wählen Sie jeweils einen Vergleich aus jeder Liste und untersuchen Sie die Beziehung zwischen den beiden Ideen. Stellen Sie sich vor, Sie müssten den Zusammenhang vor Publikum erklären. Suchen Sie nach Möglichkeit jeweils fünf Parallelen zwischen den beiden Ideen.

Ein Projekt zu managen ist wie

- einen Hund zum Sitzen und Sitzenbleiben zu erziehen;
- das Bild eines Fernsehgeräts einzustellen;
- eine Zimmerdecke zu tapezieren.

In Urlaub zu fahren ist wie

- den Keller zu putzen;
- mit Modelliermasse zu spielen;
- der Genuss eines guten Essens.

Die Suche nach einer neuen Arbeitsstelle ist wie

- das Einpflanzen von Kartoffeln;
- das Reparieren eines löchrigen Daches;
- ein Spaziergang durch den Stadtteil, in dem man früher gewohnt hat.

Die Suche nach Erleuchtung ist wie

- das Zusammenbeißen der Zähne;
- Alchemie;
- das Öffnen einer Tür, die sich nicht öffnen lässt.

Parallele Welten

Eine andere Möglichkeit, mit Metaphern zu arbeiten, ist, Ideen in ein Paralleluniversum zu versetzen. Wählen Sie einen der Begriffe aus der Liste unten und versetzen Sie Ihre Idee in die betreffende Welt. Nehmen wir an, Sie haben das Ziel, Ihre Arbeitsstätte wirklich spürbar zu verändern, und Ihre Wahl trifft auf das Wort „Geologie". Auf welche Weise erleuchten bestimmte Aspekte der Geologie wie die tektonischen Verschiebungen, Vulkane oder unterschiedliche Gesteinsarten Ihre Gedanken?

Der Mathematiker Thomas Hardy machte sich ein Vergnügen daraus, verschiedene Cricket-Mannschaften zusammenzustellen, beispielsweise eine Mannschaft aus lauter Schriftstellerinnen. Als wichtigste Schlägerin wählte er eine Autorin mit einer starken und klaren Stimme wie Jane Austen. Anschließend besetzte er die übrigen Positionen in der Mannschaft jeweils mit Schriftstellerinnen, deren Stil zu den erforderlichen Eigenschaften des jeweiligen Spielers passte. Indem Hardy seine Ideen auf diese Weise in eine neue Welt versetzte, gelang es ihm, interessante und fruchtbare Verbindungen zu knüpfen.

Wählen Sie also nun eine oder zwei Welten aus – möglichst solche, in denen Sie sich gut auskennen – und versetzen Sie Ihre Idee dorthin. Welche Verbindungen können Sie dort entdecken? Denken Sie daran, dass es nicht um Logik geht, sondern nur darum, interessante Verknüpfungen aufzutun.

Wörterliste für Paralleluniversen

Tiere	Computer	**Gärtnerei**	Kriminalgeschichten
Architektur	Tanz	**Geografie**	Mythologie
Astrologie	Wüsten	**Geologie**	Fotografie
Astronomie	Wirtschaft	**Regierung**	Physik
Bibel	Bildungswesen	**Jagd**	Sanitäre Installation
Biologie	Elektronik	**Insekten**	Druckereiwesen
Bücher	Unterhaltung	**Erfindungen**	Psychologie
Bowling	Evolution	**Journalismus**	Einzelhandel
Unternehmen	Naturforschung	**Dschungel**	Shakespeare
Bypass	Ihre Familie	**Recht**	Fernsehen
Camping	Landwirtschaft	**Maschinen**	Einkaufszentrum
Tischlerei	Mode	**Medizin**	Weltraum
Autos	Finanzwelt	**Militär**	Sport
Aktivitäten von Kindern	Kunst	**Denkmäler**	Wetter
Comics	Angelsport	**Film**	Weinprobe
Werbespots	Fliegen	**Museum**	
Komponisten	Nahrung	**Musik**	

Rezept für hervorragende Ideen

Schritt 1

Schreiben Sie Ihre Idee auf ein Blatt Papier.

Schritt 2

Verbinden Sie Ihre Idee in Form eines Vergleichs mit einem der unten stehenden Ausdrücke:

(Meine Idee) ist wie (Ausdruck)

Ein Buch zu schreiben	Ein Haus zu bauen	Körpertraining
Ein Essen zu kochen	Ein Produkt zu vermarkten	Einen Haushalt zu führen
Eine Predigt zu halten	Ein Brettspiel	Eine Hochzeit zu planen
Camping in der Wildnis	Eine Bergwanderung	Ein Kind zu erziehen
Einen Coup zu landen	Eine Schallplatte zu produzieren	Nach Gold zu suchen
Ein Auto zu reparieren	Einen Bär zu umarmen	In den Zirkus zu gehen
Eine Wiedersehensfeier	Mit jemandem zu schlafen	Einen Felsen zu erklettern
Singen zu lernen		

Schritt 3

Zerlegen Sie das Thema in Einzelteile. Wenn Sie sich z.B. für „Ein Haus zu bauen“ entscheiden, denken Sie an die Baupläne, die Grundmauern, den beauftragten Bauunternehmer und die Handwerksbetriebe, den Ort, die Hilfsmittel, die Art des Hauses, den Kredit usw.

Schritt 4

Verbinden Sie diese Merkmale mit Ihrer Idee, indem Sie Fragen stellen: Woraus besteht das Haus? Ist es groß und geräumig? Wie ist die Raumaufteilung? Stellen Sie möglichst viele Fragen, um viele Ideen zu Tage zu fördern.

Schritt 5

Wählen Sie drei gute Ideen aus. Notieren Sie sie und bewahren Sie sie für eine spätere Verwendung auf.

Die folgende Übung trainiert Ihre metaphorischen Muskeln

Persönliche Metaphern

Vervollständigen Sie die folgenden Metaphern:

Meine Arbeit ist ein(e) ______________________________

Mein Körper ist ein(e) ______________________________

Mein Haus/meine Wohnung ist ein(e) ________________

Mein geistiges Leben ist ein(e) _____________________

Mein Verhältnis zu meinen Eltern ist ein(e) __________

Wie ich meine Zeit einsetze, ist ein(e) ______________

Analogien

Bilden Sie Analogien für jede der folgenden Aussagen und erklären Sie sie.

__________ ist für das Leben wie die Bibel für __________

Eine Landkarte ist für ____________ wie ein ___________ für die Naturwissenschaft.

Musik ist für ____________ wie Information für _______.

Zeit ist für ______________ wie Freiheit für ___________.

Entspannung ist für ____________ wie ________________ für die Wirtschaft.

Sie sind Ihr eigener Hockey-Coach

Beurteilen Sie Ihren Arbeitsstil, indem Sie die folgenden Sätze vervollständigen:

Meine Schwächen in einem Team wären _____________

Meine Stärken in einem Team wären ________________

Meine Aufmunterungen in der Halbzeit klingen etwa so:

____

Meine Superstars wären ___________________________

Meine Aufwärmübungen für Reservespieler wären ____

____

Ich würde meinen Coachingstil so beschreiben ________

Einen Sieg würde ich feiern mit ______________________

Bei einer Niederlage würde ich folgendermaßen trösten und motivieren: ____________________________________

____

Ihre Finanzen sind ein Behälter

Stellen Sie sich vor, Ihre persönlichen Finanzen würden durch eine Art Behälter verkörpert. Führen Sie sich mithilfe der folgenden Fragen den Fluss des Geldes in den und aus dem Behälter vor Augen:

Um welche Art von Behälter handelt es sich? _________

Wie fließt das Geld hinein? _________________________

Wie sieht dieses Geld aus (Flüssigkeit, Staub usw.)? ____

____

Gibt es Lecks in Ihrem Behälter? ____________________

Wie groß ist der Behälter? __________________________

Wie gut ist das Geld in Ihrem Behälter aufgehoben? ___

____

Mischen

> „Die Welt ist vollkommen vernetzt.
> Jede Erklärung, die wir uns irgendwann ausdenken,
> ist eine partielle Verknüpfung,
> und ihr Wert hängt davon ab,
> wie wertvolle Verbindungen wir überhaupt herzustellen
> in der Lage sind."
>
> *Jacob Bronowski*, Schriftsteller und Naturalist

Rührschüsseln, Mixgeräte und Schneebesen dienen zum Vermischen von Rohzutaten. Die verschiedenen Hilfsmittel, die wir zum Mixen unserer Ideen verwenden, erweitern unsere kreativen Fähigkeiten, denn sie helfen uns, neue Blickwinkel zu formulieren.

Tipp 1

Originelle Ideen ergeben sich, wenn man neue Verbindungen zwischen bekannten Dingen entdeckt und sie dann in etwas Eigenes verwandelt. Fragen Sie sich: „Wie kann ich das zu etwas in Beziehung bringen, das ich bereits sehr gut kenne?"

Tipp 2

Bedienen Sie sich verschiedener Methoden, um neue und interessante Verbindungen zu knüpfen. Seien Sie verspielt und vergessen Sie den Spaß nicht. Es gibt keinen Grund, beim Mischen vorsichtig zu sein.

Tipp 3

Entwickeln Sie Ihre Ideen mithilfe von Metaphern, Vergleichen, Analogien und Anspielungen weiter. Wie ist Ihre Idee? Womit lässt sie sich vergleichen?

KAPITEL 6

KOCHEN

Konzentration auf Ideen

Die Spannung des Augenblicks

Konzentrieren Sie sich auf die obige Abbildung, während Sie von eins bis 100 zählen. Versuchen Sie, Ihre Aufmerksamkeit während der gesamten Dauer der Übung fest und klar auf das Bild zu konzentrieren.

Feuer im Kopf

> „So wie der Hunger mit dem Essen kommt, so bringt die Arbeit Inspiration mit sich, auch wenn diese zu Beginn noch nicht erkennbar ist."
>
> *Igor Strawinsky*, Komponist

Für die meisten Menschen bedeutet es eine gewaltige Anstrengung, eine kreative Vision ins Leben zu rufen. Wir müssen fähig sein, unsere ganze Aufmerksamkeit auf die Arbeit zu konzentrieren und alle Störfaktoren zu ignorieren – Fristen, Rechnungen, laute Nachbarn und tropfende Wasserhähne.

Konzentration – sowohl ihr Aufbau als auch ihre Aufrechterhaltung – ist ein äußerst wichtiger Teil des kreativen Prozesses. Thomas Alva Edison bemerkte einmal, dass Genie sich aus zwei Prozent Inspiration und 98 Prozent Schweiß zusammensetze. Ihm war bewusst, dass sich kreative Unternehmungen nicht ohne Disziplin, Hartnäckigkeit und harte Arbeit zu Ende bringen lassen. Edison hatte erkannt, dass Augenblicke der Inspiration immer nur in den Zeiten auftraten, in denen er lange und hart arbeitete. Diese Geistesblitze sind zwar unglaublich wunderbar, aber sie treten immer nur im Zusammenhang mit konzentrierter Arbeit auf. Um sich regelmäßig inspirieren zu lassen, ging Edison (und praktisch jeder andere kreative Geist) so vor, dass er seine Ideen ständig weiterentwickelte, verfeinerte und überarbeitete.

Kochen heißt Wärmezufuhr, und im Zusammenhang mit kreativer Arbeit bedeutet das, dass man eine Aufgabe durcharbeitet und sie vollendet. Starke und ununterbrochene Konzentration führt zu guten Ergebnissen. Sie ist das Feuer im Kopf.

Jeder von uns weiß, wie es ist, wenn man ein Projekt voller Energie und Einsatz beginnt, diese Energie sich dann aber im Lauf der Zeit verflüchtigt. Das Interesse nimmt ab, und wir müssen plötzlich *versuchen*, uns zu konzentrieren, anstatt uns tatsächlich zu konzentrieren und mit der Arbeit voranzukommen. In unserer Eigenschaft als kreative Menschen müssen wir aber in der Lage sein, unsere schöpferischen Ressourcen immer dann zu mobilisieren, wenn wir sie brauchen. Kreative Menschen warten nicht, bis die Muse sie zufällig küsst, sondern sie verstehen sich anscheinend darauf, sie zu sich zu rufen.

Kehren Sie zu der Übung am Anfang dieses Kapitels zurück. Sollten Sie sie noch nicht durchgeführt haben, dann tun Sie es bitte jetzt. Wahrscheinlich nahm Ihre Aufmerksamkeit nach einer Weile ab, und Ihre Gedanken begannen zu wandern. Und wahrscheinlich mussten Sie sich immer wieder zur Ordnung rufen und sich erneut auf die Abbildung konzentrieren. So arbeitet eben unser Verstand. Wir haben laufend neue Gedanken, die unsere Aufmerksamkeit in Beschlag nehmen und uns ablenken. Wenn Sie also Ihre Aufmerksamkeit auf das Bild oder auch auf ein anderes Thema konzentrieren wollen, halten Sie sich an interessanten Aspekten fest und stellen Sie Fragen. „Was ist dieses Ding?" – „Wie ist es proportioniert?" – „Was bedeutet es?" Wenn es Ihnen gelingt, Ihr Interesse aufrechtzuerhalten, bleiben Sie auch konzentriert.

Wie kann man aber die kreative Kochwärme über den ganzen Zeitraum eines langen Projekts hin vor dem Abkühlen bewahren? In diesem Kapitel untersuchen wir eine ganze Reihe von Möglichkeiten, wie sich die kreative Flamme regulieren lässt: wie man Wärme zuführt und periodisch wieder abkühlen lässt, wie man das Gleichgewicht zwischen heiß und kalt findet, sodass der Intellekt ständig in der richtigen Temperatur vor sich hin blubbert.

Die Flamme der Kreativität

Übung
Stellen Sie sich vor, dass tief im Inneren Ihres Verstandes eine helle kreative Flamme still vor sich hinbrennt und ein strahlendes, klares Licht verbreitet. Während Sie sich ihr nähern, spüren Sie ihre bemerkenswerten kreativen Eigenschaften. Sie fühlen lumineszierende Intelligenz, klare Gedanken, augenblickliche Reaktionsfähigkeit und Erkenntnis, Mut und Schnörkellosigkeit. Was könnten Sie noch fühlen, während Sie Ihrer kreativen Flamme immer näher kommen?

Augenblicke kreativer Heiterkeit überkommen uns oft ganz plötzlich und ohne Vorankündigung. Dann fügen sich unsere Gedanken exakt ineinander, die Farbe fließt auf genau die richtige Weise, die Musik spielt sich selbst durch unsere Finger. Es ist, als würden wir schöpferisch tätig sein und uns gleichzeitig dabei zusehen.

Sobald Sie Ihre kreative Energie angezapft haben, ergibt sich alles von selbst, keine Bewegung wird verschwendet, jeder Gedanke ist an seinem Platz, und es gibt keinen Ort, an dem Sie lieber wären. Dieser Zustand stellt sicherlich den Höhepunkt aller kreativen Erfahrungen dar, gleichgültig ob Sie ihn nun als mystische, zenähnliche Erfahrung oder einfach als ganz alltägliches Gefühl des Aufgehens in Ihrer Arbeit empfinden.

Was steckt nun hinter der Idee der „kreativen Flamme"? Den Brennstoff, der die Flamme nährt, können Sie sich als die Kenntnisse und Fähigkeiten einer Person vorstellen, die sie zur Bewältigung der Herausforderung braucht. Der Eintopf, der gekocht werden muss, entspricht dieser Herausforderung. Um diesen Eintopf kochen zu können, müssen Sie erst den für die Topfgröße passenden Brennstoff finden. Erst wenn Sie die richtige Kombination gefunden haben, entsprechen Ihre Fähigkeiten der Herausforderung, und Ihre kreativen Säfte beginnen zu fließen. Haben Sie zu wenig Brennstoff oder ist der Topf zu groß, sind Sie schlecht vorbereitet und die kreative Flamme ist zu klein. In diesem Fall empfinden Sie nicht das Gefühl mühelosen Fließens, sondern Ängstlichkeit. Haben Sie dagegen zu viel Brennstoff für einen zu kleinen Topf, dann haben Sie zu viel vorbereitet: Die Herausforderung ist zu klein für Ihre Fähigkeiten, und Sie fühlen sich gelangweilt. So würde Leonardo da Vinci empfinden, wenn seine größte tägliche Herausforderung im Kartoffelschälen bestünde.

Nur wenn Ihre Fähigkeiten exakt auf die Anforderung des Augenblicks abgestimmt sind, können Sie Ihre kreativen Kräfte ganz freisetzen. Die kreative Flamme brennt dann am besten, wenn Sie und die Herausforderung genau zusammenpassen.

Übung
Erstellen Sie eine Mind-Map der Faktoren, die Ihre kreative Energie entweder verstärken oder verringern können.

Wodurch wird Ihre kreative Flamme geschürt?

Was entzündet Ihr kreatives Feuer? Was schärft Ihre Konzentration und stärkt Ihre Entschlusskraft? Ich habe diese Frage vielen schöpferisch tätigen Personen gestellt und ebenso viele Antworten erhalten. Im Folgenden sehen Sie eine Auswahl:

Notwendigkeit

Nichts schärft die Konzentration besser als dringende Anforderungen.

Spaß

Wenn etwas Freude bereitet, fließen die kreativen Säfte.

Mut

Wenn man kopfüber in eine Situation eintaucht, bleibt keine Zeit zum Überlegen mehr.

Geschwindigkeit

Am besten erledigt man es so schnell wie möglich.

Schuss aus der Hüfte

Man beginnt ohne festen Plan und setzt die Ideen um, wie sie kommen.

Risiko

Ein echtes Risiko ohne Netz und doppelten Boden.

Man spürt den kalten Hauch der Angst,

macht aber trotzdem weiter.

Stolz

Freude am Erfolg und an dem, was man erreicht hat.

Furcht

Drohendes Versagen schürt das Feuer besser als alles andere.

Zeitdruck

Der Adrenalinstoß kurz vor dem Ablauf einer Frist.

Geistige Funken

Man fühlt sich mutig, ragt aus der Masse heraus und wird bemerkt.

Vertrauen auf Inspiration in letzter Minute

Man vertraut auf die eigene Fähigkeit, das Projekt in letzter Minute aus dem Feuer zu ziehen.

Entspannung

Man schüttelt die Umklammerung der Alltagssorgen ab.

Besonderheit

Das Wissen, dass man etwas Neues, Originelles schafft.

Intimität

Man hat Zeit für sich allein, eine Verabredung mit sich selbst.

Wodurch wird Ihre kreative Flamme gelöscht?

Was bringt Ihr kreatives Feuer zum Erlöschen? Wodurch verlieren Sie sowohl Interesse als auch Konzentration? Die kreativen Personen, die ich befragte, nannten zahlreiche Gründe, von denen ich im Folgenden einige wiedergeben will:

Nur eine einzige Idee

Man verlässt sich bei einem Projekt auf nur eine Idee bzw. einen Plan.

Zu viele Sorgen

Sorgen führen dazu, dass die kreative Flamme an den falschen Stellen lodert.

Fehlender Spaß

Wenn man keine Freude mehr an etwas hat, wird die Aufgabe zur Belastung.

Anfälligkeit für Frustrationen

Je mehr man sich anstrengt, frustriert zu sein, desto besser gelingt es.

Übertriebene Bedeutung

Man hält die Aufgabe für so wichtig, dass man davon überzeugt ist, ein Fehlschlag werde das ganze Leben ruinieren.

Die Überzeugung, alles zu wissen

Man ist so davon überzeugt, alle Antworten zu kennen, dass man keine Alternativen mehr zulässt.

Einschalten eines Komitees

Komitees zerstören die Initiative des Einzelnen. Wenn man sich auf ein Komitee verlässt, gibt man die Verantwortung ab, und damit verschwindet das erregende Gefühl des Risikos.

Viele Meetings

Zeitverschwendung, Kostenverdopplung.

Unrealistische Fristen

Ist die Frist zu kurz, so ist die Aufgabe unmöglich zu schaffen. Ist sie dagegen zu lang, so geht mit der Zeit das Interesse verloren.

Die „Flow-Erfahrung“

Will man die kreative Energie ausbalancieren, muss man ein Gleichgewicht finden – kein Gleichgewicht von der Art, das man empfindet, wenn man auf einem Fuß steht, sondern das Gleichgewicht eines Surfers auf einer riesigen Welle. Kreatives Gleichgewicht ist dynamisch, man muss sensibel auf eine Vielzahl von Faktoren reagieren.

Der Psychologe Mihaly Csikszentmihalyi hat der Beschreibung der optimalen Erfahrung – des Zustands, in dem die kreative Energie frei und mühelos fließt – sein umfangreiches Gesamtwerk gewidmet. Seine Forschungen zeigen, dass die Menschen höchst unterschiedliche *Methoden* verwenden, um sich in diesen Zustand zu versetzen. Manche arbeiten am liebsten mit ihren Händen, während andere mit Motorradgangs herumhängen. Das Glücksgefühl, das sie empfanden, war aber bei allen gleich. Bei Aktivitäten, die sowohl ihren Geist als auch ihre Gefühle erfüllten, traten sie in den „Flow-Zustand" ein. Dieser ist laut Csikszentmihalyi erreicht, wenn die folgenden Bedingungen erfüllt sind:

Abschluss

Menschen sind dann im positiven Sinn kreativ, wenn sie mit Aufgaben beschäftigt sind, bei denen eine echte Aussicht besteht, dass sie sie fertigstellen können.

Konzentration

Die Menschen müssen die Möglichkeit haben, sich auf ihre Aktivität zu konzentrieren.

Klare Ziele

Menschen sind dann im positiven Sinn kreativ, wenn sie klare Zielvorgaben haben.

Reaktionen

Diese Ziele liefern ihnen augenblickliches Feedback nach jedem einzelnen Arbeitsschritt.

Erfüllung

Während sie in ihre Aufgabe versunken sind, fließt ihre gesamte Konzentration in diese Aktivität, weg von allen Ärgernissen und Sorgen.

Unbefangenheit

Die Aufmerksamkeit der Person richtet sich nicht mehr auf ihr „Ich". Dennoch ist dieses „Ich" nach der Erfahrung verjüngt und gestärkt.

Veränderter Zeitablauf

Die Person hat ein verändertes Zeitempfinden. Minuten dehnen sich zu Stunden, und Stunden können minutenschnell vergehen.

Wenn alle diese Faktoren zusammentreffen, führt dies zu unglaublich erhebenden Erfahrungen. Der Mensch entwickelt dabei das Gefühl, dass er den Bereich seiner schöpferischen Aktivität und sogar sein ganzes Leben steuern kann und selbst in der Hand hat. Oft wenden Menschen sehr viel Energie auf, nur um dieses Gefühl des kreativen Fließens wieder zu erleben. Die Energie, die man durch den „Flow" zurückbekommt, macht selbst aus den alltäglichsten menschlichen Erlebnissen erfüllende Erfahrungen.

Betrachten wir nun jedes Element der „Flow-Erfahrung" ausführlich, denn dann werden wir besser verstehen, wie wir fade Erfahrungen in kreativere Ausdrucksformen verwandeln können.

Die anspruchsvolle Aktivität

Manchmal überfallen uns die kreativen Erfahrungen aus heiterem Himmel: Ein Lied im Radio löst eine ganze Flut von Ideen bzw. eine Inspiration aus. Die meisten kreativen Erfahrungen finden jedoch im Lauf von zielgerichteten und an Regeln gebundenen Aktivitäten statt. Diese Aktivitäten verlangen bestimmte Fähigkeiten. Sie reichen vom Lesen (dazu muss man analysieren und aus Wörtern Bilder formen können) über politische Diskussionen (dazu muss man fähig sein, die Themen und Meinungen von Politikern zu verstehen) und Extremklettern (dabei wird die Felswand zu einem Schachbrett möglicher Züge) bis hin zur Gehirnchirurgie (die dazu notwendigen Fähigkeiten müssen zuvor jahrelang speziell erlernt werden).

Wenn Sie eine alltägliche Tätigkeit in eine „Flow-Aktivität" verwandeln wollen, müssen Sie sie anspruchsvoller gestalten. Fordern Sie Wettbewerb heraus, setzten Sie sich klare und erreichbare Ziele und entwickeln Sie bestimmte Regeln oder Bedingungen, die der Fokussierung Ihrer Aufmerksamkeit dienen.

Ich kenne eine Frau, die oft Vorträge vor Publikum hält. Sie erschwert sich ihre Aufgabe immer wieder dadurch, dass sie zufällig Wörter aussucht, die sie dann in ihre Vorträge einbaut. Außerdem lässt sie sich absichtlich an vorher festgelegten Stellen aus dem Konzept bringen, probiert längere Sprechpausen aus und nimmt sich vor, jedem Zuhörer einmal in die Augen zu blicken. Diese Konzentrationsübungen sind ein Spiel, mit dem sie ihre Arbeit für sich selbst interessanter gestaltet. Zudem stärkt sie dadurch ihr Selbstvertrauen, so dass sie laufend besser wird.

Ich erinnere mich noch daran, dass es mir als Kind große Befriedigung verschaffte, meinen langen Schulweg in eine Übung zu verwandeln. Ich nahm mir vor, jeden Tag darauf zu achten, was sich verändert hatte. Ich kannte mit der Zeit jede Eiche, die Form aller Häuser und aller Fenster und sogar die Farbe des Grases. Noch heute kann ich mich genau an diese Wegstrecken erinnern.

Nicht jeder macht sich die Mühe, derart anspruchsvolle Aktivitäten zu erfinden. Diejenigen, die die Anstrengung auf sich nehmen, gelangen jedoch irgendwann auf eine Ebene, auf der ihre Fähigkeiten genau den Anforderungen entsprechen, und dann erweitert sich ihre kreative Energie. Diese Ebene liegt an der Schwelle zwischen Langeweile und Überforderung.

Tipp

Um den „Flow-Zustand“ zu erreichen, müssen Sie den Grad der Herausforderung nach Ihren Fähigkeiten richten.

Tauchen Sie ein

Wenn alle Ihre Fähigkeiten zur Bewältigung einer Herausforderung eingespannt sind, nimmt die Tätigkeit Ihre gesamte Aufmerksamkeit in Anspruch. Gleichgültig, ob es sich bei der „Flow-Aktivität“ um ein hartes Tennismatch, das Verfassen eines Artikels oder das Brainstorming für eine neue Werbekampagne handelt – Sie haben keine geistige Energie übrig, um sich Gedanken über andere Dinge zu machen. Der gesamte Strahl Ihrer Aufmerksamkeit richtet sich auf die wichtigen und relevanten Reize.

Aus diesem Grund gehen die Menschen so sehr in ihrer Aktivität auf, dass sie völlig spontan und fast automatisch handeln. Sie nehmen sich selbst nicht mehr getrennt von ihren Handlungen wahr. Das Bewusstsein einer Radfahrerin ist dann so stark auf das Fahren konzentriert, dass sie mit dem Fahrrad verschmilzt. Der Tänzer spürt nur noch Musik und Bewegung. Die Konzentration des Jongleurs ist so vollkommen, dass er im Geist einen Schritt zurücktreten und seine Hände beim Hochwerfen und Auffangen der Kegel beobachten kann.

Diese „Flow-Erfahrung“ sieht zwar mühelos aus, sie ist es aber keineswegs. Es kostet oft sehr viel Anstrengung, in den „Flow-Zustand“ zu kommen. Die Konzentration wird durch Ablenkungen zunichte gemacht. Wenn wir nicht im „Flow“ sind, unterbrechen wir uns mit unserem inneren Dialog ständig selbst. Unsere Urteilskraft fragt: „Mache ich alles richtig?“, „Sollte ich es vielleicht anders versuchen?“, „Sicher finden alle anderen, dass ich es nicht besonders gut mache“. Diese geistigen Unterbrechungen bremsen unser Bewusstsein und stoppen den Fluss der geistigen Energie. Wenn wir das kreative Feuer entfachen wollen, dürfen wir nicht urteilen (es sei denn, dass dies die beabsichtigte „Flow-Aktivität“ ist). Im „Flow“ ist keine Zeit und kein Platz für Überlegungen.

Unser Bewusstsein wird im Alltag häufig von vorübergehenden Ablenkungen aus dem Takt gebracht. Sorgen gleiten nur allzu leicht in unsere Gedanken. Um in den „Flow“ zu kommen, müssen wir den Fokus unserer Aufmerksamkeit auf relevante Reize und auf die bevorstehende Aufgabe richten. Lassen Sie die Welt der Sorgen und Ablenkungen hinter sich und treten Sie ein in die Welt der Versenkung. Achten Sie nur auf die Dinge, die für die „Flow-Aktivität“ notwendig und geeignet sind, dann können Sie die Konzentration aufrechterhalten. Sie müssen die Aufgabe auf eine Art und Weise erledigen, die dazu führt, dass Sie sich geistig ganz hineinversenken.

Von Zen-Meistern können wir einiges lernen. In der Zen-Tradition wird den Schülern beigebracht, sich in der momentanen Tätigkeit ganz zu verlieren. Ein Zen-Schüler würde bei Bogenschießübungen nicht fragen: „Ziele ich vielleicht zu hoch?“, „Sollte ich gleichmäßiger atmen?“, „Wie kann ich den vorigen Schuss nur wieder gut machen?“. Er verschmilzt stattdessen mit der Aufgabe. Für ihn existiert nur die augenblickliche Handlung, die Haltung, das Zurückziehen der Bogensehne und das Loslassen.

In der Zen-Tradition wird das Werk eines Menschen als Ausdruck seiner Geistesverfassung betrachtet. Der

Pinselstrich eines Kalligraphen fließt aus seinem innerlichen Zustand heraus. Jeder Strich, ob leicht und schmal oder kräftig und dick, drückt das Wesen des Künstlers in einem bestimmten Augenblick aus. Dasselbe ließe sich möglicherweise auch von unserer eigenen kreativen Arbeit sagen.

Tipp

Konzentrieren Sie sich bewusst auf die Tätigkeit.

Holen Sie sich sofortiges Feedback

Ein Eishockeyspieler kann ganz in seiner Tätigkeit aufgehen, weil seine Ziele klar vorgegeben sind und bei jeder Handlung eine sofortige Reaktion zu spüren ist. Bei Aktivitäten mit weniger eindeutigen Zielvorgaben entwickelt der Mensch im Lauf der Zeit ein Gefühl für Erfolg und Fehlschlag. Ein Pianist entwickelt einen inneren Maßstab dafür, ob eine Passage richtig oder falsch gespielt wird. Ein Psychiater erhält durch den Gesichtsausdruck, die Stimmlage und die Körpersprache des Patienten ein Gefühl dafür, ob er Fortschritte erzielt oder nicht. Ein Maler entwickelt ein Auge dafür, ob ein Ausschnitt der Leinwand oder eine bestimmte Technik gut oder schlecht ist.

Bei jeder kreativen Aktivität mit offenem Ende schafft sich der Mensch eigene Kriterien für Erfolg und Fortschritt. Vielleicht wissen Sie noch nicht, wie das Gemälde am Ende aussehen wird, aber Sie erkennen es genau, wenn Sie ein Bild geschaffen haben, mit dem Sie zufrieden sind. Bei jedem Pinselstrich denken Sie „Ja, so ist es gut“ oder: „Nein, so geht das nicht“. Diese innerlichen Richtlinien braucht der Mensch, um den „Flow“ zu erfahren, und außerdem braucht er das Gefühl, Augenblick für Augenblick Feedback zu erhalten.

Jeder Mensch findet eigene Ziele und persönliche Methoden für seine „Flow-Aktivität“. Während manche Leute ihre Befriedigung aus der Konstruktion eines Automotors beziehen, erfahren andere den „Flow“, indem sie Theorien über die russische Wirtschaft im Mittelalter ausarbeiten. Unabhängig von der Aktivität ist es wichtig, die Anforderungen zu erkennen, um die Ziele richtig festzulegen. Diese Anforderungen und Ziele definieren die Tätigkeit und geben einen Hinweis auf die dazu erforderlichen Fähigkeiten. Wenn Sie Ihre Fähigkeiten weiterentwickeln wollen, müssen Sie auf die Ergebnisse Ihrer Tätigkeiten achten.

Tipp

Setzen Sie sich kurz- und langfristige Ziele, denn so erreichen Sie eine intensivere „Flow-Erfahrung“.

Ein Selbstzweck

Wenn eine Aufgabe wichtig wird, weil andere Dinge von ihr abhängen, bereitet sie in der Regel kein Vergnügen mehr. Wenn eine Aufgabe dagegen nur um ihrer selbst willen befriedigend und lohnend ist, versorgt sie uns oft mit neuen Energien und Inspiration. Bei unseren Hobbys erfahren wir den „Flow“, weil wir uns dabei einfach entspannen können. Wir genießen diese Tätigkeiten, weil – na ja, weil wir sie eben genießen. Aktivitäten, denen wir nachgehen, weil sie uns einfach Freude bereiten, erzeugen den stärksten „Flow“.

Beim Entfachen des kreativen Feuers geht es also darum, stimulierende Aufgaben zu finden, die bestimmte

Fähigkeiten und Feedback erfordern, Aufgaben, die die gesamte Konzentration in Anspruch nehmen und die um ihrer selbst willen Freude bereiten. Es gibt Zeiten, in denen man gerne viel zu tun hat und sich ganz in neue und erfüllende schöpferische Aufgaben versenken möchte, und es gibt Zeiten, in denen man viel Ruhe und Entspannung braucht. Wir können lernen, Inspiration aus den Aktivitäten zu beziehen, die den „Flow" in uns auf natürliche Weise in Gang setzen. Und wir können herausfinden, wie wir den „Flow-Zustand" auch bei den Aktivitäten erzeugen können, die wir erledigen müssen.

Rezept für hervorragende Ideen

Welche Aktivitäten rufen in Ihnen den „Flow-Zustand" hervor? Lesen Sie sich die folgende Liste durch und überlegen Sie, wobei Ihre schöpferische Energie freigesetzt wird. Sollte es noch weitere Aktivitäten geben, bei denen Sie in den „Flow-Zustand" eintreten, so fügen Sie sie bitte hinzu.

Körperliche Anstrengungen

Skilanglauf, Joggen, Radfahren, Fußball, Baseball, Basketball, Squash, Tennis, Schwimmen, Klettern, Bergwandern, Wandern, Sex, Yoga, Kampfsport, Gewichtheben,

1. ______________________________

2. ______________________________

3. ______________________________

4. ______________________________

Sinneswahrnehmungen

Kunstwerke betrachten, Fotografie, Malerei, Musik hören (live oder als Aufzeichnung), musizieren, Wein verkosten, kochen, massieren, massiert werden,

1. ______________________________

2. ______________________________

3. ______________________________

4. ______________________________

Geistige Tätigkeiten

Lesen schwieriger Werke, Gedächtnisübungen, Kreuzworträtsel, Geschichten schreiben, Briefe verfassen, eigene geistige Spiele, philosophische Probleme lösen, Namen für Dinge erfinden, Wortspiele, in Unterhaltungen mit Gedanken spielen, die Faszination der Naturwissenschaften, Geschichte und Kunst genießen, Weisheit um ihrer selbst willen lieben,

1. ______________________________

2. ______________________________

3. ______________________________

4. ______________________________

Im Arbeitsleben

Geschäftliche Erfolge, Geschäftsabschlüsse, Gewinn erzielen, Anerkennung erhalten, eine hervorragende Präsentation, Preise gewinnen, Kunden zufrieden stellen, sich selbst zufrieden stellen, erfinderischer sein, etwas in der vorgesehenen Frist und unterhalb der geplanten Budgetgrenze schaffen, erstklassige Leistungen bringen,

1. ______________________________

2. ______________________________

3. ______________________________

4. ______________________________

In persönlichen Beziehungen

Eine Liebesbeziehung aufrechterhalten, ein Kind großziehen, eine Freundschaft vertiefen, Zeit mit Familie und Freunden verbringen, freiwillige gemeinnützige Arbeit leisten, neue Bekanntschaften machen, Konversation auf Partys und festlichen Anlässen betreiben, selbst Gastgeber sein, andere unterstützen,

1. ______________________________

2. ______________________________

3. ______________________________

4. ______________________________

In der Freizeit

Sport, lesen, jagen, träumen, im Garten arbeiten, im Haus arbeiten, Freunde besuchen und bewirten, Modellflugzeuge bauen, reisen, einkaufen, die Wohnung einrichten und dekorieren, Auto oder Boot reparieren, Rasen mähen,

1. ______________________________

2. ______________________________

3. ______________________________

4. ______________________________

Früher als Kind

Wie kam es als Kind bei Ihnen zum „Flow-Erlebnis"? Bei Sport und Spiel, beim Radfahren, Singen, beim Entwerfen von Steuerpulten für Raumschiffe, wenn Sie andere Rollen spielten, wenn Sie ein geheimes Versteck fanden, beim Puppenspielen, beim Verkleiden, wenn Sie gut in der Schule waren, wenn Sie sich selbst in Schwierigkeiten brachten oder wenn Sie sich aus Schwierigkeiten herausboxen mussten,

1. ______________________________

2. ______________________________

3. ______________________________

4. ______________________________

Freuen Sie sich über die kreative Spannung

Übung
Nehmen Sie Papier und Bleistift zur Hand und lassen Sie Ihre Hand spontan etwas zeichnen. Fangen Sie einfach an, ohne vorher zu überlegen, was Sie vielleicht zeichnen könnten. Lassen Sie Ihre Hand einfach machen und schauen Sie, was passiert.

Kreativ zu sein bedeutet, Risiken auf sich zu nehmen. Jeder neue Anfang – sei es eines Essays, einer Symphonie, eines Computerprogramms oder eines Geschäftsplans – ist aufs Neue schwer und ungewiss. Um eine kreative Unternehmung zu beginnen, brauchen Sie den Mut, sich weit aus dem Fenster zu lehnen. Für manche Menschen ist die spontane Zeichenübung sehr schwierig. Sie können sich nicht an das Gefühl gewöhnen, einfach etwas zu tun, ohne vorher zu überlegen, was sie tun wollen. Andere dagegen finden gerade dieses Gefühl sehr befreiend und erregend. Für sie bietet es die Chance, ihre Ideen ungehemmt fließen zu lassen.

Da unsere Stimmung an jedem Tag unzählige Male wechselt, durchlebt jeder Mensch immer wieder Zeiten der Unsicherheit, Ängstlichkeit und Furcht. Berühmte kreative Menschen empfinden nicht weniger Angst, wenn sie auf die weiße Leinwand starren oder vor einer Aufführung einen Blick auf das Publikum werfen. Wahrscheinlich fürchten sie sich sogar eher mehr. Sie unterscheiden sich jedoch von anderen Menschen dadurch, dass sie ihre Furcht immer wieder bändigen, sie eine Weile vergessen oder sich mutig in ihr Zentrum vorwagen und so die Angst in Energie umwandeln.

Ein schöpferisch tätiger Mensch lernt das Gefühl zu ertragen und sogar zu lieben, etwas einfach zu tun, ohne zu wissen, wohin es führen mag. Mit etwas Erfahrung kommt es dazu, dass er zwar zunächst nicht weiß, wohin er geht, dass er aber sicher sein kann, dass das Ergebnis interessant sein wird. Weniger erfahrene kreative Personen fühlen sich im Bann der kreativen Spannung verloren und desorientiert. Während sie nach einem schnellen Ergebnis und dem Ende des Zustandes streben, übersehen sie, dass es immer wieder notwendig ist, längere Zeit im Dunkeln zu tappen, wenn man etwas Wertvolles erschaffen will.

Marvin Minsky vom Institut für künstliche Intelligenz am Massachusetts Institute of Technology, M.I.T., ist der Meinung, dass es nicht nur für den kreativen Prozess, sondern für das Lernen an sich unerlässlich ist, Unbehagen ertragen zu lernen. Er schreibt, dass man beim Lernen einer wirklich neuen Fähigkeit in den Anfangsphasen zumindest teilweise eine gegen das Vergnügen gerichtete Einstellung annehmen muss, nach dem Motto: „Gut, das gibt mir die Gelegenheit, mich ungeschickt zu fühlen und neue Fehler zu machen." Gleichgültig, ob es sich um Mathematik, das Erklettern eiskalter Berggipfel oder das Orgelspielen mit den Füßen handelt: Ein Teil unseres Verstandes findet es schrecklich, während es dem anderen Teil gefällt, die erforderlichen Körperteile dazu zu zwingen, die ersten Schritte zu tun. Uns fehlen die Worte, um diese Prozesse zu benennen, und dennoch gehören sie zu den wichtigsten Wachstums- und Entwicklungsmöglichkeiten des Menschen.

Schöpferisch tätige Menschen tolerieren diese kreative Spannung, ja, sie brauchen sie geradezu zum Leben. Ich kenne Menschen, die von dieser kreativen Ängstlichkeit geradezu abhängig sind, die in einem Zustand ständiger Unruhe leben und sich immer ruhelos, benachteiligt, leer und auf unerträgliche Weise frustriert fühlen, bis sie ihr

Innenleben irgendwie auf kreative Weise ausdrücken können. Aus dem Chaos entsteht etwas Neues und Erhebendes.

Können wir lernen, Spannung und Verwirrung zu genießen? In gewissen Grenzen ja. Es ist nicht unbedingt ein Widerspruch, gleichzeitig an die eigenen Fähigkeiten zu glauben und trotzdem von Selbstzweifeln geplagt zu sein. Manche Menschen finden auf diese Weise ihren Weg durch die kreativen Unsicherheiten und bewahren sich ihr kreatives Feuer. Das Selbstvertrauen wächst mit jedem Erfolg. Je mehr Probleme Sie lösen, je mehr Wege aus Sackgassen Sie austüfteln und je öfter Sie eine Inspiration finden, nachdem Sie schon sicher waren, dass Sie alle Möglichkeiten ausgeschöpft hatten, desto stärker regen Sie Ihre eigene kreative Ängstlichkeit dazu an, Ideen nicht abzutöten, sondern anzuregen.

Finden Sie den kreativen Rhythmus

Übung
Machen Sie aus all diesen Kreisen 15 verschiedene erkennbare Bilder. Sie können beispielsweise ein Gesicht, einen Augapfel oder einen Knopf zeichnen.

Auch wenn es unwahrscheinlich klingt: Eine der besten Arten, die Spontanität anzuregen, ist die Wiederholung. Wiederholung hat für die meisten Menschen den Beigeschmack von Stumpfsinn und Routine, scheint also genau das Gegenteil von kreativer Arbeit zu sein. Trotzdem kann bewusste Wiederholung die kreative Flamme mit neuem Sauerstoff versorgen. Wenn Sie Ihre Aufmerksamkeit immer und immer wieder auf eine Aufgabe zurücklenken, erzeugen Sie einen Rhythmus, mit dessen Hilfe Sie Ihren kreativen Geist in Schwung bringen.

Die Choreographin Martha Graham erfand manchmal neue Tanzideen, indem sie eine simple Bewegung unzählige Male wiederholte und in winzigen Details veränderte, bis sie ein interessantes Ergebnis erhielt. Der Komponist Aaron Copland begann seine Musikstücke damit, dass er einen oder zwei Takte immer wieder spielte und sich fragte: „Wohin führt mich das?" René Descartes sperrte sich selbst tagelang in ein dunkles Zimmer und überlegte: „Was kann der Mensch wissen?" So arbeitete er den Kern der rationalistischen Philosophie aus.

Die Arbeit mit Wiederholungen ist ein dynamischer Zyklus aus Ausdruck und Reflexion, in dem man zuerst eine Idee formuliert und sie anschließend überdenkt. Daraufhin drückt man die Idee mit einer winzigen Variation ein klein wenig anders aus und überlegt erneut. Es ist, als nähme man einen Klumpen Ton, werfe ihn an die Wand und schaue, was dabei herauskommt. Und dann tut man dasselbe wieder und wieder, bis man auf den Keim einer neuen Idee stößt. Diese Methode liefert augenblickliches Feedback und stimuliert dadurch den „Flow-Zustand".

Der Begriff „Ausdruck" spricht für sich selbst, der Begriff „Reflexion" stammt aus einer Wurzel, die „biegen" oder „krümmen" bedeutet. Der gesamte Prozess – ob er nun einige Augenblicke oder einige Monate dauert – sollte nicht schwerfällig und gezwungen, sondern dynamisch ablaufen. Michael Green schreibt, es gebe einen Augenblick, in dem eine Idee lebendig wird. Lasse man sie zu schnell erstarren, bleibe sie unausgeformt und unvollständig, eben unreif. Spiele man dagegen zu viel mit ihr herum, bliebe am Ende ein zu sehr ziseliertes, barockes oder schwergewichtiges Etwas übrig. Dann gehe die Vitalität des ursprünglichen Impulses entweder verloren oder sie werde vollkommen überdeckt, so dass niemand außer dem Erfinder sie erkennen könne. Man müsse daher genau den richtigen Augenblick beim Schopf packen.

Henry James schätzte diese keimenden Ideen. Sobald ihm eine durch den Kopf ging, schrieb er die Sätze genau so, wie sie ihm in den Sinn kamen, möglichst schnell auf, ohne dabei auf Rechtschreibung oder Struktur zu achten. Ebenso fieberhaft pflegte Beethoven bei einer neuen Idee in sein Notenheft zu kritzeln und Variationen musikalischer Phrasen auszuprobieren. Hin und wieder vermerkte er sogar, dass „eine Idee hierher" gehörte, um Stellen zu kennzeichnen, die er später vervollständigen wollte.

Wenn Sie in einen Rhythmus geraten, treten die Gedanken oft in schnellen Stakkato-Ausbrüchen auf. Auch aus diesem Grund sollten Sie immer ein Notizbuch bei sich tragen. Manche der Ideen werden Sie später zwar vielleicht gar nicht ausführen wollen, aber Sie sollten sie für alle Fälle aufbewahren. Diese rohen Einfälle bilden die Staffelei für Ihre Gedanken. Sie stützen Ihre Ideen, bis sie richtig ausformuliert werden.

Kehren Sie kurz zu der Übung mit den Kreisen zurück. Kamen Ihre Ideen in regelmäßigen Intervallen, beispielsweise eine alle fünf Sekunden? Wahrscheinlich nicht. Sie kamen wohl eher in plötzlichen Ausbrüchen. Zuerst hat man ein paar Ideen, dann versiegen sie – zu diesem Zeitpunkt ließen Sie sich möglicherweise entmutigen. Aber genau die Zeiten, in denen Sie alle Ihre Ideen aufgebraucht haben, sind die wichtigsten. Wenn alle Klischees verbraucht sind und Sie auf keine Tricks mehr zurückgreifen können, haben Sie keine andere Wahl – Sie müssen auf eine echte kreative Erfahrung hinarbeiten.

Der kreative Dialog findet auf sämtlichen Ebenen des Schöpfungsprozesses statt. Jedes Mal, wenn wir erneut auf unser Thema treffen – sei es ein Gemälde, ein Roman, eine Marktstudie oder ein Satz Gleichungen –, kann unser Werk reifen. Wiederholungen schaffen eine Struktur für aufeinander folgende Anstrengungen. Sie eröffnen die Möglichkeit, tiefer und weiter zu gehen. In der Zeit, in der wir nach etwas Neuem streben und uns um die ideale Form bemühen, kommen wir ihr immer näher, bis wir schließlich unsere beste Lösung gefunden haben.

Ein hochwertiges Endprodukt trägt keine Spuren dieser Spannung, keine Spuren der Irrwege und Schwierigkeiten, die im Zuge seiner Schöpfung überwunden werden mussten. Die Symphonien von Beethoven fließen stetig und mühelos. Kein Zuhörer ahnt etwas von dem Kampf, der hinter ihnen steckt, weil keiner von ihnen an den vielen Entscheidungen beteiligt war und keiner die zahllosen Alternativen kennt.

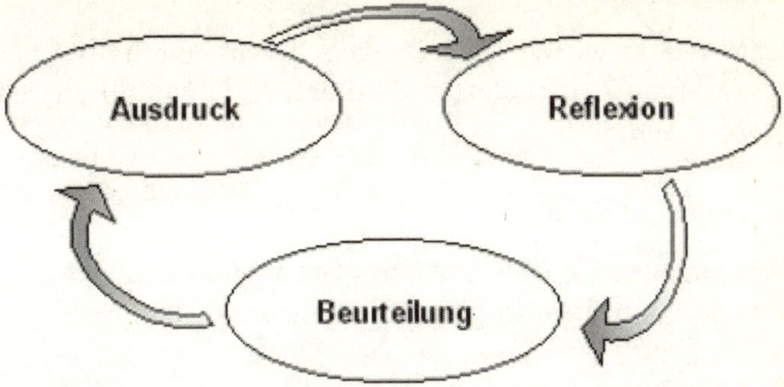

Aufbau der geistigen Kraft und Ausdauer

Es folgen nun sechs Übungen zur Stärkung der geistigen Konzentrationsfähigkeit und der „Gehirnmuskulatur".

Zählübung
Zählen Sie im Geist folgendermaßen: Zählen Sie ab der Zahl zwei in Zweierschritten aufwärts bis 100. Zählen Sie dann von 100 in Dreierschritten abwärts bis eins. Anschließend zählen Sie in Viererschritten wieder bis zur höchsten Zahl unter 100 und wieder abwärts in Fünferschritten, aufwärts in Sechserschritten usw. Wie lautet die letzte Zahl in dieser Reihe?

Zwei Minuten Konzentration

Setzen Sie sich bequem vor eine Uhr mit einem Sekundenzeiger und konzentrieren Sie sich zwei Minuten lang auf die Bewegung dieses Sekundenzeigers. Sobald Ihre Aufmerksamkeit auch nur für einen Augenblick abschweift, fangen Sie von vorne an und versuchen Sie erneut, zwei Minuten lang konzentriert zu bleiben.

Gedanken zählen

Zählen Sie, wie viele Gedanken Ihnen innerhalb einer bestimmten Zeitspanne, z. B. in drei Minuten, durch den Kopf gehen.

Geistiger Monolog

Wiederholen Sie während eines Gesprächs im Geiste das, was der andere sagte, bevor Sie ihm antworten.

Auf ein Thema achten

Wenn Sie das nächste Mal zu einem Meeting gehen, suchen Sie sich vorher ein Thema aus und achten Sie darauf, wie oft dieses Thema zur Sprache kommt. Als Thema geeignet wären beispielsweise Entschuldigungen, Ablenkungen, Gewinn, Verlust und Humor.

Geistige Anwesenheit

Meditation wird auch oft als „Verabredung mit sich selbst“ bezeichnet. Nehmen Sie sich zehn Minuten Zeit, in denen Sie nichts Bestimmtes tun. Bleiben Sie nur aufmerksam und geistig präsent. Warum ist das für Sie so schwierig?

Durchhalteübungen

Die folgenden Aufgaben lassen sich alle dadurch lösen, dass man einige Zeit damit verbringt, sie zu studieren. Geraten Sie bei einer von ihnen in den „Flow-Zustand“?

Versuch und Irrtum
Setzen Sie die zwölf Spielfiguren so auf dieses Brett mit sechs Mal sechs Feldern, dass sich in jeder Spalte und jeder Reihe jeweils zwei Figuren befinden.

Zählübung
Zählen Sie im Geiste alle Großbuchstaben mit gebogenen Linien. Wie viele Großbuchstaben sind um ihre vertikale Achse symmetrisch?

Wie geht das?
Betrachten Sie diesen Turm aus Dominosteinen. Kommen Sie auf eine einfache Möglichkeit, diesen Turm aufzubauen?

Die Phase der Abkühlung

Zählübung

- Atmen Sie einmal langsam und tief durch.
- Fühlen Sie, wie die Luft langsam in die Nase strömt, die Lunge füllt.
- Halten Sie die Luft kurz an, ohne dass es Ihnen unangenehm wird.
- Dann lassen Sie sie langsam und gleichmäßig ausströmen. Zählen Sie eins.
- Atmen Sie noch einmal langsam und tief ein und wieder aus. Zählen Sie zwei.

Atmen Sie so weiter, bis Sie einmal bis zehn und wieder zurück bis eins gezählt haben.

Der Mathematiker Jules Henri Poincaré (19. Jh.) war der Meinung, kreatives Denken bestehe aus vier Phasen. In der ersten Phase – der Vorbereitung – konzentriert man sich fest auf das betreffende Problem. Wenn man in dieser Phase keine Lösung findet, legt man das Problem im Geist etwas beiseite und tritt in die zweite Phase ein, die Inkubation. In dieser Phase tut man gar nichts. Man führt sein Leben normal weiter und geht einfach davon aus, dass ein Teil des Gehirns sich mit dem Problem beschäftigt. Verläuft die Inkubationsphase erfolgreich, erreicht man die Erleuchtung, die dritte Phase, in der man eine plötzliche Erkenntnis hat. Man nimmt diese Erkenntnis meist in kondensierter Form als unausgereiften Ideenkeim wahr, der daraufhin weiter ausgearbeitet und entwickelt werden muss. In dieser vierten Phase wird die Idee auf den Prüfstand gestellt.

Poincarés Schüler Bertrand Russell schmückte die Inkubationsphase aus, indem er sie mit entspannenden Tätigkeiten wie Spazierengehen und Rudern ausfüllte. Wenn er eine Arbeit über ein Thema verfassen sollte, dachte er mit der größtmöglichen Intensität einige Stunden oder Tage lang darüber nach. Dann befahl er seinem Geist, die Arbeit unterirdisch fortzusetzen. Nach einigen Monaten kehrte er dann bewusst zu dem Thema zurück und stellte meist fest, dass die Arbeit erledigt war. Russell schreibt, dass er vor der Entdeckung dieser Methode in jenen Monaten immer von Sorgen erfüllt war, weil er scheinbar keine Fortschritte machte. Trotz dieser Sorgen gelang es ihm aber nicht, die Lösung schneller zu erarbeiten. Die Monate waren daher verschwendete Zeit. Danach jedoch konnte er in diesen Monaten andere Dinge erledigen.

Inkubation leitet sich von einem Wort ab, das „sich hinlegen“ oder „liegen“ bedeutet. Während eine Idee in dieser Phase ist, sollten Sie sich entspannen, die betreffende Aufgabe ruhen lassen und etwas anderes tun. Auch wenn Sie nicht bewusst über das Thema nachdenken, arbeitet die Maschinerie des Unterbewusstseins unablässig weiter.

Jedem Menschen ist es schon einmal passiert, dass die Lösung eines Problems urplötzlich vor seinem geistigen Auge auftauchte. Ich selbst fand plötzlich Lösungen für Probleme mit Computergrafiken, als ich Milchbläschen in einem Milchshake oder einen Sonnenuntergang betrachtete. Zu diesen speziellen Zeitpunkten war ich keineswegs darauf aus, diese Lösungen zu finden. Sie kamen mir einfach in einem entspannten, ruhigen Moment in den Sinn.

Manchmal lassen sich die geistigen Energiereserven durch eine Pause wieder auffüllen. Schlendern Sie durch die Straßen und achten Sie auf die Haustüren. Vergleichen Sie die Kamine, suchen Sie bei Bäumen und Sträuchern nach Mustern, konzentrieren Sie sich auf die leichten Erhöhungen und Vertiefungen auf dem Gehsteig bzw. auf der Straße.

Sie können auch einen Tagesausflug machen. Fahren Sie in eine nahe gelegene Stadt, die Sie noch nicht erforscht haben. Fragen Sie bei Ihrer Ankunft gleich nach dem Café mit dem besten Schokoladeeis (oder worauf Sie sonst Lust haben). Bummeln Sie durch die Antiquitätenläden, durch Galerien und durch Seitengassen.

Ebenso gut können Sie ein kleines Schläfchen einlegen. Schlaf lädt nicht nur die Batterien auf, sondern regt den Geist zu freieren Assoziationen an. Nach langen und anstrengenden kreativen Sitzungen sollten Sie einen Ausgleich in Ruhe und Erholung suchen.

Oder nehmen Sie ein Bad. Der englische Dichter Percy Bysshe Shelley ließ immer Papierschiffe in seiner Badewanne schwimmen, um seinen Geist zu entspannen. Auch viele andere kreative Menschen saugen Ideen auf, während ihr Körper in der Wanne liegt. Der Kreativ-Berater Charles „Chic" Thompson hat in seiner Dusche einen Ölstift. Bei plötzlichen Inspirationen schreibt er die Idee einfach auf die Fliesen. Wenn dann irgendwann die Zeit kommt, wieder reinen Tisch zu machen, putzt er die Wand.

Spielen Sie herum, tun Sie etwas, das Ihnen Spaß macht. Wenn Sie stundenlang am Schreibtisch saßen, gönnen Sie sich eine Pause und beschäftigen Sie Ihren Geist mit etwas anderem. Auf diese Weise erneuern Sie Ihre kreativen Energien.

Der Sinn der Inkubation liegt darin, die Ideen nicht erzwingen zu wollen, sondern sich zu entspannen und dem Geist wieder etwas Ruhe zu gönnen. Sollten Sie anschließend neue Ideen entwickelt haben, ist das sehr gut. Aber selbst wenn sich keine Ideen daraus ergeben, sind Sie nach dieser Zeit der Entspannung wieder frisch und können mit neuem Schwung an die Arbeit gehen.

Eine Idee, die ins Unterbewusstsein vordringt, ist wie ein neuer Brief im Briefkasten.

Rezept für hervorragende Ideen

Identifizierung

Geben Sie sich ein Problem vor und überlegen Sie, welche Folgen es hätte, wenn es gelöst wäre. Stellen Sie sich eine Welt vor, in der diese Schwierigkeit nicht mehr besteht. Legen Sie schriftlich in allen Einzelheiten dar, wie es wäre, wenn Sie Ihr Ziel erreicht hätten. Beschreiben Sie die Situation im Präsens in möglichst genauen Details. Setzen Sie sich anschließend still hin und stellen Sie sich die Realisierung Ihres Ziels bildlich vor. Dann können Sie das Blatt Papier mit Ihrer Beschreibung weglegen und es wieder vergessen.

Vorbereitung

Sammeln Sie Informationen, die mit dem Problem in Zusammenhang stehen. Lesen Sie darüber, sprechen Sie mit anderen Menschen, fragen Sie. Versenken Sie sich so tief Sie können in das Problem.

Inkubation

Befehlen Sie Ihrem Gehirn, die Lösung zu finden, und gehen Sie dann zu anderen Aufgaben über. Machen Sie sich keine Gedanken mehr über das Problem. Heureka! Das Unterbewusstsein hat seine eigene Arbeitsgeschwindigkeit, es lässt sich nicht drängen. Es kann eine Woche, einen Monat oder ein Jahr dauern, aber sobald Sie den Befehl gegeben haben, wird die Aufgabe bearbeitet, bis sie erledigt ist. Sie dürfen sich also entspannen und dem Gehirn die Gelegenheit geben, selbst damit fertig zu werden. Kehren Sie nur immer wieder in regelmäßigen Abständen zu dem Projekt zurück, um die bisherigen Fortschritte zu überprüfen.

Sechs Methoden zur Entspannung

Eins

Stellen Sie sich vor, Sie befänden sich in einem idealen Raum, einem Raum, der genau zu diesem Zeitpunkt der richtige für Sie ist. Was gäbe es alles in diesem Raum?

Wen könnten Sie darin treffen? Welche Unterhaltungen könnten Sie führen?

Zwei

Stellen Sie sich vor, Sie trieben auf einem Floß über einen endlosen, ruhigen Ozean. Sie liegen auf dem Rücken und blicken in den nächtlichen Sternenhimmel. Die leisen Bewegungen der Wellen schaukeln Sie sanft. In zehn Minuten wird ein langsam fahrendes Schiff ankommen (es markiert die Rückkehr in die Außenwelt). Kosten Sie die verbleibende Zeit aus, so gut sie können.

Drei

Entspannen Sie die Muskeln. Massieren Sie die Schultern, Arme und Beine. Rollen Sie den Kopf. Strecken Sie den Rücken und atmen Sie dabei einige Male tief durch. Visualisieren Sie Ihren Körper und fühlen Sie, wie jeder einzelne Körperteil von den Füßen aufwärts bis zum Kopf entspannt. Bleiben Sie anschließend zehn Minuten in vollkommener Entspannung liegen.

Vier

Wiederholen Sie die dritte Methode, aber sprechen Sie diesmal so mit sich, als seien Sie der Trainer einer Entspannungsgruppe. Das leise Sprechen mit sich selbst gibt der Aufmerksamkeit einen Fixpunkt, an dem sie sich festhalten kann.

Fünf

Stellen Sie sich vor, Sie nehmen im Geist an einer Führung durch Ihren Körper teil. Visualisieren Sie zunächst Ihren Kopf in allen Einzelheiten. Während Sie jeden Gesichtszug und jedes einzelne Merkmal fokussieren, stellen Sie sich vor, dass Sie Spannungen dadurch lockern können, dass Sie die betreffenden Stellen mit einem geistigen Finger leicht massieren. Mit jedem Fingerdruck spüren Sie, wie sich die Muskeln um die Augen, den Mund, unter der Kopfhaut und im Nacken immer mehr entspannen. Wenn sich Ihr Kopf dann erfrischt fühlt, fahren Sie mit dem Rest des Körpers fort.

Sechs

Stellen Sie sich bildlich vor, Sie seien in eine Farbe getaucht. Durch dieses Eintauchen in eine Farbe werden die Eigenschaften und Energien, die Sie gerne besäßen, verstärkt. Die Beziehungen zwischen einzelnen Farben und Gefühlen sind zwar rein subjektiv, aber trotzdem können Sie die folgende Liste des Kreativberaters Michael Michalko als grobe Richtlinie verwenden:

- Rot erregt Körper und Geist
- Orange versetzt uns in fröhliche Stimmung
- Gelb regt die Empfindsamkeit an
- Grün wirkt heilend und schafft Harmonie
- Blau lockert und entspannt den Geist
- Indigo steht für Kreativität
- Violett regt zu revolutionären Ideen an

Wie lässt sich mit der Visualisierung von Farben ein Entspannungszustand erreichen? Nehmen Sie sich einfach zehn oder 15 Minuten Zeit, setzen Sie sich auf einen bequemen Stuhl und atmen Sie tief durch, bis Sie sich entspannt fühlen. Suchen Sie sich eine Farbe aus und visualisieren Sie sie als kleinen Lichtball, der vor Ihnen schwebt. Stellen Sie sich vor, dass der Lichtball langsam in Ihren Kopf eintritt und ihn ganz mit Farbe füllt. Beobachten Sie, wie die Farbe den Körper von innen massiert und Ihre Gedanken reinigt. Bewegen Sie die Farbe durch die Schultern, den Oberkörper, die Arme, Beine und Füße. Die Farbe fließt und zirkuliert durch Ihren Körper. Wenn Sie fühlen, dass Ihr ganzer Körper in Farbe getaucht ist, geben Sie sich die gewünschte Eigenschaft vor. Wenn Sie sich beispielsweise die Farbe Blau vorstellen, reden Sie sich ein, dass Sie sich voll und ganz dieser Farbe verschrieben haben. Wenn Sie daran glauben, dass dieses Farbbad die Kraft hat, Sie zu erfrischen, wird diese Meditation Sie mit Befriedigung erfüllen.

Management der kreativen Phasen des Tages

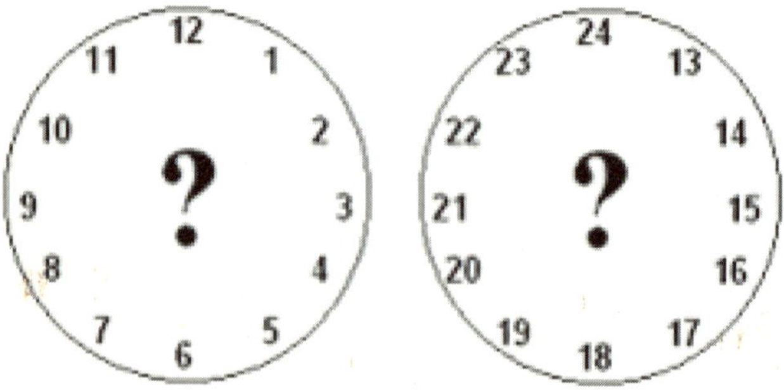

Zu welchen Tageszeiten befinden Sie sich auf dem Gipfel Ihrer kreativen Leistungsfähigkeit?

Jeder Mensch ist zu bestimmten Tageszeiten besonders kreativ. Die 100 kreativen Personen, die sich in einer Umfrage befragen ließen, gaben beispielsweise an, dass sie zu den folgenden Zeiten am kreativsten sind:

- In der Dusche oder Badewanne
- Bei der Arbeit im Garten
- Beim Joggen, Schwimmen, Radfahren oder anderen sportlichen Aktivitäten
- Auf der Autobahn
- Beim Rasenmähen
- Beim Stöbern in Baumärkten
- Beim Anhören von Talkshows im Radio
- Wenn sie mitten am Tag langsam in den Schlaf sinken
- Bei der Fahrt zur und von der Arbeit
- In einem besonders langweiligen Vortrag oder Meeting
- Auf der Toilette

Leider stimmen diese Zeiten, in denen wir besonders kreativ sind, oft nicht mit den Zeiten überein, an denen wir am Schreibtisch sitzen und uns den Kopf über ein möglichst gutes Konzept für irgendetwas zerbrechen. Dennoch würden wir alle unsere kreativen Zeiten gerne bestmöglich ausnützen. Der Gedanke an Zeitmanagement wirkt hier vielleicht auf den ersten Blick restriktiv, aber tatsächlich ist Zeitmanagement eine Befreiung. Wenn wir unsere Zeit organisieren, können wir unsere kreativen Ressourcen einteilen und dadurch sicherstellen, dass wir zur richtigen Zeit die richtigen Aufgaben erledigen. So gewinnen wir mehr freie Zeit für diejenigen Dinge, die wir gerne tun möchten.

Wenn Sie sich ausführlicher mit Zeitmanagement beschäftigen wollen, gibt es zahlreiche Bücher zu dem Thema, mit denen Sie sich die entsprechenden Systeme und Methoden aneignen können. Im Folgenden finden Sie eine Auswahl nützlicher Tipps:

Verschwenden Sie weniger Zeit

Lassen Sie sich einmal die Ereignisse und Tätigkeiten an einem ganz normalen Tag durch den Kopf gehen. Wann haben Sie Ihre eigene Zeit oder die Zeit eines anderen verschwendet? Welche Aktivitäten können Sie delegieren oder ganz eliminieren? Wie verschwenden andere Ihre Zeit? Sind Sie durch Ihre Aktivitäten Ihren Zielen näher gekommen? Wenn nicht, warum?

Setzen Sie sich neue Ziele

Was können Sie heute erledigen, um Ihren langfristigen Zielen näher zu kommen? Erstellen Sie entweder am Vorabend oder früh am Morgen für jeden neuen Tag eine Liste mit Dingen, die Sie erledigen wollen. Die einzelnen Punkte auf der Liste sollten nach ihrer Priorität geordnet werden. Tragen Sie die Liste den ganzen Tag bei sich, damit Sie Ihre Prioritäten nie aus den Augen verlieren. Denken Sie an die 80-20-Regel. 80 Prozent des Wertes ergeben sich aus 20 Prozent der Punkte. Erledigen Sie immer das Wichtigste zuerst.

Der geeignete Zeitpunkt

Zu welcher Tageszeit stehen Sie auf dem Gipfel Ihrer Leistungsfähigkeit? Planen Sie für diese Zeit immer die Arbeit an Ihren wichtigsten Projekten ein.

Planen Sie tägliche Erholungspausen

Nehmen Sie sich Zeit für sich selbst. Wenn Sie Ihre Zeit zu sehr verplant haben, fehlt Ihnen wichtige Zeit zur Erholung und zum Krafttanken. Das mögliche Ergebnis sind Ängstlichkeit, Depressionen und das Gefühl, in einer Tretmühle zu stecken.

Machen Sie das Beste aus verplanter Zeit

Es lässt sich nicht vermeiden, dass man täglich Stunden mit der Fahrt zur Arbeit, beim Einkaufen oder in Warteschlangen zubringt, aber man kann diese Zeit besser nutzen. Sie könnten lesen, ein Diktiergerät besprechen, Gliederungen aufsetzen und sich Lösungen für Probleme ausdenken. Zudem lassen sich notwendige Tätigkeiten wie das Bezahlen von Rechnungen, die Hausarbeit oder Reparaturen gebündelt zu bestimmten Zeiten erledigen. Wenn wir mal dies, mal das erledigen, wird der Tag unnötig zerrissen.

Machen Sie am Ende des Arbeitstages nicht immer alles fertig

Einen der besten Tipps zum Schreiben gab mir einmal ein Freund. Er sagte: „Wenn dir die Arbeit einmal wirklich gut von der Hand gegangen ist, dann feile nicht sofort an deinem Text herum, bis er perfekt ist. Lass einen kleinen unfertigen Teil übrig. Wenn du dann am nächsten Tag weitermachst, kommst du schnell wieder in die richtige Stimmung. Es ist dann ganz einfach, den Text vom Vorabend fertig zu machen, und du bist schon aufgewärmt für den nächsten Text."

Erledigen Sie das Wichtige, nicht das Dringende

Hatten Sie am Ende eines hektischen Tages je das Gefühl, dass Sie nichts, aber auch gar nichts geschafft haben? In diesem Fall haben Sie sich wahrscheinlich nur auf dringende Aufgaben konzentriert und nicht auf diejenigen Tätigkeiten, auf die es tatsächlich ankommt. Achten Sie beim Erstellen Ihrer täglichen Aufgabenliste auf alles, was wirklich wichtig ist, und nicht so sehr auf das, was einfach nur schnell erledigt werden muss.

Ein Schritt nach dem anderen

Lassen Sie sich nicht von der scheinbaren Größe eines Projekts überwältigen. Der Schriftsteller Eric Sevareid gab seine Arbeitsstelle auf, um ein Buch mit 250.000 Wörtern zu schreiben – eine Aufgabe, die selbst den fleißigsten Autor zunächst einschüchtern würde. Er jedoch dachte immer nur an den nächsten Absatz, nicht an die nächste Seite und schon gar nicht an das nächste Kapitel. Er sagte: „Ich habe immer nur einen Absatz nach dem anderen geschrieben." Nach sechs Monaten war das Buch fertig.

Zeit für glückliche Zufälle

Denken Sie daran, dass die besten Ideen oftmals dann auftauchen, wenn unser Verstand gerade völlig entspannt und locker ist. Wann überfällt Sie die Inspiration?

Rezept für hervorragende Ideen

Bleiben Sie verspielt

Wenn Sie herumalbern, verschaffen Sie Ihrem Verstand die Freiheit, auch völlig absurde Möglichkeiten in Betracht zu ziehen. Schließlich machen Sie ja nur Witze. Beim Spaßmachen schweigt der innere Richter, der sonst manche Gedanken sofort als absurd verurteilen würde. Bei kreativer Arbeit ist Verspieltheit oft sehr sinnvoll.

Machen Sie mehrere Projekte gleichzeitig

Organisieren Sie Ihre Arbeit so, dass Sie sich immer mit mehreren verschiedenen Dingen beschäftigen können. Auf diese Weise erhalten Sie sich Ihre Spannkraft und Sie sind nicht nur von einer Sache abhängig. Wenn Sie Ihre Aufmerksamkeit immer wieder anderen Dingen zuwenden können, vermeiden Sie Langeweile. Außerdem lässt sich die Arbeit an einem Gebiet möglicherweise auch in anderen Bereichen verwenden.

Nehmen Sie sich Zeit für ein Hobby

Was tun Sie einfach gerne? Hobbys regen den Geist an. Nehmen Sie sich Zeit für Ihre Interessen, denn dann kehren Sie erfrischt an die Arbeit zurück.

Verbringen Sie Zeit mit anderen Menschen

Gliedern Sie sich in ein unterstützendes Umfeld ein. Suchen Sie Menschen, die Ihre Arbeit nicht nur mit Sympathie betrachten, sondern die etwas davon verstehen und die Ihnen wertvollen Rat geben können. Suchen Sie Menschen, die Sie konstruktiv kritisieren. Scheuen Sie sich nicht, Ideen auszuprobieren, auch wenn sie noch nicht ausgereift sind. Ihre Idee muss nicht poetisch klingen oder vollkommen sein. Stellen Sie ehrliche Fragen und seien Sie für die Antworten offen.

Bleiben Sie hartnäckig

Manchmal muss man nur laufend Material ausstoßen, um die Gedanken im Fluss zu halten. Bach schrieb jede Woche eine Kantate, auch wenn er müde oder krank war. Manche von ihnen sind besser, andere weniger gut, und manche sind früheren Werken sehr ähnlich. Aber jede

Woche fügte er auch etwas Neues hinzu. Bach wusste, dass die kreativen Muskeln regelmäßig trainiert werden müssen.

Tun Sie so, als fühlten Sie sich kreativ

Wenn alles andere nicht hilft, müssen Sie sich selbst überlisten, um in kreative Stimmung zu kommen. Setzen Sie sich absichtlich so hin, wie Sie bei konzentrierter Arbeit sitzen würden.

Kreativität am Arbeitsplatz

Unternehmen geben jährlich Millionen von Dollar für Schulungen aus, bei denen die Angestellten ihre beruflichen Fähigkeiten erweitern sollen. Zur Entwicklung der Kreativität wird dagegen kaum Geld aufgewendet, obwohl mehr als die Hälfte der 1992 für eine Studie befragten Topmanager der Meinung waren, dass Kreativität im Geschäftsleben mehr zählt als Intelligenz.

Unabhängig davon, ob Sie Ihre Mitarbeiter zu Kreativ-Workshops schicken oder nicht, gibt es einige Dinge, die Sie tun können, um die Kreativität am Arbeitsplatz zu fördern. Zumindest können Sie versuchen, die Kreativitätskiller zu beseitigen: Meetings, Papierkram, dauernde Unterbrechungen. Sie können auch klar machen, dass Sie es unterstützen, wenn jemand seine Persönlichkeit ausdrückt: Verleihen Sie beispielsweise einen Preis für den am schönsten dekorierten Arbeitsplatz. Vor allem jedoch sollten Sie den Angestellten zeigen, dass Sie ihre Ideen für wichtig halten. Wenn sich die Menschen geschätzt fühlen und sehen, dass ihre Ideen umgesetzt werden, erhalten sie das Gefühl, einen echten Beitrag zu leisten. So werden sie dazu ermuntert, sich noch stärker einzusetzen.

Möglich ist auch, dass Sie selbst ein Kreativitätskiller sind, ohne es zu wissen. Lesen Sie die Liste auf der folgenden Seite durch. Kommen Ihnen manche dieser Sätze bekannt vor? Vermeiden Sie sie unbedingt. Sie ersticken jegliche Kreativität bereits im Keim.

Vor kurzem wurde in einem großen Unternehmen durch eine Studie erforscht, wie man erreicht, dass Menschen sich selbst für kreativ halten. Das Ergebnis war, dass kreativ-produktive Menschen sich von anderen nur dadurch unterscheiden, dass sie an ihre Kreativität glauben. Ein Mensch, der sich selbst für kreativ hält, ist bereit, sich in eine kreative Geistesverfassung zu versetzen. Das Management des Unternehmens erkannte, dass man die Mitarbeiter nur dazu anregen muss, sich selbst als kreativ zu betrachten.

Für eine 1992 durchgeführte Studie über die aktuellen Einstellungen zur Kreativität wurden 100 leitende Manager der 500 größten US-amerikanischen Unternehmen (*Fortune 500*) sowie der laut der Zeitschrift *Inc. Magazine* ermittelten 50 am schnellsten wachsenden Unternehmen in den USA befragt. Auf die Frage, ob im Geschäftsleben die Intelligenz oder die Kreativität wichtiger sei, entschieden sich 59 Prozent für Kreativität – im Vergleich zu nur 28 Prozent, die der Intelligenz einen höheren Stellenwert beimaßen.

30 Aussagen, die die Kreativität ersticken

„Das ist zu viel Arbeit."

„Das ist noch nie so gemacht worden."

„Ein funktionierendes System soll man nicht ändern."

„Komm' aus deinem Wolkenkuckucksheim zurück in die Wirklichkeit."

„Ja, das haben wir schon einmal versucht."

„Sie könnten Recht haben, aber ..."

„Das ist zu teuer."

„Das ist nicht Ihr Problem."

„Wir haben keine Zeit dafür."

„Gute Idee, aber völlig undurchführbar."

„Das kauft uns keiner ab."

„Das geht Sie nichts an."

„Das bringen wir in der Gewerkschaft nie durch."

„Das wird nie funktionieren."

„Dafür ist im Budget kein Geld vorgesehen."

„Vergessen Sie nicht, wo Ihr Platz ist."

„Sie sind Ihrer Zeit voraus."

„Das ist zu radikal."

„Das amortisiert sich nicht."

„Einem alten Hund bringt man keine neuen Tricks bei."

„Das geht nicht."

„Stellen wir diese Idee noch etwas zurück."

„Das haben wir schon immer so gemacht."

„Das würde zu große Anstrengungen erfordern."

„Das Management wird damit nicht einverstanden sein."

„Seien Sie doch kein Träumer."

„O nein, nicht schon wieder dieser Vorschlag."

„Damit machen wir uns lächerlich."

„Wo haben Sie denn das ausgegraben?"

„Ohne das sind wir bisher auch immer gut ausgekommen."

Kochen

> „Ein einzelnes Produkt ist im kreativen Arbeitsumfeld immer nur ein vorübergehender Rastplatz in einem fortlaufenden, anstrengenden Prozess.
> Die gegensätzlichen Impulse von Freude und Entmutigung, plötzlichen Erleuchtungen und ermüdenden Anstrengungen bei der praktischen Ausführung, im Prozess und beim Produkt erzeugen die notwendigen Spannungen, die kreative Gedanken anheizen."
>
> *Vera John-Steiner*, Psychologin

Umfangreiche, komplexe kreative Projekte erfordern persönlichen Einsatz. Sie müssen bereit sein, die Arbeit zu einem Teil Ihres Lebens zu machen und die nötigen Anstrengungen auf sich zu nehmen, um das Projekt zum Abschluss zu bringen. Vor allem müssen Sie der Aufgabe Ihre zwei wichtigsten Ressourcen widmen: Zeit und Energie.

Tipp 1

Arbeiten Sie Ihre Ideen durch. Drücken Sie sie aus und denken Sie darüber nach. Dieser Prozess ist nicht immer leicht. Manchmal entscheiden Sie sich für die falsche Abzweigung, und manchmal müssen Sie womöglich Teile Ihrer Arbeit wieder wegwerfen. Denken Sie dabei aber daran, dass in der aufgeheizten Atmosphäre der Schöpfung ein besseres Produkt entsteht. Die anhaltende Anstrengung zwingt Sie dazu, noch tiefer zu schürfen und weiter zu forschen.

Tipp 2

Konzentrieren Sie sich ganz auf Ihr Ziel, dann lässt die Konzentration nicht nach. Visualisieren Sie Ihr Ziel, lassen Sie es nicht aus den Augen und teilen Sie sich im Hinblick auf dieses Ziel Ihre Zeit und Energie ein.

Tipp 3

Nehmen Sie sich Zeit für die Inkubationsphase. Lassen Sie eine Weile los und wenden Sie Ihre Aufmerksamkeit anderen Dingen zu. Überlassen Sie die Arbeit Ihrem Unterbewusstsein. Und halten Sie sich bereit, um die Idee nicht zu verpassen, wenn sie kommt.

KAPITEL 7

WÜRZEN

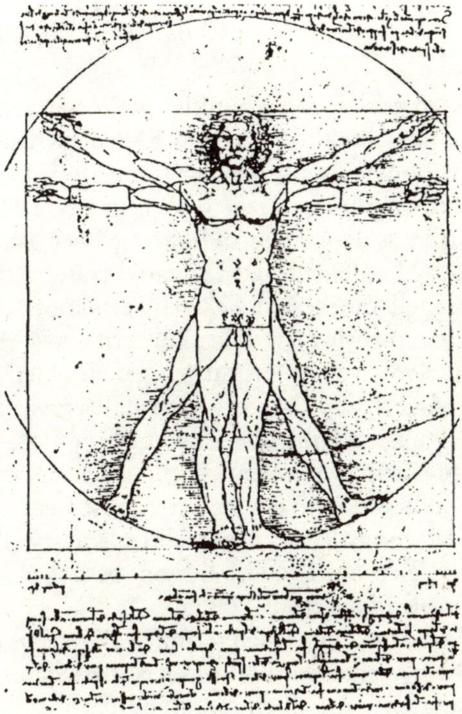

Was wäre, wenn ...?
Was wäre, wenn die Menschen vier Arme hätten?
Was würde sich dadurch ändern?

Pfeffer, Ingwer, Salz und Muskat

> „Wenn wir uns die Freiheit zugestehen,
> das Unkonventionelle in Betracht zu ziehen und
> die Möglichkeiten des Unmöglichen zu erproben,
> wird unser Erfindergeist wiederbelebt."
>
> *John Barell*, Schriftsteller

Im Leben müssen wir meist vernünftig, praktisch, realistisch und sogar manchmal zynisch sein, aber die Kreativität gedeiht am besten, wenn wir verbissen nach Ungewöhnlichem und Seltsamem suchen. Viele kreative Menschen halten sich aus persönlichem Interesse über bizarre Themen auf dem Laufenden. Der Kreativberater Roger von Oech sammelt die besten Fernsehwerbespots. Die Originalpartitur von Mozarts Hornkonzert Nr. 4 (Köchelverzeichnis 495) ist in vier Farben geschrieben, die spielerisch arrangiert sind. Mozart hatte dabei zwar nur die visuelle Wirkung im Sinn, aber er war sicher nicht der einzige kreative Mensch, der gerne herumspielte. Kreative Menschen haben eine Neigung zu Amüsement und Spiel. Sie hören gerne Musik, betrachten Kunstwerke, lesen, tanzen, spielen mit Kindern, reisen, besuchen ihre Freunde und spielen Hinterhof-Fußball.

Diese „Nebentätigkeiten" liefern ihnen Material, mit dem sie Klischees vermeiden und Ideen auffrischen. Ein paar „Extrazutaten" verleihen unseren Ideen Würze, Geschmack und Leben. Außerdem bringen sie verborgenen Geschmack ans Tageslicht. Gewürze sind die Zutaten, die ein gutes Gericht in ein Gedicht verwandeln.

Würzen ist in der Kreativität ebenso wie beim Kochen eine sehr persönliche Angelegenheit. Der Koch probiert und überlegt: „Hmmm ... Da fehlt noch eine ganz bestimmte Nuance." Daraufhin öffnet er den Gewürzschrank. Auf das kreative Denken übertragen bestehen die Gewürze aus den interessanten Methoden, Geschichten, Erinnerungen und Ideen, die den Gaumen der Fantasie wecken, die ihn reizen, kitzeln und den Appetit anregen.

Auch bei der Arbeit spielen kreative Menschen hin und wieder gerne. Ein Maler verteilt beispielsweise Farbe auf der Leinwand, schüttet Haushaltschemikalien darüber und wartet ab, was passiert. Ein Computerprogrammierer schreibt eine winzige Routine in ein Programm, die nutzlose Informationen zählt. Der Schriftsteller experimentiert mit Wörtern und Charakteren. Der Architekt spielt mit Kinderbausteinen.

Diese Spielereien bringen die Menschen zum Kichern, sie bieten eine neue Sichtweise und öffnen die Tür für etwas Neues. Wenn Sie Spaß haben, wird Ihr Denken beschwingter und beweglicher, und daher ergeben sich aus spielerischen Spekulationen zahlreiche kreative Ideen und Lösungen. Wenn Sie einen unwahrscheinlichen Gedankengang weiterverfolgen, geraten Sie in eine Stimmung, in der Sie so ziemlich alles für möglich halten, und genau dann fallen Ihnen oft neue Möglichkeiten ein.

Vor kurzem stellte ein Hersteller von Porzellantellern ein Problem in seinem Unternehmen fest. Bisher wurden die Teller in Zeitungspapier gewickelt und in Kisten verpackt. Praktisch alle Mitarbeiter in der Verpackung arbeiteten langsamer und erbrachten eine um ungefähr 30 Prozent verminderte Leistung, weil sie die Artikel lasen und die Bilder betrachteten. Die Manager probierten verschiedene Leistungsanreize aus, aber schon nach ein paar Stunden oder Tagen lasen die Mitarbeiter doch wieder die Zeitung.

Die Manager erarbeiteten in einer Brainstorming-Sitzung mehrere Lösungen. Man könnte fremdsprachige Zeitungen benutzen – aber woher sollte man diese in so großen Mengen beziehen? Es könnte auch anderes Material verwendet werden – aber die Zeitungen waren kostenlos, und es gab keine Geldmittel zum Kauf anderer Materialien. Belohnungen für eine bestimmte Anzahl verpackter Teller brachten auch keine Verbesserung. Bis ein Manager vorschlug: „Was wäre, wenn wir den Verpackern die Augen ausstechen?" Der Vorschlag klang zwar zunächst lächerlich, aber er führte dazu, dass schließlich blinde Mitarbeiter eingestellt wurden. Sie erledigten ihre Arbeit, ohne abgelenkt zu werden, und das Unternehmen leistete damit einen wertvollen Beitrag für die Allgemeinheit.

Was ist Ihnen bei der „Was-wäre-wenn-Übung" zu Beginn dieses Kapitels eingefallen? Wenn der Mensch vier Arme hätte, würden doppelt so viele Handschuhe verkauft werden. Sekretäre könnten gleichzeitig auf zwei Schreibmaschinen tippen. Mechaniker würden weniger Schrauben fallen lassen, und Bauarbeiter könnten gleichzeitig hämmern und sägen. Die Werkzeuge würden sich verändern, ebenso die Mode, das Design von Fahrzeugen und die Regeln für Basketball und Poker. Selbst das Gehirn hätte sich wegen dieser zusätzlichen Fähigkeiten wohl anders entwickelt – vielleicht hätten wir zusätzlich zu den linken und rechten Gehirnhälften noch ein Vorder- und ein Hintergehirn.

Edward de Bono schreibt sinngemäß: Wenn der Zufall bei der Erzeugung neuer Ideen den Zweck hat, einem Dinge vor die Nase zu setzen, nach denen man sonst nie gesucht hätte, dann gibt es vielleicht Möglichkeiten, um diesen Prozess zu fördern. Das Spiel wäre dazu die wahrscheinlich ideale Methode. Es muss sich jedoch um ein Spielen ohne Hintergedanken und ohne vorgegebene Richtung handeln. So wie ein sorgfältig geplantes Experiment dazu dienen soll, der Natur ein wenig nachzuhelfen, damit sie dem Weg logischer Forschung folgen möge, so ist das Spiel ein Versuch, das zufällige Auftreten von Phänomenen zu fördern, nach denen sonst nicht gesucht worden wäre. Das ziellose Herumspielen ist ein Experiment mit dem Zufall.

„Was-wäre-wenn-Fragen" entstehen oft aus einem Augenblick der Verwunderung oder aus einem vorübergehenden Gedanken. Sie öffnen unsere Fantasie für vollkommen neue Möglichkeiten und regen den Geist dazu an, einfach so herumzuwandern, ohne die Notwendigkeit, ein produktives Ergebnis hervorzubringen.

Die Kreativität gedeiht am besten in einer humorvollen Umgebung, zwischen Anekdoten, verrückten Verbindungen, Doppeldeutigkeiten, Trivialem, Wortspielen – kurz allem, was einen unorthodoxen Blick auf das Leben ermöglicht. Amüsieren Sie sich mit Spielen, Rätseln, Quizfragen und Geschichten. Wer weiß, vielleicht können Sie ja sogar ein paar Ergebnisse dieser Späße in Ihre Arbeit einbringen.

Zu Beginn denken Sie bitte einmal über die folgenden „Was-wäre-wenn-Fragen" nach. Benutzen Sie sie als Sprungbretter, um von Dingen zu träumen, die es noch nie gab, und sagen Sie „Warum nicht?". Setzen Sie Ihr Gehirn in Gang und erfinden Sie eigene „Was-wäre-wenn-Fragen".

Was wäre, wenn der Tag plötzlich 26 Stunden hätte?

Wie würde sich das auf Ihren Arbeitstag auswirken? Würden wir dann noch mehr Aktivitäten in unsere Tage packen, oder würden wir uns mehr Freizeit gönnen? Wie würden sich die Zifferblätter der Uhren verändern? Würden die Stunden in der Nacht oder mitten am Tag hinzugefügt? Wären die Menschen glücklicher, weil sie länger schlafen könnten und sich ausgeruhter fühlen würden? Würde die Lebenserwartung steigen (weil die Menschen länger ruhen könnten) oder würde sie sinken (weil die Menschen weniger Tage leben würden, weil ja jeder Tag mehr Stunden hätte)?

Was wäre, wenn Sie eine Million Euro gewinnen würden?

Würden Sie lieber langfristige Veränderungen in Ihrem Leben anstreben oder möchten Sie in kurzer Zeit möglichst viel erleben? Gibt es etwas, das Sie schon immer gerne kaufen wollten? Welche Träume würden Sie sich erfüllen wollen?

Was wäre, wenn das Beulenpest-Virus tödlicher gewesen wäre?

Der Sciencefiction-Autor Robert Silverburg schrieb eine alternative Geschichte der Menschheit, in der im 14. Jahrhundert nicht 30 Prozent, sondern 60 Prozent der europäischen Bevölkerung an der Pest starben. In dieser alternativen Welt hatte Europa nicht genügend Soldaten aufbringen können, um die eindringenden Türken abzuwehren. Es gab keine Renaissance, ganz Europa stand unter islamischer Herrschaft, und die Neue Welt wurde nicht geplündert, so dass die Kulturen der Azteken und Maya das Land dominierten.

Was wäre, wenn niemand mehr Angst hätte?

Wenn alle Menschen plötzlich alle ihre Ängste verlören – die Angst vor Versagen, vor Veränderungen, vor Verlusten usw. –, wäre die Erde dann ein schönerer oder ein schrecklicherer Ort? Würde es zu sozialen Unruhen kommen, weil die Angestellten ihren Arbeitgebern ehrlich ihre Meinung sagen würden? Würden Familien enger zusammenhalten, weil die Mitglieder besser miteinander kommunizieren könnten? Wären Draufgänger Mangelware oder im Überfluss vorhanden?

Was wäre, wenn Ihnen ein bestimmter Wunsch erfüllt werden könnte?

Wenn plötzlich ein Geist erschiene und Ihnen einen Wunsch freistellte, wofür würden Sie sich entscheiden? Würden Sie sich selbst körperlich, geistig, von den Gefühlen oder der Spiritualität her ändern wollen? Hätten Sie gerne grenzenloses Wissen oder lieber grenzenlose Macht? Würden Sie die Welt verändern oder die Natur und Umwelt wiederherstellen? Würden Sie ins Weltall reisen und unsere Galaxie besichtigen wollen?

Was wäre, wenn Sie keine „Was-wäre-wenn-Fragen" stellen könnten?

Wenn Sie sich gar nichts vorstellen könnten, was nicht existiert, könnten Sie dann noch kreativ sein? Vielleicht wäre dann der Zufall die Haupttriebkraft des kreativen Denkens, und die Entwicklung der Naturwissenschaft und der Kunst wäre ein evolutionärer Prozess: Ein erfolgreicher Versuch würde beibehalten, weil er funktionierte. Wäre die Unfähigkeit, „Was-wäre-wenn-Fragen" zu stellen, dasselbe wie die Unfähigkeit mancher Menschen, Metaphern und Wortspiele zu bilden oder die Schönheit von Blumen oder Kunstwerken wahrzunehmen?

Die Sprachen des Denkens

> „Die Wörter einer Sprache, so wie sie geschrieben oder gesprochen werden, scheinen irgendwie keinerlei Einfluss auf meine Gedanken auszuüben. Die körperlichen Wesenheiten, die als die Elemente des Denkens fungieren, sind bestimmte Zeichen und mehr oder weniger klare Bilder, die sich willentlich reproduzieren oder kombinieren lassen."
>
> *Albert Einstein*, Physiker

Verschiedene kreative Prozesse, ebenso wie Künstler und Wissenschaftler, unterscheiden sich durch die innere Gedankensprache verschiedener Menschen. Das äußerst komplizierte und eng verwobene Gewebe menschlicher Gedanken setzt sich aus abstrakten und realistischen Bildern, teilweise ausgeformten Gefühlen und Wortströmen zusammen. Es ist ein Verbund von inneren Dialogen, Träumereien, Tagträumen, tieferen Überlegungen, herauskristallisierten Konzepten, halb fertigen Meinungen, flüchtigen Gedanken und langfristigen Werten. Kreative Menschen verstehen es, mit den Symbolen der von ihnen gewählten Sprachen umzugehen.

Jede Sprache des Denkens stellt eine andere Art des Wissens und Denkens dar, und jeder von uns ist in diesen Sprachen mehr oder weniger bewandert. Ihre Wurzeln liegen in unseren Wahrnehmungen – im Tast- und Gesichtssinn, im Gehör, in der Bewegung, im Gleichgewicht und in der Fantasie:

Wörter

Wörter, ob in gesprochener, geschriebener oder gedachter Form, sind für die meisten Menschen die vertrauteste innere Sprache. Wörter bilden die Brücke zwischen vielen Erfahrungen. Sie verbinden die Vergangenheit und die Zukunft, Gedanken und Gefühle sowie Urteil und Handlung.

Bilder

Geistige Bilder sind innere Reproduktionen von sinnlich wahrnehmbaren Objekten. Beim visuellen Denken werden diese Bilder als Diagramme, Zeichnungen, Modelle, Drehbücher oder bewegliche Bilder manipuliert.

Musik

Musik gilt als universale Sprache, als die Sprache des Gefühls, die alle Grenzen, Zeiten, alle Trennungen und Einteilungen der menschlichen Kultur überwindet.

Bewegung

Die Kinästhesie oder das Muskelgefühl spielen bei der Choreografie, im Gesichtsausdruck, bei der Finte eines Basketballspielers oder bei einer Skateboard-Bewegung eine Rolle. Beim Tanzen drücken die Bewegungen des Körpers emotionale Zustände aus.

Abstraktes Denken

Das abstrakte Denken strebt danach, sich von der Welt der Wahrnehmung zu trennen. Das wichtigste Beispiel ist die Mathematik. Ihre Sprache beschäftigt sich mit Beziehungen, Berechnungen und logischen Schlussfolgerungen.

Diese Kategorien sind nur geläufige Beschreibungen, keine absoluten Einteilungen. Wissenschaftler können bei der Lösung eines Problems sowohl verbales als auch visuelles und abstraktes Denken einsetzen. Ein Choreograf plant die Schrittfolge eines Tanzes möglicherweise mit kinästhetischen Bildern, stellt sich aber mit visuellen Bildern vor, wie das Publikum den Tanz wahrnehmen wird. Ein Schriftsteller wechselt zwischen seinem Hauptthema oder -bild und seinen Wörtern hin und her.

Der britische Naturwissenschaftler Grey Walter behauptet, dass 15 Prozent der Menschen hauptsächlich in Wörtern denken, weitere 15 Prozent vorwiegend in Bildern und die übrigen 70 Prozent in einer Kombination aus Wörtern und Bildern. Der Schriftsteller Morton Hunt sagt zu diesem Thema, dass wir zwar nicht immer nur in Wörtern denken, dass wir aber ohne Wörter nur sehr wenig denken.

Daher sollten wir die Fähigkeit, zwischen den geistigen Sprachen zu dolmetschen, in unseren Werkzeugkasten für kreatives Denken aufnehmen. Wenn wir unsere Ideen noch würzen möchten, können wir in einen anderen Denkmodus wechseln und die Ideen durch ein neues Medium ausdrücken. Wie könnten wir das anfangen?

Von dem einen Topf zum anderen

> „Malt er?
> Er würde gern ein Gedicht schreiben.
> Schreibt er?
> Er würde gern ein Bild malen.“
>
> *Robert Browning*, Dichter

Don Campbell, der Autor des Buches *Introduction to the Musical Brain*, sollte einmal einer Gruppe von lernbehinderten Schülern das Alphabet beibringen. Andere Lehrer hatten diese Aufgabe als unmöglich zurückgewiesen, da die Schüler die Buchstaben nicht schreiben konnten. Doch Campbell wählte eine andere Methode. Er ließ die Schüler die Umrisse der Buchstaben mit ihrem Körper beschreiben. Sie gingen die Buchstaben entlang, zeichneten sie mit dem Ellbogen und tanzten sie einen nach dem anderen. Schon nach nur einer Unterrichtsstunde konnten alle Schüler das Alphabet aufsagen.

Manchmal gerät man in eine Sackgasse, wenn man nur eine Sprache des Denkens benutzt. Als die Physiker um die Jahrhundertwende die Struktur des Atoms zu erforschen begannen, ließen sich viele von ihnen unbewusst von der Bedeutung des Wortes einschränken. Das aus dem Griechischen abgeleitete Wort „Atom“ bedeutet „unteilbar“. Die Physiker mussten sich erst von diesem Begriff befreien, bevor sie demonstrieren konnten, dass das Atom sich in Wirklichkeit aus noch kleineren Bestandteilen zusammensetzt.

Wörter neigen dazu, die Dinge zu fixieren. Sie stellen feste Anhaltspunkte für unsere Gedanken dar. Der Gestaltpsychologe Rudolf Arnheim ist der Meinung, dass die verbale Sprache im Wesentlichen stabilisierend und konservativ ist. Wörter folgen eines nach dem anderen. Sie reihen die Erfahrungen in Ursache und Wirkung ein, in eine Reihe von Ereignissen, in ein Muster, das in den Zeitablauf eingebunden ist. Der alte lateinische Spruch „Nomen est numen“ – etwas zu benennen heißt, es zu kennen – steht für die Vorstellung, dass Konzepte durch Wörter festgelegt werden. Wenn also eine Idee einen Namen bekommen hat, haben wir sie in gewissem Sinn in Gips gegossen. Sie wird fest, vertraut und erhält bestimmte Eigenschaften.

Die Bildersprache ist dagegen meist wesentlicher flexibler als Worte. Wenn wir unseren Blickwinkel ändern wollen, brauchen wir nur ein Auge zu schließen und hinzuschauen, dann das andere Auge zu schließen und erneut hinzuschauen. Visuelle Bilder erscheinen oft sehr schnell und rufen so das Gefühl der Verspieltheit und der Entdeckerfreude hervor. Ein einziges Bild trägt oft eine Vielzahl von Bedeutungen in sich. Für Darwin hatte das Bild eines Baumes mit vielen verzweigten Ästen eine ganz bestimmte Bedeutung, aber für andere Menschen kann es alles mögliche andere bedeuten, vom Stammbaum über einen verzweigten Fluss und ein neuronales Netzwerk bis hin zu der Art und Weise, wie das Wasser nach dem Autowaschen die Einfahrt hinunterfließt.

Jede Sprache hat eine eigene Syntax und Struktur. Das Deutsche folgt beispielsweise dem Subjekt-Verb-Objekt-Muster. Die Möglichkeit, subtile Beweise zu erbringen, ergibt sich in der Mathematik aus den präzisen Regeln der Logik. Die Bildersprache ist zwar subjektiv und folgernd, aber dennoch gibt es gewisse Prinzipien für eine gute Zusammenstellung und eine sinnvolle Kombination visueller Elemente.

Leonard Bernstein verglich die Struktur und Bedeutung von Musik mit gesprochener Sprache: Die Motive entsprechen den Substantiven, die Akkorde stellen die Adjektive und Adverbien dar, und die verschiedenen Rhythmen fungieren als Verben. Auch der Komponist Cedric Thorpe Davie sieht einen Zusammenhang zwischen Musik und Sprache: Musikalische Phrasen, die kleinsten unterscheidbaren musikalischen Einheiten, befriedigen uns ebenso sehr oder so wenig wie ein Vers aus einem Gedicht. Der Intellekt und das Gefühl verlangen, dass zwei oder mehr Phrasen aufeinander folgen müssen, um sich auszugleichen und sich in ihrer Bedeutung zu ergänzen. So wie in der Literatur aus logisch zusammenhängenden Satzteilen verständliche Sätze gebildet werden, so besteht auch in der Musik der erste Schritt hin zu sinnvollen Klangfolgen darin, zwei oder mehr Phrasen zu einem musikalischen Satz zusammenzufügen.

Das Ausdrücken einer Idee in einer anderen Sprache des Denkens bietet Ihnen auch eine weitere Möglichkeit, sich neue Perspektiven Ihrer Arbeit zu erschließen. So könnte ein Schriftsteller in einem Thriller beispielsweise nach musikalischer Harmonie, nach Progression, Überraschung, Kontrast und Balance streben, während der Musiker in einer Melodie eine Unterhaltung – Aussage und Antwort – herausarbeiten könnte. Der Maler sucht in seinem Gemälde nach Logik, und der Mathematiker spürt in einem logischen Beweis die darin verborgene Schönheit und Eleganz. Versuchen Sie mithilfe der Aufgaben auf den folgenden Seiten selbst einmal, die verschiedenen Sprachen auszuprobieren und zwischen ihnen hin und her zu wechseln.

Wörter

60-Sekunden-Geschichten

Erzählen Sie aus dem Stegreif eine Minute lang, wie Sie in den folgenden Situationen handeln würden. Fangen Sie einfach an und beschreiben Sie, was Sie tun würden.

- Ein Freund hat für Sie als Überraschung ein Blind Date arrangiert. Sie haben ein Foto der betreffenden Person gesehen und wissen, dass er (oder sie) sehr attraktiv ist. In ein paar Minuten wird diese Person bei Ihnen sein, und Sie entdecken im Badezimmerspiegel, dass Sie einen riesigen Pickel auf der Nase haben.
- Sie sind ein Model und müssen sich im Umkleideraum schnell umziehen. Gleich müssen Sie hinaus auf den Laufsteg. Beim Anziehen des neuen Kleides reißen Sie den linken Ärmel ab.
- Sie haben auf einer Party einen attraktiven Mann/eine attraktive Frau kennen gelernt und erzählt, Sie seien ein bekannter Maler. Nun ruft diese Person Sie an. Sie steht vor dem Eingang Ihres Wohnhauses und möchte Sie besuchen. In Ihrer ganzen Wohnung gibt es kein einziges Bild.
- Ihr Ehepartner lüftet das Geheimnis Ihres Wochenendausflugs, den er/sie seit Wochen geplant hat – Sie sollen zum Bungee Jumping gehen.
- Sie sind Mitglied einer Space-Shuttle-Crew, und gerade als das Space Shuttle den Orbit erreicht, bemerken Sie, dass Sie etwas sehr Wichtiges vergessen haben.

60-Sekunden-Reden

Die folgenden Improvisationen sind eine große Belustigung beim Abendessen im Kreis der Familie. Wählen Sie ein Thema aus und erklären und verteidigen Sie es eine Minute lang überzeugend.

- Diamanten sind etwas sehr Schönes, aber noch besser ist es, ungeschliffene Steine zu tragen.
- Krieg ist unvermeidlich. Bewaffnete Konflikte lassen sich einfach durch nichts vermeiden, wenn irgendwo Spannungen aufgetreten sind.
- Eine musikalische und künstlerische Ausbildung ist wesentlich wichtiger als die reine Konzentration auf das Lesen und Schreiben.
- Kleine Kinder sollen ruhig mit Streichhölzern spielen dürfen.
- Der Häuptling der Gallier bei Asterix hat absolut Recht: Der Himmel fällt auf die Erde.
- Ich stamme eigentlich aus der Zukunft, genauer gesagt aus der Zeit in 1000 Jahren.
- Es ist überhaupt keine Frage: Das Fernsehen ist die bisher bedeutendste Erfindung überhaupt.
- Die Leute sollten erst mit 25 Jahren zum ersten Mal Sex praktizieren.
- Buchhalter sind die kreativsten Menschen auf der ganzen Welt.
- Rot ist die schrecklichste Farbe des Regenbogens.
- Jeder Mensch auf der ganzen Welt sollte gesetzlich zum Deutschlernen verpflichtet werden.

Mysteriöse Fragen

Stellen Sie bei einem Abendessen mit Freunden die folgenden Fragen als Ausgangspunkt für gemeinsame verbale Überlegungen:

- Was sind die drei wichtigsten Aufgaben des Regierungschefs eines Landes?
- Was bedeutet es eigentlich, schön zu sein?
- Wenn Sie eine Zeitreise in die Vergangenheit machen und zu einem beliebigen Zeitpunkt ein Jahr lang leben könnten, welche drei Dinge würden Sie mitnehmen und warum?
- Nennen Sie zwei unmögliche Ereignisse – Dinge, die einfach nicht passieren könnten.
- Wie erkennt man, dass jemand nicht die Wahrheit sagt? Welche Anzeichen gibt es dafür?
- Haben Träume eine Bedeutung? Woher kommen sie?
- Wer hat im Leben mehr Spaß, Männer oder Frauen? Warum?

Neue Produktnamen

Marketing-Leute suchen ständig nach neuen, Aufsehen erregenden Namen. Denken Sie sich clevere Namen für die folgenden neuen Produkte aus, mit denen diese sich gut vermarkten lassen würden:

- Einen ultraflachen Computerbildschirm
- Ein Aerosol-Spray, das Kleidungsstücke parfümiert
- Einen Video- und Buchratgeber, der Teenagern beibringt, wie wichtig es ist, keine Drogen zu nehmen
- Einen aufblasbaren Schneeschlitten
- Hüte mit Schirmen, die den Kopf vor ultravioletter Strahlung schützen sollen

- Schmuck, der zur diskreten Aufbewahrung von Kondomen dient
- Moderne Tarotkarten
- Eine Wandfarbe, die über mehrere Stunden hinweg laufend die Farbe ändert.

Neue Slogans

Ebenso wichtig wie der Name ist oft der Produkt-Slogan. Erfinden Sie den ultimativen Slogan für die folgenden Produkte bzw. Unternehmen:

- Ein Füllfederhalter mit doppelt so viel Tinte wie andere Füllfederhalter.
- Ein Textverarbeitungsprogramm, das Tippfehler sofort bei der Eingabe korrigiert.
- Eine Glühbirne, die sechs Mal so lange brennt wie normale Glühbirnen, aber nur doppelt so viel kostet.
- Ein Restaurant, in dem die Gäste ihr Essen an einem riesigen Grill selbst zubereiten. Der Grill steht im Essbereich, und die Gäste haben beim Grillen Gelegenheit, einander kennen zu lernen.
- Ein Einkaufszentrum, das einen Nischenmarkt – das so genannte „Bildungsshopping" – zu entwickeln versucht, indem es Einkaufspassagen, naturwissenschaftliche Zentren und Museen in sich vereint. Die Käufer können auf einer Etage Edelsteine und Kunstwerke betrachten und auch Turnschuhe kaufen.
- Ein Telefon mit einer computerisierten Klingel, das bis zu 20 verschiedene digital aufgezeichnete Klingeltöne abspielen kann – beispielsweise eine Geigenmelodie, eine Feuerwehrsirene, das Miauen einer Katze und einen Gewehrschuss.

ABCD-Denken

Finden Sie ein Wort, das sich aus vier aufeinander folgenden Buchstaben im Alphabet bilden lässt?

Dingsda

Wussten Sie, dass jener Balken im Dachstuhl, der die Sparren stützt, Pfette heißt und dass Mennige ein Schutzanstrich gegen Rost ist? Die folgende Wortliste besteht aus lauter wirklich existierenden Bezeichnungen für ganz alltägliche Dinge. Weisen Sie sie beim Durchlesen bestimmten Gegenständen zu.

- Aliud
- Boskett
- Bregen
- Katafalk
- Kaveling
- Lieschen
- Posament
- Runge
- Vedette
- Ziborium.

Lautmalerische Namen

Der Psychologe J. P. Guildford führte ein Experiment durch, bei dem zahlreichen Personen die folgende Abbildung gezeigt wurde. Die Leute durften wählen, welche der beiden Formen den Namen „Wanesh“ und welche den Namen „Tuckatee“ erhalten sollte. Die meisten entschieden sich dafür, die eckige Form „Tuckatee“ und die geschwungene Form „Wanesh“ zu nennen.

Sehen Sie sich nun in dem Raum um, in dem Sie sich befinden, und wählen Sie drei Gegenstände aus, denen Sie einen Namen geben, der zu ihnen passt.

Bilder

Visualisierungsübung

Wählen Sie einen Gegenstand aus Ihrer Umgebung – beispielsweise ein Buch oder eine Lampe – aus und betrachten Sie ihn einige Minuten lang aus verschiedenen Perspektiven. Können Sie sich vorstellen, wie der Gegenstand aussehen würde, wenn man ihn auf den Kopf stellte, ihn aus nächster Nähe oder von hinten ansehen würde? Was würden Sie wohl sehen, wenn Sie durch ihn hindurchgehen könnten? Nehmen Sie sich die Freiheit, immer neue Möglichkeiten zu entdecken.

Geistiger Kubismus

Falten Sie nun diese sechs Quadrate im Kopf zu einem Würfel. Können Sie ihn deutlich vor sich sehen?

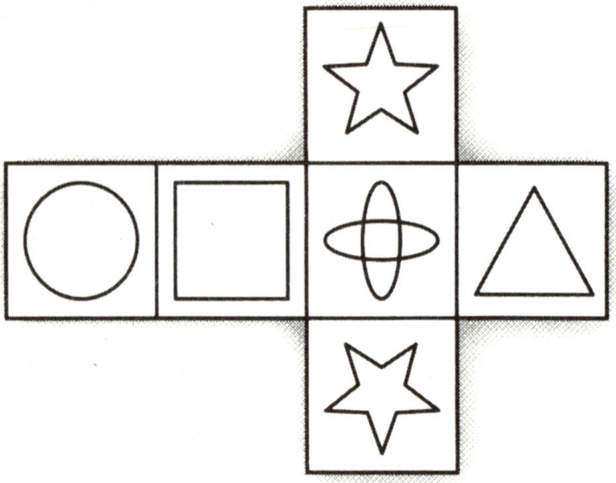

Würfelspiel

Halten Sie diese Würfel im Geiste vor sich. Können Sie sie drehen und aus verschiedenen Blickwinkeln ansehen?

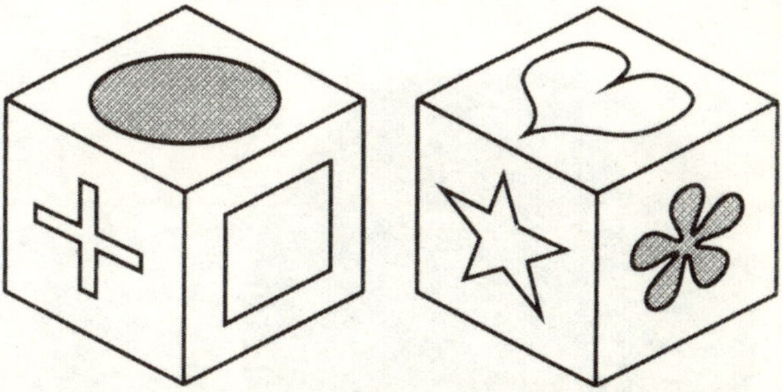

Vorstellungskraft

Stellen Sie sich die folgenden Ideen vor:

- Visualisieren Sie den Weg von Ihrem Zuhause zur Arbeit.
- Visualisieren Sie zehn Gesichter.
- Visualisieren Sie fünf Hotelzimmer, in denen Sie einmal gewohnt haben.
- Visualisieren Sie fünf Tiere, deren Namen mit „B“ beginnen.
- Visualisieren Sie fünf Lampen.
- Visualisieren Sie fünf Innenräume von Autos.
- Visualisieren Sie fünf verschiedene Arten von Wolken.

Gedränge

Wie viele identische Bowling-Kugeln können Sie maximal so um eine zentrale Bowling-Kugel herum anordnen, dass jede Kugel die Kugel im Zentrum berührt?

Vorstellungsvermögen

Stellen Sie sich bildlich vor:

- Ein Bild von sich selbst, wenn Sie erfolgreich sind
- Ein Bild von sich selbst, wenn Sie glücklich, entspannt und erfüllt sind
- Ein Bild von sich selbst, wie Sie in zehn Jahren aussehen
- Ein Bild von sich selbst, wenn Sie zehn Kilo mehr (bzw. weniger) wiegen als jetzt

- Ein Bild von sich selbst, wenn Sie etwas tun, wovon Sie schon immer geträumt haben
- Ein Bild von sich selbst mit genügend Geld auf der Bank
- Ein Bild von sich selbst, wenn Sie die ideale Arbeitsstelle gefunden haben.

Virtueller Spaziergang

Visualisieren Sie diesen Raum und stellen Sie sich vor, wie Sie ihn durchwandern.

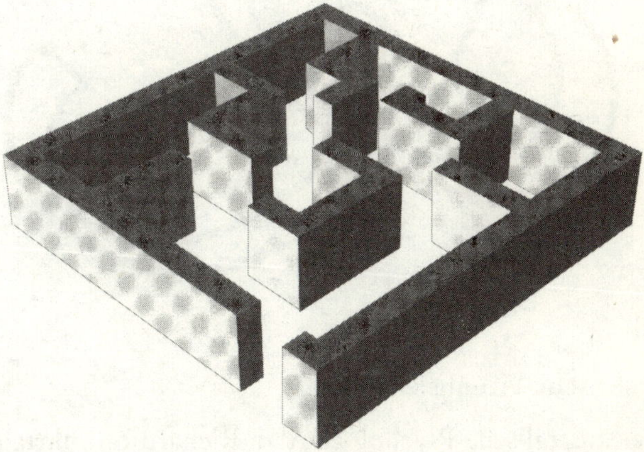

Große Wanderung

Stellen Sie sich vor, die folgende Figur hätte die Größe eines Fußballfeldes. Können Sie sich dabei beobachten, wie Sie entlang ihres Umrisses spazieren gehen?

Praktische Visualisierung

Der australische Psychologe Alan Richardson führte ein bemerkenswertes Experiment durch, in dem er Visualisierung mit sportlicher Leistung verknüpfte. Drei Gruppen von Studenten, die keinerlei Erfahrung mit Visualisierung hatten, wurden zufällig ausgewählt und sollten Basketball spielen. Die erste Gruppe übte 20 Tage lang Korbwürfe. Die zweite Gruppe übte nur am ersten und am 20. Tag. Die dritte Gruppe übte ebenfalls am ersten und am 20. Tag, aber zusätzlich verbrachten die Studenten 20 Minuten pro Tag damit zu visualisieren, wie sie Körbe warfen.

Die Studenten der dritten Gruppe wurden angewiesen, sich darauf zu konzentrieren, wie sich die Erfahrung anfühlt. Sie stellten sich vor, wie sie den Ball in Händen hielten, wie sie an die Linie traten, den Korb ansahen, Maß nahmen, die Bewegung des Wurfs spürten und den Klang des Balles hörten. Wenn der Ball durch den Korb fiel, hörten sie das zugehörige Geräusch. Wenn der Ball vom Korbrand abprallte und zu Boden fiel, hörten sie den Aufschlag. Wenn sie daneben warfen, richteten sie ihn so lange immer wieder auf sein Ziel, bis sie jedes Mal in den Korb trafen.

Die erste Gruppe, die mit echten Basketbällen übte, verbesserte sich um 24 Prozent. Die zweite Gruppe, die so gut wie nicht übte, erreichte gar keine Fortschritte. Und die dritte Gruppe, die hauptsächlich durch Visualisieren übte, verbesserte sich um 23 Prozent. Dafür, dass diese Studenten kaum je einen Basketball in die Hand genommen hatten, ist das eine beachtliche Leistung.

Wie nutzen kreative Geister die Visualisierung? Napoleon stellte sich vor jeder Schlacht vor, wie es sein würde, auf dem Schlachtfeld zu stehen. Conrad Hilton stellte sich vor, wie es sein würde, ein Hotel zu besitzen, bevor er sich tatsächlich eines kaufte. Dr. Charles Mayo ging jede Operation, die er durchführen wollte, zuvor im Geiste durch. Die geistige Vorübung bereitet auf das tatsächliche Ereignis vor und befreit die Fantasie, die sich dann ungezwungen überallhin bewegen kann, auch in die Zukunft. Wenn Sie sich selbst fragen, welches Ergebnis Sie gerne erzielen würden, versuchen Sie, die Antwort als geistiges Bild vor sich zu sehen. Ihre Antwort könnte das Bild eines Romans auf dem Bestseller-Ständer, das Bild eines vollendeten Gemäldes oder das Bild von vier engen

Freunden bei einem gemütlichen Abendessen auf Ihrer neuen Terrasse sein. Vielleicht sehen Sie das Bild vor sich, wie Ihre Studenten endlich ein Thema begreifen und aufmerksam vor Ihnen sitzen. Wenn Sie das gewünschte Ergebnis kennen, geben Sie sich selbst die Richtung vor. Solange Sie dieses Bild im Gedächtnis behalten, ziehen Sie sich selbst dorthin. Sorgen Sie für ein klares, lebendiges und unverrückbares Bild, und Ihr Ziel wird noch deutlicher vor Ihnen stehen. Vergessen Sie nie, dass jedes große Werk irgendwann zunächst nur ein Bild in der Vorstellung eines bestimmten Menschen war.

Kinästhetische Bilder

Bewegliche Visualisierungen

Visualisieren Sie die Gefühle, die Sie in den folgenden Situationen und bei den folgenden Aktivitäten empfinden würden:

- Ein Teenager, der zum ersten Mal in eine neue Schule kommt
- Mit dem Fallschirm aus einem Flugzeug springen
- Ein Schüler, der statt der erwarteten Sechs eine Eins plus erhält
- Ein Mensch, dem gerade gekündigt wurde
- Ein Kind, das einem Luftballon hinterher läuft
- Bei einem olympischen Bobrennen mitfahren
- Ein frisch gebackener Polizist nach seiner ersten Streife
- Schnorcheln in einem Korallenriff
- Einen F-16-Kampfjet fliegen

Abstrakte Bilder

Beantworten Sie die folgenden Fragen mithilfe Ihrer abstrakten Vorstellungskraft:

- Was ist größer, Rot oder Braun?
- Was ist massiver, ein Strecken oder ein Gähnen?
- Was braucht mehr Platz, ein Lachen oder ein Niesen?
- Was ist lustiger, Q oder Z?
- Was ist langsamer, Macht oder Mut?
- Was verbraucht mehr Energie, eine Eichel oder Licht?
- Was bietet mehr Raum, der Himmel oder ein Jahrhundert?
- Was erregt mehr Angst, Flach oder Gekrümmt?
- Was hat mehr Energie, < oder > ?

Rezept für hervorragende Ideen

Stellen Sie sich vor, wie die Welt in 25 Jahren aussieht

Wenn Sie Ihre Gedanken zu den folgenden Fragen formulieren, bringen Sie bitte alle Arten des Denkens – visuell, verbal, kinästhetisch und abstrakt – mit ein.

- Wie werden die PCs aussehen?
- Wie werden sich Autos verändert haben?
- Welche Kleidung werden konservative Leute tragen?
- Wie werden die Fernsehgeräte aussehen? Welche Programme wird es geben?
- Wie wird die Gesellschaft mit Gewaltverbrechen umgehen?
- Was wird als allgemein anerkanntes Schönheitsideal für Männer, Frauen und Kinder gelten?

- Welche Fähigkeiten werden in der Arbeitswelt am dringendsten gebraucht? Wie werden sie den Menschen beigebracht?
- Wie wird sich das Gesundheitswesen verändert haben?
- Welche Art von Selbsthilfeprogrammen wird am beliebtesten sein?
- Wie wird sich die Weltkarte verändert haben?
- Welche Themen werden an einem gewöhnlichen Tag die Abendnachrichten füllen?

Schon wenn Sie diese Fragen auf originelle und fantasievolle Weise beantworten können, werden Sie als Visionär gelten.

Üben Sie das Übersetzen einer Idee in die verschiedenen Sprachen des Denkens

Schritt 1

Setzen Sie sich ein Ziel und formulieren Sie Ihre Absichtserklärung. Beschreiben Sie Ihr Ziel in einem Satz.

Schritt 2

Übersetzen Sie die Absichtserklärung in ein Bild. Machen Sie sich keine Gedanken über Realismus, zeichnen Sie einfach irgendetwas, das Sie mit Ihrem Ziel verknüpft. Wenn Ihr Ziel beispielsweise ein neues Auto ist, zeichnen Sie ein Bild des Zündschlüssels, den Blick auf das Armaturenbrett oder eine Landschaft, durch die Sie bei der ersten Spritztour mit dem neuen Wagen fahren werden. Ihr Bild soll eine Vorstellung aus der Zukunft sein.

Schreiben Sie darüber oder darunter das Datum auf, bis zu dem Sie Ihr Ziel erreicht haben wollen.

Schritt 3

Bauen Sie ein Modell. Erstellen Sie aus einem festen Material – Ton, Zahnstocher, Legosteine, Kartoffelbrei – eine dreidimensionale Darstellung Ihres Ziels.

Schritt 4

Zeichnen Sie ein Flussdiagramm. Zeichnen Sie auf die eine Seite eines Blattes Papier ein Rechteck, das Ihre gegenwärtige Position anzeigt. Am anderen Ende des Blattes kommt ein weiteres Rechteck an die Position, an der Sie gerne stehen würden. Dazwischen zeichnen Sie verschiedene Formen, die die Schritte auf Ihrem Weg dorthin darstellen.

Schritt 5

Formulieren Sie eine Gleichung. Ordnen Sie die verschiedenen Elemente, die sich auf Ihr Ziel auswirken, in einer ausgeglichenen Gleichung an. Setzen Sie das Ziel auf die eine Seite, und auf der anderen Seite ordnen Sie die Faktoren an, die zusammen dieses Ziel ergeben.

Schritt 6

Tanzen Sie Ihre Idee. Welche Gesten und Bewegungen wären der geeignete Ausdruck für Ihr Ziel? Sie können gehen, klettern, auf und ab springen, mit der Faust schlagen, sich hinlegen und entspannen oder einen exotischen Tanz aufführen. Wie sieht Ihr Körper das vorgegebene Ziel?

Intuition

Übung
Wer wird Sie gleich anrufen?

Hatten Sie je das intensive Gefühl, etwas vorher gewusst zu haben, ohne zu wissen woher? Haben Sie beispielsweise je ohne bestimmten Grund ein Geschäft abgelehnt, nur um später zu erfahren, dass genau dieses Geschäft für einen anderen unglücklich verlaufen ist? Haben Sie je auf das klingelnde Telefon geblickt und genau gewusst, wer da anruft?

Im Gegensatz zu logischem, folgerichtigem und analytischem Denken basiert die Intuition auf plötzlichen Erkenntnissen, Fantasie und Vermutungen. Intuition ist unbezahlbar, wenn Sie etwas entscheiden sollen, ohne genügend Informationen zu besitzen. Denken Sie an ein paar Entscheidungen, die Sie in der Vergangenheit treffen mussten. Wägen Sie noch einmal die Optionen ab, die Ihnen damals offen standen. Wie kamen Sie zu der jeweiligen Entscheidung? Wurden Sie durch Tatsachen, die Sie später erfuhren, im Nachhinein bestätigt?

Haben Sie einen guten Draht zu Ihrer Intuition? Versuchen Sie es einmal mit den folgenden Fragen:

Telefonanrufe

Wenn das nächste Mal das Telefon klingelt, fragen Sie sich, bevor Sie abnehmen, von wem dieser Anruf sein könnte. Wenn Sie dann abgehoben haben, versuchen Sie den Grund des Anrufs zu erraten, bevor der Anrufer ihn nennt.

Arbeit

Wie viele Geschäftsabschlüsse werden Sie heute unter Dach und Fach bringen? Welche Kleidung werden Ihre Kollegen heute tragen? Wenn Sie zum ersten Mal jemanden besuchen, mit dem Sie bisher nur telefoniert haben, stellen Sie sich vor, wie diese Person und deren Büro wohl aussehen werden.

Meetings

In welcher Stimmung werden die Teilnehmer sein? Wie werden die einzelnen Personen auf die Informationen reagieren? Wer wird Ihre Pläne unterstützen, wer wird negativ eingestellt sein? Welche Fragen werden sie stellen?

Die Erkenntnis, dass Sie intuitive Fähigkeiten haben, ist eine Sache; zu lernen, sich in Entscheidungssituationen auf sie zu verlassen, ist etwas ganz anderes. Vielleicht hilft es Ihnen zu erfahren, dass viele berühmte Menschen – unter anderen, George Washington und der Gründer von Eastman Kodak, George Eastman – sich in ihrem Leben oft auf die Intuition verlassen haben. Auch das International Institute for Management in Lausanne hat ermittelt, dass erfolgreiche Manager angeben, gerade bei wichtigen geschäftlichen Entscheidungen oft auf ihre Intuition zu vertrauen.

Ebenso, wie es verschiedene Sprachen des Denkens gibt, gibt es auch verschiedene Sprachen der Intuition. Jeder Mensch ruft seine Intuition auf eine ganz eigene, persönliche Weise zu Hilfe. Für manche Menschen sind intuitive Verbindungen kinästhetisch: Sie empfinden körperliche Gefühle wie beispielsweise eine Spannung in den Schultern, Kälte, Wärme, ein Schwindelgefühl. Bei anderen Menschen äußert sich die Intuition dagegen als Stimme im Kopf. Zum Beispiel hören sie: „Etwas in mir sagt mir, dass ich dieser Person nicht vertrauen kann." Visuellen Menschen erscheint ihre Intuition in unerwarteten Bildern.

Die Botschaften der Intuition sind mehr oder weniger klar und deutlich. Manchmal müssen wir erst langsam herausfinden, was die Intuition uns sagen will – und dann müssen wir ihr vertrauen. Auf diese Weise kommunizieren wir mit den Musen – diesen unwillkürlich und mit großer Macht und Sensibilität auftauchenden Bildern. Professor George Turne von der University of California in Berkeley schreibt, dass folgende Merkmale darauf hinweisen, dass ein Problem mithilfe der Intuition gelöst wird:

- Man weiß, wie man an ein Problem herangehen muss, ohne zu wissen woher.
- Man verbindet das Problem aus dem einen Bereich mit scheinbar ganz anderen Problemen in völlig anderen Bereichen.
- Man sieht Verbindungen, Beziehungen und Zusammenhänge zwischen Ideen und Objekten.
- Man erkennt die Ursache eines Problems.
- Man kann schon im Voraus eine allgemeine Lösung des Problems erkennen.
- Man erkennt die richtigen Lösungen, weil man bei ihnen ein gutes Gefühl hat.
- Man konzentriert sich nicht auf das, was ist, sondern eher auf das, was sein könnte.

Rezept für hervorragende Ideen

Übungen zur Anregung der Intuition

Ein hervorragendes Ratespiel, das gleichzeitig die Fantasie, die Logik und die Intuition fördert, ist „Essenzen“. Zwei oder mehr Mitspieler einigen sich auf ein Thema, beispielsweise berühmte Menschen. Einer denkt an eine berühmte Person, und die anderen versuchen, diese zu erraten, indem sie ihre oder seine „Essenz“, also das Wesen der Person, ermitteln. Ein Spiel könnte beispielsweise folgendermaßen verlaufen:

Also, ich denke an einen bereits verstorbenen Mann.
(Es handelt sich um Albert Einstein.)

Frage: Welches Musikinstrument ist diese Person?
Antwort: Eine Geige.
F: Welche Farbe ist diese Person?
A: Hellgrau mit purpurnen Klecksen.
F: Welche Art von Kleidung ist diese Person?
A: Ein verknautschter Pulli.
F: Welches Gewässer ist diese Person?
A: Ein ruhiger See, aber mit mächtigen Strömungen unter der Oberfläche.
F: Welcher Baum ist diese Person … ?

Die Antworten sind weder richtig noch falsch, sie geben nur unseren Eindruck von der betreffenden Persönlichkeit wieder. Überlegen Sie, welche Fragen Sie stellen würden, wenn Sie es mit den folgenden Kategorien zu tun hätten:

Welche Farbe?	Welche Eiskremsorte?	Welches historische Zeitalter?
Welches Gewässer?	Welches Tier?	Welche Art von Musik?
Welches Kleidungsstück?	Welcher Gesichtsausdruck?	Welche Art von Nahrungsmittel?
Welches Auto?	Welche Art von Stadt?	Welche Art von Fernsehshow?
Welches Wetter?	Welche Schrift?	Welche Pflanze?
Welcher Architekturstil?	Welches Getränk?	Welcher Literaturstil?
Welcher Kunststil?	Welcher Sport?	Welcher Teil eines Hauses?
Welche Art von Film?	Welche Tageszeit?	Welcher Körperteil?

Helfen Sie Ihrem Glück auf die Sprünge

> „Nennen Sie den größten aller Erfinder: Zufall.“
>
> *Mark Twain*, amerikanischer Schriftsteller

Kreative Menschen haben oft auch sehr viel Glück. Sir Alexander Fleming ließ aus Versehen ein wenig Brotschimmel in eine Bakterienkultur fallen und verdarb dadurch ein Experiment. Ärgerlich betrachtete er die Petrischale trotzdem unter dem Mikroskop und bemerkte in dem Meer von Bakterien ein paar unbedeckte Flecken. Fleming erkannte, dass der Schimmel zweifellos das Wachstum der Bakterien hemmte. Der Schimmel war

Penicillin. Ein reiner Glücksfall, aber Fleming war dafür gerüstet.

Kreative Menschen haben anscheinend eine Gabe dafür, zur rechten Zeit am rechten Ort zu sein. Eine neue Information kommt auf den Schreibtisch, und genau dieser Zeitungsartikel enthält den fehlenden Hinweis. Ein Bekannter, den Sie seit zehn Jahren nicht mehr gesehen haben, nimmt zufällig an der gleichen Konferenz teil. Er besitzt die Vertriebsrechte an dem Produkt, das Sie dringend brauchen. Es klappt einfach alles.

Diese Art von Glück erscheint uns als Blitz aus heiterem Himmel, völlig unkontrollierbar und auch nicht vorhersehbar. Die Schriftstellerin Denise Shekerjian ist jedoch anderer Meinung. Ihr zufolge ist die Situation eher mit einer Person vergleichbar, die sich in einem Laden den besten Blitzableiter kauft, den sie finden kann, diesen dann am höchsten Punkt des Daches anbringt und dann geduldig daneben sitzend auf das nächste Gewitter wartet.

Das Glück kommt zu denen, die nach etwas suchen. Unterschätzen Sie nie seinen Wert. Denken Sie daran, wie viele Menschen ihre Ideen dadurch entwickelten, dass sie Glück mit einem wachen Auge verbanden:

- **Vulkanisierter Gummi**
  Charles Goodyear machte sich jahrelang Gedanken darüber, wie sich Gummi industriell nutzen lassen könnte. Das Problem bestand darin, dass Gummi in erwärmtem Zustand zu weich und in kaltem Zustand zu hart und brüchig war. Eines Tages schüttete er aus Versehen etwas Gummi auf seinen Herd aus, und der Gummi schmolz zu einer dunklen, harten Substanz. Der neue Gummi blieb bei zahlreichen verschiedenen

Temperaturen unverändert fest und dennoch formbar. So entdeckte Goodyear das Vulkanisierungsverfahren.

- **Saccharin**
  Im Jahr 1879 kratzte sich der Chemiker Constantin Fahlberg in seinem Labor mit der Hand an der Lippe, ohne sich zuvor die Hände gewaschen zu haben. Er war überwältigt von dem süßen Geschmack, den er verspürte. Einige Jahre später wurde diese Substanz bereits als Zuckerersatz verwendet.
- **Röntgenstrahlen**
  Ende des 19. und Anfang des 20. Jahrhunderts führte der Physiker W. C. Röntgen eine Reihe von Experimenten mit Kathodenstrahlröhren durch. Daneben hatte er einmal ein Blatt Papier liegen lassen, das mit einer Chemikalie mit dem Namen Barium-Platinocyanid bedeckt war und das er für ein anderes Experiment vorgesehen hatte. Zu seiner Überraschung begann das Papier jedes Mal zu glühen, wenn er die Kathodenstrahlröhre aktivierte. Er ließ nicht locker und entdeckte so die Röntgenstrahlen.
- **Elektromagnetismus**
  Während einer Demonstration des Erdmagnetismus vor Studenten der Naturwissenschaft im Jahre 1819 führte Hans Christian Oersted einen Draht zwischen den Polen eines Hufeisenmagneten hindurch. Er bemerkte, dass der Draht bei jeder Bewegung einen geringen elektrischen Strom abgab. Oersted bewies ausgehend von dieser Beobachtung später die Verbindung zwischen elektrischem Strom und Magnetismus und bereitete schließlich den Weg für die Entwicklung des Elektromotors und des Generators.
- **Nitrozellulose**
  Der Erfinder C. F. Schonbein unternahm den Versuch, stärkeres und gleichzeitig einfacher zu handhabendes

Schießpulver herzustellen. Da er in der Küche arbeitete, wischte er ein wenig Salpetersäure, die er versehentlich verschüttet hatte, mit der Schürze seiner Frau weg. Ein paar Minuten, nachdem er die Schürze zum Trocknen über den Herd gehängt hatte, fing sie zu brennen an (beinahe wäre sogar das ganze Haus abgebrannt). Dieser Vorfall führte schließlich zur Entdeckung von Nitrozellulose, einem Ersatz für Schießpulver.

Diese Geschichten machen deutlich, wie wichtig es ist, ständig die Augen offen zu halten und für neue Ideen empfänglich zu sein. Allerdings passieren jede Woche tausende von Zufällen. Woher weiß man, welcher sich zu verfolgen lohnt? Nun, man kann es nicht immer wissen. Wenn wir aber unserer Intuition vertrauen und auf ihre Weisungen hören, sind wir zumindest offen für alle Möglichkeiten. Geben Sie dem Zufall eine Chance, achten Sie genau auf etwaige bedeutsame Vorfälle, picken Sie die nützlichen Ideen heraus, und Sie werden auf jeden Fall mehr Glück haben.

Verleihen Sie Ihrem Denken Würze

Die nun folgende Sammlung von kleinen Zeitvertreiben, Kuriositäten und Überlegungen wird Ihrem Denken Würze verleihen. Wer weiß denn schon, wo genau er die Idee finden wird, die den Geschmack eines Problems, mit dem er beschäftigt ist, zur Geltung bringt?

Zeichensprache

Leute, die online über Computer miteinander kommunizieren, haben eine Reihe von Zeichen entwickelt, mit denen sie Gefühle ausdrücken. Das Zeichen :-) stellt ein glückliches Gesicht dar. (Sie müssen sich das Zeichen um 90 Grad im Uhrzeigersinn gedreht vorstellen.) Das Zeichen :-(ist ein trauriges Gesicht. Das Zeichen :-/ ist ein Stirnrunzeln, ; -) ist ein Zwinkern, .-) hat nur ein Auge, :-t ist ärgerlich, :-? raucht eine Pfeife, :-‘ ist erkältet, :-D redet zu viel, :-O ist schockiert, :-% hat einen Bart, (-: ist Linkshänder, {(:-) trägt ein Toupet, }(:-) trägt ein Toupet im Wind, [:-) trägt einen Walkman, :~) braucht eine Schönheitskorrektur an der Nase, :-)8 ist gut gekleidet und %-^ ist Picasso.

Interessante naturwissenschaftliche Experimente

Jedes Kind liebt wissenschaftliche Experimente, bei denen man von einem Problem ausgeht und die Lösung erarbeitet.

- Ein Eiswürfel lässt sich mit einem normalen Baumwollfaden hochheben. Feuchten Sie den Faden an, legen Sie ein Ende auf den Eiswürfel und streuen Sie Salz darüber. Das Salz senkt die Gefriertemperatur des Eises, sodass das weniger salzige Wasser in dem Faden gefriert und an den Eiswürfel gebunden wird.
- Man kann eine Flamme auf magische Weise überspringen lassen. Zünden Sie eine Kerze an und lassen Sie sie ein paar Minuten lang brennen. Blasen Sie sie dann aus und halten Sie ein brennendes Streichholz in den Rauch, etwa fünf Zentimeter über dem Docht. Die Flamme wandert den Rauch entlang abwärts und zündet die Kerze erneut an. Der Rauch besteht nämlich aus verdampftem Wachs, das noch beinahe die Temperatur hat, bei der es sich entzündet. In einer Kohlengrube können Flammen auf diese Weise ent-

lang eines Gasgemisches in Sekundenschnelle mehr als einen Kilometer weit wandern.

- Verbrennen Sie einen Zuckerwürfel, indem Sie ihn zuvor mit Zigarettenasche bestreuen. Normalerweise lässt sich Zucker nicht leicht in Brand setzen, aber die Asche verhindert, dass der Zucker abkühlt, und wirkt als Katalysator, d.h. sie setzt die chemische Reaktion in Gang, ohne dabei selbst verändert zu werden.

Faustregeln

In seinem hervorragenden Buch *Rules of Thumb* hat Tom Parker eine ganze Sammlung von Schätzwerten, Formeln und destillierten Weisheiten zusammengetragen. Hier eine Auswahl daraus:

- In gedruckter Form würde eine halbstündige Nachrichtensendung etwa die halbe Vorderseite einer Zeitung füllen.
  Roger Carpenter, Journalismus-Experte
- Wenn Sie ein Aquarium einrichten wollen, schütten Sie für jeden Zentimeter Fisch mindestens 1 $^1/_2$ Liter Wasser hinein.
  Jeff Furman, Unternehmensberater
- Wenn die Cornflakes am Rand der Schüssel zum ersten Mal in Bewegung geraten, ist die richtige Milchmenge in der Schüssel erreicht.
  Mike Rambo, Fotograf
- Die Papierkosten machen etwa ein Fünftel der Produktionskosten eines Buches aus.
  Marshall Lee, Buchbinder

- Wenn man die Arme in Schulterhöhe seitlich ausstreckt, entspricht die Entfernung zwischen den Fingerspitzen in etwa der Körpergröße.
  C. Dees, Experte für Triviales
- Auf einer Fläche von ca. 4 000 m^2 können hundert Autos parken.
  E. Mankin, Journalist
- Ein gestohlenes Gemälde lässt sich für ungefähr ein Zehntel des Preises verkaufen, den es auf dem offenen Markt erzielen würde.
  Ken Dalton, Maler
- Man braucht drei Versuche, um eine neue Idee vollständig auszuarbeiten, besonders wenn dazu ein Prototyp erstellt werden muss. Der erste Versuch deckt alle offensichtlichen Mängel auf, und beim zweiten werden sie beseitigt. Erst dann erkennt man, was man eigentlich tun muss.
  J. Baldwin, Designer und Schriftsteller

Optische Paradoxa

Widersprüchliche Abbildungen stimulieren den Geist. Auf der folgenden Seite sehen Sie eines meiner Lieblingsbilder: das Rad, das nicht weiß, in welche Richtung es sich drehen soll.

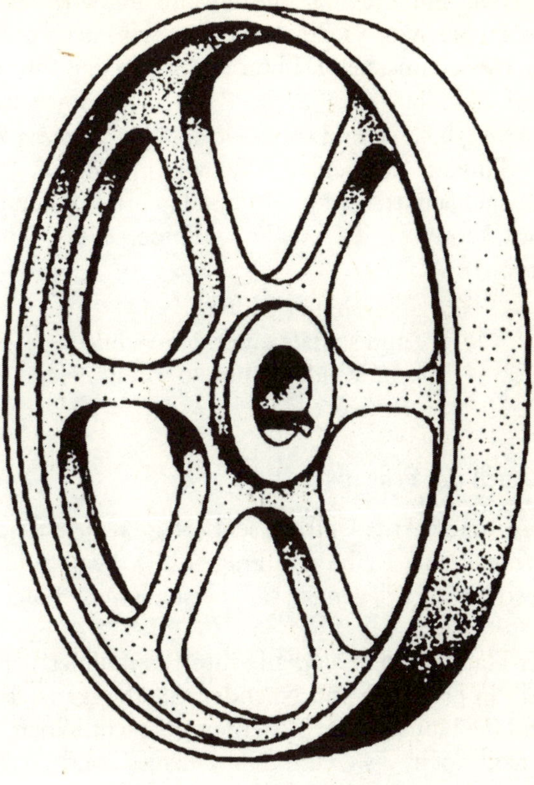

Haiku

Diese traditionelle Form japanischer Dichtkunst besteht aus drei Zeilen, die insgesamt 17 Silben umfassen. Die Verse erscheinen uns manchmal sehr knapp, aber ihr Ziel ist es, einfache Bilder des Lebens zu beschreiben, den Wechsel der Jahreszeiten oder Momente der Stille. Ein

Haiku lässt uns einen Augenblick lang auf einen Gegenstand oder ein Ereignis blicken und ihn oder es klarer sehen als je zuvor. Vielleicht können wir nachempfinden, was diese japanischen Dichter erblickten und fühlten.

Der klare, helle Mond –
viel dunkler erscheint
nun der Schatten des
Gebüschs.
Kokyô

Gang durch diese Welt –
wie in kühlen Regen-
schauern unter dem
Winde.
Tôga

Nun hat er Muße
und schläft unter dem Schnee,
der Weidenbaum.
Kakyô

Das Buch der Fragen

Der Autor Martin Dall präsentiert in seinem Buch *Lebensfragen* eine Reihe von Fragen, die die Seele ansprechen sollen. Überlegen Sie sich beispielsweise Folgendes:

- Ihr Haus, in dem sich alle Ihre Besitztümer befinden, geht in Flammen auf. Nachdem Sie Ihre ganze Familie und die Haustiere in Sicherheit gebracht haben, bleibt Ihnen noch Zeit, um ein einziges Mal ins Haus zurückzugehen und eine Sache zu holen. Was würden Sie retten?
- Wie würden Sie im Vergleich zur Allgemeinheit Ihre eigene körperliche Attraktivität einschätzen? Ihre Intelligenz? Ihre Persönlichkeit?
- Macht die Tatsache, dass Sie etwas noch nie zuvor getan haben, diese Sache attraktiver oder weniger attraktiv für Sie?

- Was ist die schrecklichste psychische Folter, die Sie sich vorstellen können? Alles, was auch nur minimale körperliche Verletzungen beinhaltet, kommt hier nicht in Betracht.
- Welche Dinge sind für Sie so persönlich, dass Sie sie mit niemandem besprechen können?

Wie viel ist eine Million?

- Eine Million entspricht in etwa der Zahl der Wörter in drei Spionageromanen.
- Eine Million Sekunden sind etwa elfeinhalb Tage. (Eine Milliarde Sekunden sind ungefähr 30 Jahre.)
- Eine Million Zentimeter ergeben genau 10 Kilometer. Das entspricht etwa dem Durchmesser einer Stadt mit einer Million Menschen.
- Eine Million Euro erwirtschaften 274 Euro Zinsen pro Tag.
- Eine Million Liter Wasser brauchen etwa 0,5 Sekunden, um die Niagarafälle hinunter zu fließen. Diese Wassermenge wäre ausreichend, um 7 500 Menschen ein Bad zu ermöglichen.

Das Ei des Kolumbus

Wie schafft man es, ein Ei auf eine Tischplatte zu stellen? Kolumbus hat das Ei an einem Ende leicht angeschlagen, so dass es flach wurde. Niemand hatte ihm gesagt, dass er die Regeln nicht brechen dürfe.

Palindrome

Die folgenden Sätze lassen sich vorwärts und rückwärts lesen.

- Bon soir, Rio-Snob!
- Die Liebe fleht: Helfe bei Leid!
- Draculas Alu-Card.
- Ein Examen? Ne, Maxe, nie!
- Erika feuert nur untreue Fakire.
- Ida war im Atlas, Abdul lud Basalt am Irawadi.
- Na Fakir, Paprika-Fan?
- Pepe in Tahiti hat nie Pep.
- O du relativ vitaler Udo!

- Rum am Amur.
- Tarne nie deinen Rat.

Paradoxa

Ein Paradoxon ist eine Aussage, die eine scheinbar unsinnige oder widersprüchliche Behauptung enthält und in einen Teufelskreis führt. Wie eine Schlange, die sich selbst in den Schwanz beißt, veranlassen Paradoxa uns zu endlosen Überlegungen.

- Bitte beantworten Sie die folgende Frage mit ja oder nein: „Sagen Sie als Nächstes das Wort ‚nein'?"
- Es ist verboten zu verbieten.
- Dieser Satz ist falsch.
- Ich imitiere alle außer mir selbst. (Pablo Picasso)
- Im Jahr 1765 veröffentlichten die Habsburger in Wien einen Index verbotener Bücher. 1777 musste der Index selbst in diesen Index aufgenommen werden, weil die Leute ihn dazu benutzten, sich interessanten Lesestoff zu besorgen.
- Das Geheimnis des Lebens ist wie ein Safe, in den die Kombination mit eingeschlossen ist.

Rückseite
Die Aussage auf der anderen Seite dieser Karte ist wahr.

Vorderseite
Die Aussage auf der anderen Seite dieser Karte ist falsch.

Ungereimtheiten

Im Folgenden finden Sie närrische Weisheiten – Aussagen und Geschichten, die auf den ersten Blick einen Sinn ergeben, auf den zweiten Blick närrisch erscheinen und beim dritten Blick trotz ihrer Unsinnigkeit eine Bedeutung enthüllen.

- Für einen Fuß im Schuh scheint die ganze Welt mit Leder gepflastert zu sein.
- Es ist egal, von welchem Punkt Sie ausgehen. Sie sind alle gleich. Alle führen sie zu einem Ausgangspunkt.
  Antonio Porchia
- Keine Schneeflocke fällt je an den falschen Ort.
  Zen
- Die Zukunft ist nur das Überholte in umgekehrter Reihenfolge.
  Vladimir Nabokov
- Durch das Werfen der Würfel wird der Zufall nicht abgeschafft.
  Marcel Duchamp
- Sobald man denkt, man sei frei, gibt es kein Entrinnen mehr.
  Ram Dass
- Hüten Sie sich davor, wie man so schön sagt, den Finger für den Mond zu halten, wenn Sie auf ihn zeigen.
  John Cage
- Jeder Augenblick ist ein Ort, an dem Sie nie zuvor gewesen sind.
  Mark Strand
- Wie groß ist schon der Unterschied zwischen Ja und Nein?
  Lao Zi

- Es gibt keinen Grund, warum ein Kaleidoskop nicht genauso viel Spaß haben sollte wie ein Teleskop.
  Mark Twain
- Nichts ist unpräziser als die Präzision.
  Eugene Ionesco
- Der ärgste Feind einer jeder unserer Wahrheiten ist vielleicht der Rest unserer Wahrheiten.
  William James
- Seien Sie auf klare Weise obskur.
  E. B. White
- Wenn man komponieren will, braucht man sich nur an eine Melodie zu erinnern, die sonst noch niemandem eingefallen ist.
  Robert Schumann
- Das Licht ist Gottes Schatten.
  Religio Medici
- Treffen sich zwei Psychologen. Der eine sagt zum anderen: „Dir geht es gut, wie geht es mir?"

Rezept für hervorragende Ideen

Schritt 1

Lenken Sie Ihre Gedanken mithilfe der folgenden Fragen in eine neue Richtung:

- Überlegen Sie sich drei „Was-wäre-wenn-Fragen", die Sie stellen könnten.
- Wie können Sie noch andere Sinne in die Entwicklung Ihrer Idee mit einbeziehen?
- Können Sie Träume in Ihre Überlegungen einbauen?
- Welche seltsamen, bizarren und verrückten Dinge können Sie tun, um Ihre Idee weiterzuentwickeln?

Schritt 2

Betrachten Sie Ihre Idee aus brandneuen Perspektiven:

- Können Sie irgendwelche Regeln brechen?
- Können Sie irgendwelche neuen Regeln erfinden?
- Welche anderen Namen könnten Sie der Idee geben?

Würzen

> „Was dem einen Nahrung,
> ist dem anderen vielleicht ein schlimmes Gift."
>
> *Lucretius*

Bewahren Sie die Lebendigkeit Ihrer Ideen, indem Sie nie aufhören zu suchen, tiefer zu stochern und zu erforschen. Am besten geht das, wenn Sie sich einfach amüsieren, herumalbern und die bizarren Seiten des Lebens betrachten. Kreativ zu denken bedeutet, niemals sagen zu müssen, etwas sei Ihnen zu seltsam.

Tipp 1

Sammeln Sie interessante Ideen, Zitate, Bilder, Spiele, Geschichten, Rätsel und Paradoxa. Diese machen das Leben interessanter und lenken Ihre Aufmerksamkeit auf die kleinen Geniestreiche des Lebens. Stellen Sie „Was-wäre-wenn-Fragen", um über die konventionellen Grenzen hinauszublicken.

Tipp 2

Wechseln Sie beim Denken hin und wieder die Sprache. Drücken Sie Ihre Idee mithilfe von Wörtern, Bildern,

Musik, Gleichungen und Bewegungen aus. Kehren Sie Ihren Denkmodus um, damit Sie Ihr Projekt besser verstehen.

Tipp 3

Kultivieren Sie das Glück. Halten Sie ständig Ausschau nach allem, was Sie in Ihr Projekt einbauen könnten. Passiert etwas Schlechtes, so fragen Sie sich: „Welche guten Folgen könnten sich daraus ergeben?“ Manchmal natürlich gar keine. Aber wenn Sie nie versuchen, tiefer zu blicken und den Dingen auf den Grund zu gehen, verpassen Sie womöglich eine Entdeckung, die die Welt verändern wird.

> „Tiefe Einsicht in einen Wissensbereich erfordert, dass man ihn von mehreren Seiten her kennen lernt. Diese Vielfalt von Perspektiven wächst sehr langsam im Verlauf harter Arbeit, aber sie bereitet den Weg für die Art von Erkenntnis, die wir als neue Einsicht erfahren.“
>
> *Howard Gruber*, Psychologe

KAPITEL 8

PROBIEREN

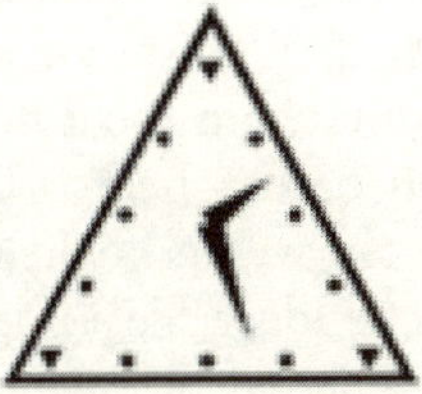

Die Geschmacksprobe
Sie sehen hier drei Zifferblätter von Uhren.
Was halten Sie von ihnen?

Der Feinschmeckergaumen

> „Alles Wichtige ist schon früher von Menschen gesehen worden, die es aber nicht entdeckt haben."
>
> *Alfred North Whitehead*, Essayist

Was tun Sie jetzt, nachdem Sie Ihre Ideen nun gesammelt, zerkleinert, vermischt, gekocht und gewürzt und somit in ein kreatives Festmahl verwandelt haben? Ebenso wie in der Küche probieren Sie nun das Resultat, um es zu beurteilen. Sie stellen fest, welche Ideen bereits hervorragend gelungen sind und welche noch ein wenig köcheln müssen. Außerdem erkennen Sie, welche Ideen Sie sofort wegwerfen können. Beim Probieren müssen Sie genau aufpassen und kritisch sein, denn Sie müssen ja darüber entscheiden, ob das Ergebnis Ihren Anforderungen entspricht.

Die Beurteilung ist selbst eine kreative Handlung, und sie wird während des gesamten schöpferischen Prozesses von Ihnen verlangt. Der Schriftsteller fragt sich bei der Arbeit: „Ist das das richtige Wort?" Der Maler überlegt: „Was gehört in die linke untere Ecke der Leinwand?" Der Städteplaner denkt: „Welche Folgen hat diese Entscheidung?" Der kreative Mensch sieht ganz genau hin, lauscht aufmerksam und berührt alles vorsichtig, während er laufend den Wert seiner Ideen misst.

Da es aber keine festen, klaren Regeln für diese Beurteilung gibt, sind die Menschen manchmal zu kritisch oder auch zu nachgiebig eingestellt, und beide Extreme führen zu ungünstigen Resultaten. Wenn Sie zu kritisch sind, ersticken Sie gute Ideen oft schon im Keime, bevor sie Gestalt annehmen können. Sind Sie dagegen zu tolerant, laufen Sie Gefahr, Zeit an völlig unpraktikable Ideen und Luftschlösser zu verschwenden.

Überlegen Sie einmal, welche Folgen es möglicherweise gehabt hätte, wenn diese Leute bei den betreffenden Ideen das letzte Wort gehabt hätten:

- „Viele Argumente wurden für und gegen das elektrische Licht vorgebracht, aber ich denke, ich kann unwidersprochen feststellen, dass mit dem Ende der Weltausstellung in Paris auch das Ende des elektrischen Lichtes gekommen sein wird und dass man nichts mehr von ihm hören wird."
  Erasmus Wilson, Professor in Oxford, 1899
- „Fliegende Maschinen kann es unmöglich geben, da sie schwerer als Luft sind."
  Lord Kelvin, Chemiker, 1885
- „Pferde sind die bleibende Einrichtung. Das Automobil ist lediglich eine Neuheit – eine reine Modeerscheinung."
  Der Präsident der Michigan Savings Bank, als er dem Anwalt von Henry Ford den Rat gab, nicht in die Ford Motor Company zu investieren, 1893
- „Wer will schon Schauspieler sprechen hören?"
  Harry M. Warner, Präsident von Warner Brothers Pictures, 1927
- „Alles, was zu erfinden war, ist bereits erfunden worden."
  Charles H. Duell, Commissioner des US-amerikanischen Patentamtes, 1899

Wann sind die Menschen nicht scharfsichtig genug? Zu unserem Leidwesen verschwendeten selbst viele brillante Erfinder eine beträchtliche Menge an Energien auf unwesentliche Studien. Der große deutsche Astronom Johannes Kepler verbrachte viel Zeit mit dem Verfassen von Werken über Astrologie. Alfred Russel Wallace, Darwins Rivale, der unabhängig ebenfalls die Theorie der Evolution durch natürliche Selektion entwickelte, brachte seine letzten Jahre mit dem Versuch zu, mit den Toten in Verbindung zu treten, denn er wollte beweisen, dass die Geisterwelt die Entwicklung des Menschen aus dem Affen beschleunigte. Der Biologe Francis Joseph Gall, der als Erster aufzeigte, dass verschiedene Gehirnregionen verschiedene Funktionen haben, ist auch für die Entwicklung der Phrenologie oder Schädellehre verantwortlich. Diese Theorie besagt, dass die Form des Schädels Auskunft über die geistigen Fähigkeiten eines Menschen gebe. Wer kann sagen, was diese großen Denker noch alles hätten leisten können, wenn ihre Gedanken nicht auf so bedauerliche Abwege geraten wären?

Wir müssen also bei der Beurteilung der Früchte kreativer Arbeit ein Gleichgewicht finden, damit wir weder fantasievolle Gedanken ersticken noch zulassen, dass der Ideenfluss außer Kontrolle gerät. Zu diesem Zweck müssen wir zuerst herausfinden, ob wir selbst eher zu kritisch oder zu tolerant sind. Es folgt nun ein Test. Zwischen 1962 und 1977 ließ Mr. Arthur Paul Pedrick von den One-Man-Think-Tank Basic Physics Research Laboratories of 77 Hillfield Road, Selsey, Sussex, 162 Erfindungen patentieren. Keines dieser Patente wurde je kommerziell verwertet. Was halten Sie von den folgenden vier Beispielen?

Fortbewegung unter Wasser

Ein modifiziertes Fahrrad, das sich auf trockenem und nassem Grund sowie auch unter Wasser fahren ließ. Man könnte es in der Monsunzeit in südostasiatischen Ländern ebenso verwenden wie zum Transport von Sporttauchern. Allerdings können die meisten Sporttaucher weitaus schneller schwimmen als unter Wasser Rad fahren.

„Slice-and-cut-Adjuster“

Ein Golfball, der sich im Flug steuern ließ. (Das ist gegen die Spielregeln und schaffte daher nie den Durchbruch in der Golfwelt.)

Rücksitzfahrer

Mit sogar diesem Gerät konnte ein Fahrer sein Auto vom Rücksitz aus lenken. Nicht schlecht, um der Verkehrspolizei einen Streich zu spielen, aber sonst nicht direkt von Nutzen.

Staffel-Bewässerung

Das ehrgeizigste Projekt Pedricks war wohl sein Plan, die Wüsten der Welt mithilfe eines konstanten Nachschubs an Schneebällen aus den Polarregionen zu bewässern, und zwar über ein System von gigantischen Katapulten.

Den meisten Menschen genügt allein die Tatsache, dass keine dieser Erfindungen je Erfolg hatte, um sie als unbrauchbar abzuurteilen. Aber halt! Vielleicht ließe sich das Unterwasser-Fahrrad bei einer sanften Form der Physiotherapie verwenden. Für den steuerbaren Golfball wären eventuell militärische Einsatzmöglichkeiten denkbar.

Tatsächlich sind die meisten Menschen eher dazu geneigt, Ideen zu verwerfen, als sie weiterzuverfolgen. Dieses Problem ist bereits in dem Wort „Kritik“ inhärent, das ja impliziert, dass ein Fehler gefunden werden soll. Wenn wir kritisch über eine Idee nachdenken sollen, suchen wir meist automatisch zunächst nach ihren negativen Seiten. Die Beurteilung wird so bereits zur Endstation: Wir identifizieren gute und schlechte Ideen und verwerfen die schlechten. Auf diese Weise wird jedoch die kreative Stimmung zunichte gemacht. Eine Beurteilung sollte daher kein Abschluss sein, sondern der Versuch, eine neue Richtung zu finden. Wenn etwas auf den ersten Blick bereits gut ist, wird es sofort an die Spitze der aktiven Ideenliste gesetzt. Ist etwas nicht ganz so gut, sollte es eine niedrigere Priorität erhalten. Gleichgültig, an welchem Platz eine Idee sitzt – beim Probieren sollte stets Raum für die Entdeckung neuer Möglichkeiten, für Anpassungen und für eine Entlehnung, Kombination und Neukombination der Optionen gelassen werden.

Es gibt zwei grundsätzliche Beurteilungsmethoden. Zunächst ist da die logische Methode, die hauptsächlich die linke Gehirnhälfte einspannt und bei der die Ergebnisse mit dem vorgegebenen Ziel verglichen werden. Sobald eine Alternative unser erklärtes Ziel erreicht, befinden wir uns auf der richtigen Spur. Finden wir keine derartige Alternative, so müssen wir noch weitere Möglichkeiten untersuchen. Bei diesem Prozess begünstigen wir die Kritik, planen zukünftige Verbesserungen und benoten unsere Arbeit.

Dann gibt es noch die intuitive Methode – die der rechten Gehirnhälfte, bei der wir auf das „Gefühl im Bauch" vertrauen und auf einen unsichtbaren sechsten Sinn hören. Wir entscheiden uns, eine Idee weiterzuverfolgen (oder auch nicht), weil wir ein gutes Gefühl dabei haben (oder ein schlechtes). Wir entscheiden uns für etwas Neues, weil – na ja, einfach deswegen.

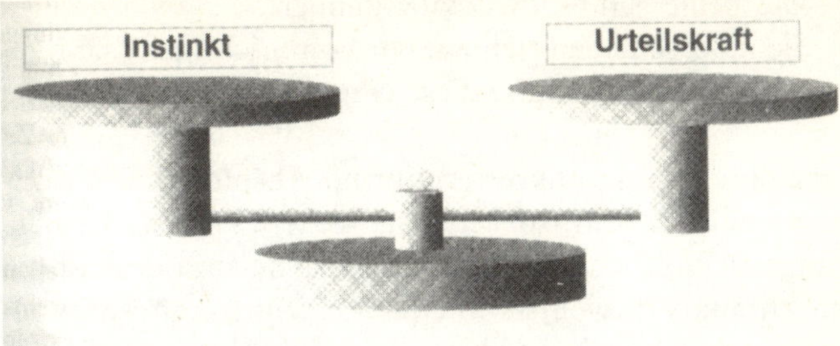

Ist es besser, der Stimme der Vernunft zu folgen, oder sollten wir auf die Intuition hören? Urteilen die besten Richter nach logischen Gesichtspunkten oder aufgrund innerer Einsicht? Nun, natürlich müssen wir beides tun. Wenn wir uns auf nur eine dieser Methoden beschränken, nehmen wir uns selbst einen Teil der Werkzeuge weg, die uns zur Verfügung stehen. Jules Henri Poincaré sagte, wir würden durch Intuition unsere Entdeckungen machen, die wir dann durch Logik beweisen. Wenn wir beide zu Hilfe nehmen, wenn wir unsere analytischen Fähigkeiten einsetzen und außerdem auf die Intuition hören, kommen wir zu klareren, begründeteren und befriedigenderen Urteilen.

Logik

Was würde wohl ein kritischer Geist, der nur Logik gelten lässt, zu den Zifferblättern in der Übung zu Beginn dieses Kapitels sagen? Er könnte folgende Einwände vorbringen:

- Die Zifferblätter sind nicht kreisförmig.
- Es ist schwer, mit einem kurzen Blick festzustellen, wie spät es ist.

- Die Zeiger sind schwer zu erkennen.
- Sie unterscheiden sich zu sehr von „richtigen“ Uhren.
- Warum sollte jemand diese Uhren kaufen?

Sind diese Kritikpunkte vernünftig? Absolut. Sind sie objektiv? Vielleicht. Inspirieren sie weitere kreative Überlegungen? Wohl eher nicht. Diese Urteile sind deshalb zu einschränkend, weil sie in einem einzigen konventionellen Kontext gefällt werden, nämlich in diesem Fall dem Kontext der Vorstellung, dass Uhren immer rund sein und zwölf Einteilungen und zwei oder drei Zeiger haben müssen. Wenn diese Uhren aber nun für sehbehinderte Menschen entworfen wurden, die sie durch Abtasten lesen? Oder was wäre, wenn die Zielgruppe aus lauter Beratern für Zeitmanagement bestünde, die sie als Denkanstoß nur verwenden sollen? Oder wenn sie einfach für Leute mit chaotischen Terminplänen bestimmt wären?

Diese Uhren entsprechen zwar nicht unserer üblichen Vorstellung, aber dennoch ist ihr Design nicht automatisch schlecht. Sobald wir unsere Definition eines Zifferblattes ändern, ändern sich auch unsere Erfolgskriterien.

Wenn wir uns nur auf Logik verlassen, treten Probleme auf, sobald unsere Ziele unklar oder schlecht definiert sind, und auch, wenn zu wenige Optionen zur Verfügung stehen. Wenn wir uns bei einer Idee einfach nicht sicher sind, müssen wir meist zur ursprünglichen Vision zurückkehren, unsere Absichten erneut klar definieren und das ideale Ergebnis visualisieren.

Vom Standpunkt logischer Analyse her gesehen müssen bei der Beurteilung einer Idee zwei Fragen beantwortet werden:

Sie selbst müssen so weit kommen, dass Sie sich immer zuerst auf die positiven Aspekte konzentrieren. Überlegen Sie sich die vielen Gründe, weshalb die Idee gut ist. Es kommen noch genug Leute, die Ihnen sagen werden, warum sie nicht funktionieren wird.

Überlegen Sie, ob Sie nicht vielleicht eine Checkliste verwenden wollen. Jedes Produkt hat eine eigene Checkliste, in der solche Fragen gestellt werden, die die besten Merkmale der Idee zur Geltung bringen, aber auch Fragen, die noch zu Verbesserungen führen sollen. Für einen Liebesbrief müssen sicherlich andere Fragen gestellt werden als für die Bestimmung der Markttauglichkeit eines Video-Schulungsprogramms. Dennoch bietet das folgende Rezept ein paar allgemeine Fragen, mit denen Sie schon einmal anfangen können.

Rezept für hervorragende Ideen

Schritt 1

Schreiben Sie Ihre Idee ganz oben auf ein leeres Blatt Papier.

Schritt 2

Stellen Sie Fragen, die Ihnen helfen, die Qualität der Idee zu ermitteln:

Wie lauten Ihre Ziele?

Sollten Sie die Erfolgskriterien für Ihre Idee noch nicht festgelegt haben, so tun Sie es jetzt. Je klarer Sie Ihre Absichten formulieren, desto leichter lassen sich Ihre Ergebnisse bewerten. Wenn Sie kein klares Ziel festlegen, woher wollen Sie dann wissen, wann Sie es erreicht haben?

Ist die Idee effektiv?

Funktioniert die Idee so, wie Sie es sich vorstellen? Spart sie Geld? Bringt sie Ihnen eine Beförderung ein? Verdoppelt sie Ihre Freizeit? Macht sie Sie glücklich? Und was können Sie tun, um ihre Effektivität zu erhöhen?

Stellt die Idee eine Verbesserung dar?

Bedeutet die Idee einen echten Fortschritt oder führt sie nur zu einer Änderung um der Änderung willen? Sollte Letzteres zutreffen, ist das vernünftig?

Kommt die Idee zur rechten Zeit?

Haben Sie das Gefühl, dass die Idee genau zum jetzigen Zeitpunkt funktionieren könnte? Was planen Ihre Wettbewerber gegenwärtig? Sollten Sie nicht lieber noch einige Minuten, Wochen, Monate oder Jahre warten? Oder sollten Sie die Idee so schnell wie möglich vermarkten, um davon zu profitieren, der Erste zu sein?

Ist die Idee praktikabel?

Betrachten Sie die Idee aus der Perspektive der Rendite, die sich unter dem Strich ergibt. Ein Plan zum Abbau von Bodenschätzen auf dem Mond ist sicher gut und schön, aber wenn die Kosten so hoch sind – und voraussichtlich in absehbarer Zeit auch so hoch bleiben werden –, dass es sich nicht lohnt, ist es möglicherweise besser, die Idee erst einmal ruhen zu lassen.

Ist die Idee einfach?

Im 14. Jahrhundert verfasste William of Ockham eine Abhandlung mit dem Titel *Non Multiplica*, der sich ungefähr mit „Machen Sie die Dinge nicht unnötig kompliziert" übersetzen lässt. Sein Prinzip, sich bei Erklärungen möglichst auf das Wesentliche zu beschränken, ist heute unter der Bezeichnung „Ockham's Razor" bekannt. Es ist in unserer Zeit noch ebenso nützlich wie im Mittelalter. Fragen Sie sich also: Ist die Idee so einfach, wie es nur geht? Ist sie direkt? Können Sie sie in zwei oder drei Sätzen so beschreiben, dass jeder sie versteht? Was können Sie weglassen, ohne dass sie ihre Wirkung einbüßt? Konzentrieren Sie sich auf das Wesentliche und eliminieren Sie jeglichen Firlefanz.

Ist die Idee menschlich?

Ist die Idee überhaupt mit der menschlichen Natur vereinbar? Könnte Ihre Mutter sie auch umsetzen? Würde sie es überhaupt wollen? Vergessen Sie nicht, dass die Menschen sich einer Idee auch widersetzen können, obwohl sie theoretisch in der Lage wären, sie umzusetzen – selbst wenn es ihnen danach besser ginge.

Ist die Idee elegant?

Wie schneidet Ihre Idee ab, wenn man sie nach ästhetischen Maßstäben wie Harmonie, Kontrast, Gleichgewicht und Einheit beurteilt?

Schritt 3

Überlegen Sie sich noch ein paar Fragen, die sich speziell auf Ihre Idee beziehen:

1. ______________________________

2. ______________________________

3. ______________________________

Weitere analytische Methoden

Außer Checklisten gibt es natürlich noch andere analytische Methoden, beispielsweise ein System zur numerischen Messung. Zeichnen Sie eine gerade Linie auf und tragen Sie in regelmäßigen Abständen die Zahlen null bis zehn ein. Anschließend betrachten Sie Ihr Thema: Wo auf dieser Skala befindet es sich jetzt? Ihr Verhältnis zu Ihrem Chef steht möglicherweise gerade bei zwei oder bei fünf.

Überlegen Sie, was geschehen muss, damit es eine Sechs, eine Acht oder sogar die perfekte Zehn wird. Diese Messlatte lässt sich auf alle beliebigen Produkte oder Erfahrungen anwenden. Stellen Sie sich vor, wie Sie sie zur Entwicklung Ihres Produkts verwenden könnten oder dazu, besser mit Stress fertig zu werden oder Ihr Leben abwechslungsreicher zu gestalten.

An Stelle einer Skala lassen sich auch andere Einstufungssysteme verwenden, beispielsweise Sternchen, Noten oder Prozentwerte. Für sie alle gilt dasselbe Prinzip. Zuerst müssen Sie die aktuelle Position bestimmen, und dann legen Sie fest, was Sie tun müssen, um an die Spitze zu gelangen.

Wenn Sie Ihre Arbeit objektiv bewerten lassen wollen, sollten Sie eine Gruppe unparteiischer Ratgeber hinzuziehen, also möglichst Leute mit verschiedenem Hintergrund und aus verschiedenen Fachgebieten. Bitten Sie sie um Vorschläge, nicht um Zustimmung. Die Menschen erkennen, ob Sie ehrlich sind und wirklich nach Lösungen suchen. Sie können diese Berater bitten, beispielsweise die folgenden Fragen zu beantworten:

- Welche Entscheidungen müssen Sie als Nächstes über Ihr Projekt fällen?
- Sind Sie auf dem Weg zur Lösung des tatsächlichen Problems?
- Konzentrieren Sie sich bei der Betrachtung neuer Ideen zunächst auf die positiven Aspekte. Was finden Sie gut an der Idee, was ist daran richtig?
- Ist jetzt der richtige Zeitpunkt für die Idee?
- Wie könnte das Projekt fehlschlagen? Wo liegen seine Schwächen?

Checklisten, Bewertungssysteme und unabhängige Beobachter helfen uns dabei, Ideen zu messen und zu vergleichen – wenn alle Fakten beisammen sind. Was ist aber, wenn wir noch nicht über alle notwendigen Informationen verfügen?

Vertrauen Sie der Intuition

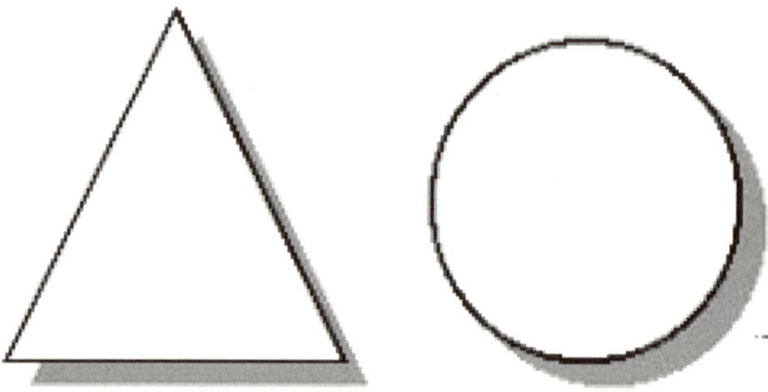

Übung
Welche Form hat die größere Fläche?

Was ist, wenn Sie eine Entscheidung treffen müssen, ohne über genügend Informationen zu verfügen? Was tun Sie, wenn Sie Ihre nächsten Aktionen planen müssen, obwohl sich die Umstände laufend schnell und dramatisch verändern? In diesen Zeiten müssen Sie auf Ihren Instinkt vertrauen.

In der Schule lernen wir meist, der Intuition kein Vertrauen zu schenken. Das Bildungssystem konzentriert sich auf Richtig und Falsch, auf einzig gültige richtige Antworten und auf die richtige Antwort auf Multiple-Choice-Fragen. Wenn wir jedoch nach der Schule ohne Lehrbücher zurecht kommen wollen, müssen wir zur Lösung von Problemen unsere eigenen Gedanken, Gefühle und Sinneswahrnehmungen einsetzen. Darauf sind wir oft nicht genügend vorbereitet. Es folgen ein paar Übungen, die Sie daran gewöhnen sollen, bei der Entscheidungsfindung auch Ihren Instinkt zu befragen.

Lernen Sie Ihre Intuition kennen

Der erste Schritt ist, Ihre Instinkte überhaupt kennen zu lernen. Holen Sie sich zwei Blätter Papier. Auf das eine schreiben Sie das Wort JA. Überlegen Sie, wie Sie sich fühlen, wenn die Antwort JA lautet. Erinnern Sie sich an mehrere Gelegenheiten, in denen Sie einer Idee gegenüber ein eindeutig positives Gefühl hatten, und schreiben Sie sie auf. Identifizieren Sie nun drei grundlegende Charakteristika dieses eindeutigen JA-Gefühls.

Auf das zweite Papier schreiben Sie NEIN und wiederholen das Ganze. Woran erkennen Sie, dass Ihr Instinkt Ihnen rät, aufzuhören, etwas zu vermeiden oder eine andere Richtung einzuschlagen?

Fragen Sie sich: „Welches Gefühl habe ich bei der Idee?“

Nehmen Sie sich die Freiheit, für eine Idee zahlreiche Gefühle zuzulassen. Legen Sie, wenn es sein muss, eine Quote fest. Öffnen Sie sich für Ihre Gefühle. Akzeptieren Sie es, dass Gefühle ebenso legitim sind wie logische Schlussfolgerungen.

Gibt es eine Metapher für Ihre intuitive Reaktion?

Wie würde sich Ihre Idee anfühlen, wenn sie ein Kleidungsstück wäre? Oft getragen und bequem oder steif und kratzig? Würde es Ihnen gut passen? Suchen Sie sich ab S. 199 eine Metapher aus und wenden Sie sie auf Ihre Idee an.

Prägen Sie einen Ausspruch

Die Entwickler von Videospielen haben einen Ausdruck zur Beschreibung eines wirklich guten Spiels geprägt. Es muss „einfach, heiß und tiefgründig" sein. Einfach, damit jeder es schnell begreift. Heiß, damit es aufregend ist. Tiefgründig, damit es lange Zeit interessant und anspruchsvoll bleibt. Denken Sie sich nun einen Begriff oder Ausspruch aus, der Ihre Idee treffend umschreibt.

Vertrauen Sie Ihrem Bauch

Haben Sie immer noch nicht genügend Informationen und können Ihnen auch Ihre Instinkte bei der Entscheidungsfindung nicht weiterhelfen, dann versuchen Sie doch einmal, einen imaginären Berater zu Rate zu ziehen.

Denken Sie an ein Problem, mit dem Sie sich gerade herumschlagen müssen, und stellen Sie eine Gruppe von Experten zusammen. Was würden diese Leute Ihnen wohl raten?

Sie können die Dienste eines Experten auch mittels Visualisierung in Anspruch nehmen. Laden Sie im Geiste ein oder zwei Menschen ein, von denen Sie glauben, dass sie Ihnen helfen können. Ist Ihr Problem religiöser Natur, dann laden Sie Jesus, Buddha, Mohammed oder Moses ein. Haben Sie eine Frage zur Kreativität, bitten Sie

Beethoven, Einstein, Leonardo da Vinci oder Groucho Marx um die Lösung. Und stehen Sie einem politischen Problem gegenüber, rufen Sie Machiavelli oder Winston Churchill zu Hilfe. Beschreiben Sie diesen Menschen im Geiste Ihr Dilemma und hören Sie sich an, was sie dazu zu sagen haben. Sie sind die Experten, sie selbst haben in der Vergangenheit ähnliche Situationen durchlebt, und – was das Beste ist – ihr Rat ist kostenlos.

Wenn Sie sich selbst beibringen wollen, stärker auf Ihre Intuition zu vertrauen, müssen Sie oft nur dafür sorgen, dass sie sich Ausdruck verschaffen kann. Eine Möglichkeit dazu ist, sich Situationen bildlich vorzustellen und dann die eigene emotionale Reaktion zu beobachten. Albert Einstein warf eine Münze und fragte sich unmittelbar darauf: „Was fühle ich?“ Anschließend handelte er entsprechend dieser gefühlsmäßigen Reaktion.

Sehr gut zur Fokussierung der intuitiven Vorstellungskraft geeignet ist auch die Fragestellung in der Sprache der Intuition, also in Bildern und Gefühlen. Wenn Sie beispielsweise eine Ja- oder Nein-Antwort suchen, stellen Sie die Frage und visualisieren das Wort JA als Antwort auf diese spezielle Frage. Stellen Sie es sich als greifbare Einheit mit einer bestimmten Größe und Temperatur und aus einem bestimmten Material vor. Ich habe schon viele Menschen bei der Anwendung dieser Methode beobachtet und eine Vielzahl von Antworten erlebt. In der Vorstellungskraft der Leute erscheinen die interessantesten Antworten. Sie sehen schwere Metallblöcke oder flüchtige, fast ätherische Buchstaben. Die Erscheinungsform jedes Bildes ist ein Hinweis auf die Bedeutung der jeweiligen Antwort.

Überarbeiten, neu schreiben, durchlesen

Kritik allein genügt nicht. Jemand, der nur bewertet, aber nicht korrigiert, macht keine Fortschritte. Nach dem Kritisieren Ihrer Idee müssen Sie sie verbessern.

Änderungen sind ebenso Teil des kreativen Prozesses wie das Sammeln von Ideen und die Arbeit aus der Inspiration heraus. Dieser Punkt wird allerdings häufig außer Acht gelassen, weil kaum jemand je zu sehen bekommt, was Künstler verworfen haben oder wie ihre Idee im Anfangszustand aussah. Wenn das Endprodukt öffentlich präsentiert wird, sind die *langen* Stunden des Überarbeitens, Ausfeilens und der Perfektionierung vorüber. Im Verlauf dieser undankbaren Tätigkeiten zur Vervollkommnung Ihrer Idee können Sie sich mit dem Gedanken trösten, dass Beethoven unzählige Musikpassagen komponierte, die nie über das Entwurfstadium hinauskamen. Hemingway schrieb ganze Passagen vier oder fünf Mal um – manchmal noch öfter –, bis er zufrieden war. Viele Fernsehwerbespots werden 20-mal oder öfter gedreht, bis sie vorzeigbar sind.

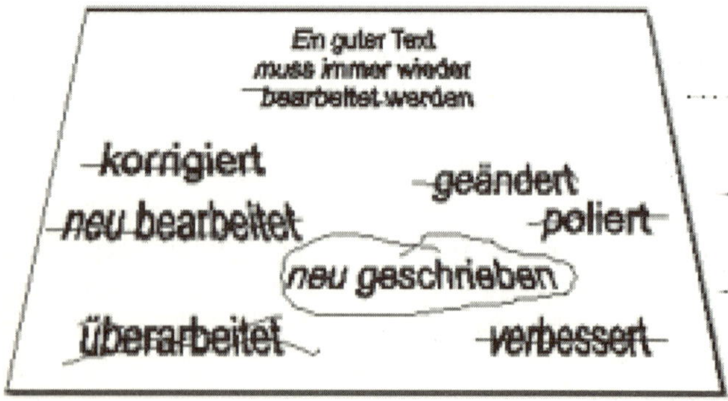

William Strunk jr. riet Schriftstellern klipp und klar: „Unnötige Wörter weglassen, unnötige Wörter weglassen, unnötige Wörter weglassen!“ Strunk betonte, dass alle Sätze einfach, direkt und treffend formuliert sein müssen. In seinem Werk *The Elements of Style* schrieb er, dass kraftvolle Texte kurz und knapp formuliert seien. Ebenso wie eine Zeichnung keine überflüssigen Linien und eine Maschine keine überflüssigen Teile enthalten dürfe, solle ein Satz keine unnötigen Wörter und ein Absatz keine unnötigen Sätze enthalten. Das bedeute nicht, dass ein Schriftsteller nur noch möglichst kurze Sätze verwenden dürfe oder alle Einzelheiten vermeiden und sein Thema nur in Umrissen beschreiben müsse. Es bedeute lediglich, dass jedes Wort von Bedeutung sein solle. Der Schweizer Designer Arni Raia formulierte diese Regel für Schriftsteller in allgemeiner Form:

„Weniger ist mehr“

Oft hängen wir so sehr an unserer Arbeit, dass wir uns weigern, irgendetwas davon aufzugeben. Wir haben uns so sehr angestrengt und uns so eingesetzt, dass wir uns an die Ergebnisse klammern und unsere Augen vor anderen Möglichkeiten verschließen.

Aber genau um dieser harten Arbeit willen müssen wir fähig sein, einen Schritt zurückzutreten, sie objektiv zu betrachten und ohne Rücksicht auf Verluste alles zu verwerfen, was dem Fortschritt in Richtung des Ideals im Wege steht. Wir müssen die Gitterstäbe entfernen, damit unsere Idee ihre Flügel ausbreiten kann wie ein Vogel, der aus seinem Käfig befreit wird.

Was lässt sich vereinfachen?

Es gibt eine berühmte Anekdote über Albert Einstein. Er wurde einmal gefragt, warum er zum Rasieren keine Rasierseife, sondern normale Handseife verwendete. Der brillante Physiker antwortete: „Zwei verschiedene Seifen? Das ist zu kompliziert!“

Diese Geschichte ließe sich zwar als reine Darstellung seiner Exzentrizität abtun, aber sie verdeutlicht einen Wert, der für das kreative Genie Einsteins charakteristisch war. Er war immer darauf bedacht, alles zu vereinfachen. In der Einführung seines berühmten Aufsatzes, in dem er die Relativitätstheorie darlegt, schrieb er im Jahr 1905, dass ihn nicht neue experimentelle Beweise zur Entwicklung seiner Idee angeregt hätten, sondern eine Asymmetrie, die mangelnde Eleganz der Gleichungen, die die Elektrizität und den Magnetismus verknüpften. Die Tatsache, dass zur Erklärung eines einzigen Prinzips zwei verschiedene Gleichungssätze notwendig waren, war für Einstein zu umständlich. In seinem Bestreben, alles zu vereinfachen, entwickelte er daraufhin eine neue Theorie der Elektrodynamik.

Ellen Nearing, eine der ersten Heimstättenbesitzerinnen in den USA, drückte dieselbe Idee anders aus:

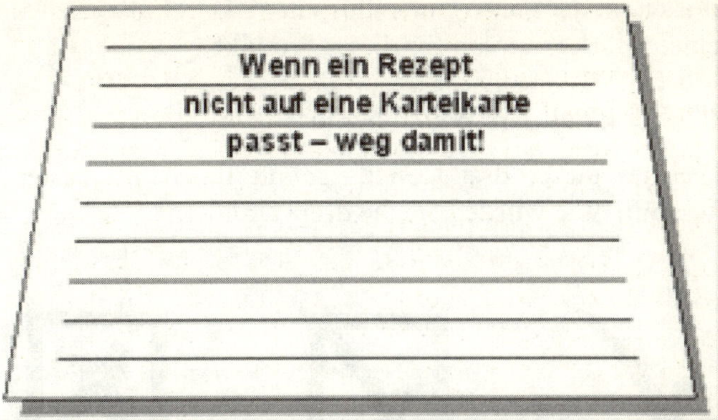

Die einfachsten Lösungen sind die besten. Sollte Ihre Arbeit je überdimensionale Proportionen annehmen, so können Sie davon ausgehen, dass Sie irgendwo unterwegs eine falsche Abzweigung eingeschlagen haben.

Was verschließt Ihnen die Augen?

Manchmal ist unser größter Feind der Gedanke, den wir bereits in- und auswendig kennen. Er versperrt uns die Möglichkeit, neue, originelle Ideen zu entwickeln. Wenn wir schon beim Auftreten einer Problemsituation meinen, dass wir die Lösung kennen, dann können wir noch so oft sagen, dass wir das Problem analysieren und es „objektiv bewerten“ – wir werden uns trotzdem nicht besonders anstrengen, denn wir wissen, dass es auf jeden Fall zumindest einen Weg aus dem Dilemma gibt.

Wie lassen sich Nachteile in Vorteile ummünzen?

Die Nahrungsmitteldesigner in Ihrem Unternehmen haben sehr schmackhafte und nährstoffreiche Frühstücksflocken in der Farbe Dunkellila entwickelt. Entwerfen Sie einen Marketingplan für dieses Produkt.

Reaktion aus dem Bauch heraus

Welches dieser drei Designs gefällt Ihnen am besten? Warum? Wie würden Sie die drei verändern?

Und & Und & Und

Sie gründen mit einem Partner ein Beratungsunternehmen. Welchen Namen wählen Sie für dieses Unternehmen?

Nach zwei Jahren beschließen Sie und Ihr Partner gemeinsam, lieber einen Käseladen zu eröffnen. Welcher Name würde sich dafür am besten eignen?

Die Zeit vergeht und das Glück ist Ihnen hold. Ihr Laden wächst, und verwandelt sich in eine große Lebensmittel-Ladenkette. Für welchen Namen entscheiden Sie sich nun?

Die Freude am Versagen

> „Das Wichtigste, was der National Council on the Arts tun kann, ist es, dem kreativen Geist das Recht auf Versagen zuzugestehen. Nur durch Versagen und Experimente lernen und wachsen wir."
>
> *Isaac Stern*, Geiger

Zum Glück für die Archäologen bemerkten die Erbauer der Stufenpyramide von Sakkara im dritten Jahrtausend vor Christus, dass die Pyramide zu steil war. Sie erkannten, dass die Pyramide einstürzen würde, wenn sie in demselben Winkel weiterbauten. Ab diesem Zeitpunkt flachten sie den Steigungswinkel ab, und sie überdauerte die Jahrtausende. Zwei weniger glückliche Bauwerke waren die Kathedrale von Beauvais und die Tocoma-Narrows-Brücke. Zumindest zogen aber ihre Erbauer aus dem Einsturz der Bauwerke wertvolle Lehren über die Statik von Bauwerken und über die Einwirkung des Windes, die seitdem bei der Konstruktion jedes Gebäudes berücksichtigt werden.

Fehlschläge sind ein natürlicher Bestandteil des schöpferischen Prozesses. Denn selbst der beste Baseballspieler schlägt in zehn Versuchen sechs Mal daneben.

Viele Menschen betrachten ein Versagen als Niederlage, als Strafe für falsche Entscheidungen, schlechte Planung und schlampige Ausführung. Fehlschläge sind auch oft tatsächlich entmutigend – und katastrophal –, aber dennoch sind sie ein ganz wesentlicher Teil des kreativen Prozesses, eine notwendige Station auf dem Weg zu größerem Erfolg.

Für kreative Menschen gehören Fehlschläge einfach zum Leben. Allein ihre Reaktion darauf unterscheidet sie von anderen. Die ersten Musicals von Rodgers und Hammerstein fielen mit Pauken und Trompeten durch, woraufhin die beiden ihre Zusammenarbeit mehrere Jahre lang aufgaben. Jonas Salk, der den Impfstoff gegen Polio entdeckte, sagt rückblickend, er habe sich wohl 98 Prozent der Zeit auf Irrwegen befunden. Thomas Alva Edison entdeckte 2000 Methoden, wie sich die Glühbirne nicht herstellen ließ.

Aber keiner von ihnen gab je ganz auf. Voller Entschlossenheit verlieren kreative Menschen auch dann nicht den Mut, wenn ihre Manuskripte auf Ablehnung stoßen, wenn ihre Theaterstücke keinen Erfolg haben und wenn ihre Computerprogramme immer wieder abstürzen. Sie akzeptieren die Fehlschläge als notwendigen Schritt zur Vervollkommnung ihrer Ideen. Sie merken sich ihre Fehler, lernen soweit möglich daraus und verbessern ihre Ideen, bis sie ein funktionierendes Produkt in der Hand halten.

Auf Reisen nehmen viele Menschen es einfach hin, wenn etwas nicht wie geplant klappt. Jeder kann Geschichten über katastrophale Ferien erzählen, über Tage, an denen alles schief ging, über einen Urlaub, der zum Albtraum wurde. Seltsam ist, dass viele Menschen sich über solche scheußlichen Erlebnisse sogar freuen. An den Namen des Hotels können sie sich nicht mehr erinnern, und den Weg zu den Museen haben sie auch schon lange vergessen, aber das, was sie erdulden mussten, bleibt für immer in ihrem Gedächtnis haften.

Trotz dieser Freude an Horrorgeschichten über den Urlaub nehmen wir Fehlschläge in anderen Lebensbereichen weniger bereitwillig hin. Ein Grund dafür ist meiner Meinung nach, dass wir im Urlaub von vorneherein auf

Abenteuer eingestellt sind. Wir hungern geradezu nach neuen Herausforderungen. Traveller-Schecks verloren? Macht nichts – das ist die Gelegenheit, einmal sein Gehirn richtig anzustrengen.

Wenn Sie mit allem, was Sie anfangen, immer nur Erfolg haben, fehlt Ihnen die Herausforderung, die für inneres Wachstum notwendig wäre. Sie dürfen Fehlschläge gar nicht immer vermeiden, denn sie bilden eine wichtige Voraussetzung dafür, dass Sie etwas Neues lernen können. Wenn Sie lernen zu versagen – auf definierbare, kontrollierbare Weise –, wird Ihre Kreativität dadurch meist stark erweitert und vertieft.

Schnelle Fehlschläge

Ziel ist es, mehr schnelle Fehlschläge zu bewältigen. Paul MacCready, der Erfinder des mit Muskelkraft betriebenen Flugzeugs „Gossamer Condor", führt seinen Erfolg auf einfache, schnelle und billige Experimente zurück. Durch häufige Tests in kleinem Maßstab hält er den Schaden jeweils möglichst gering und lernt aus seinen Fehlern.

Wenn Sie der Vorstellung, Fehlschläge willkommen zu heißen, einfach nichts Gutes abgewinnen können, verwenden Sie eben andere Begriffe, die die Situation in positivem Licht erscheinen lassen, wie beispielsweise Herausforderung, Einsicht oder Gelegenheit. Denken Sie immer daran, dass Erfolg genau das eine Prozent Ihrer Arbeit darstellt, das ohne die 99 Prozent Fehlschläge gar nicht zustande gekommen wäre. Ein afrikanisches Sprichwort lautet: „Niemand prüft mit beiden Beinen, wie tief ein Fluss ist."

Der amerikanische Industriedesigner Charles Kettering sagte einmal, ein Erfinder sei einfach ein Mensch, der seine Bildung nicht allzu ernst nehme. Ab dem Alter von sechs Jahren bis zum Abschluss der Ausbildung müsse jeder Mensch mindestens drei bis vier Prüfungen pro Jahr absolvieren. Bestehe er sie nicht, scheide er aus. Ein Erfinder dagegen versage fast immer – vielleicht schlügen 1000 Versuche fehl, aber wenn nur einer gelinge, komme er groß heraus. Diese beiden Situationen seien einander diametral entgegengesetzt. Wir sagen oft, dass unsere wichtigste Aufgabe darin besteht, einem neuen Mitarbeiter beizubringen, wie man auf intelligente Weise versagt. Wir müssen ihn lehren, immer wieder zu experimentieren und immer weiter zu versuchen und zu versagen, bis er herausgefunden hat, welche Methoden funktionieren und welche nicht.

Auf intelligente Weise zu versagen bedeutet, aus misslungenen Versuchen zu lernen. Sie müssen über die Erfahrung nachdenken und etwas ändern. Auf dumme Weise zu versagen bedeutet, dass man dieselben Fehler immer und immer wieder macht, ohne etwas daraus zu lernen. Der Amateur klammert sich an seine Arbeit und verteidigt sie. Der Profi dagegen weiß es besser: Wenn etwas nicht funktioniert, dann muss es entweder verändert oder ganz verworfen werden. Elbert Hubbard sagte zu diesem Thema, ein Versager sei ein Mensch, der Fehler mache und nicht fähig sei, diese Erfahrungen zu seinem Vorteil zu nutzen.

Einer der wertvollsten Beiträge zur Förderung einer kreativen Unternehmenskultur ist daher vielleicht die Einführung des Begriffs „Fehlschlag" – natürlich nicht unbedingt große, sondern eher schnelle und relativ schmerzlose Fehlschläge. Machen Sie sich einmal Gedanken über die folgenden Fragen, damit Sie stärker an die positiven Wirkungen von Fehlschlägen glauben:

- Was waren die drei größten Fehlschläge in Ihrem Leben? Warum betrachten Sie sie als Fehlschläge? Was hätten Sie anders machen können, um sie zu vermeiden?
- Was haben Sie aus diesen Fehlern gelernt? Haben Sie aus ihnen eine Botschaft an sich selbst entwickelt?
- Auf welche Fehlschläge bewegen Sie sich jetzt gerade zu? Können Sie sie vermeiden? Mit welchen schnellen Fehlschlägen könnten Sie jetzt experimentieren, um mögliche größere Fehlschläge in der Zukunft zu vermeiden?
- Können Sie sich eine Art von Fehlschlägen vorstellen, die Ihnen Vergnügen bereiten würde?
- Was waren die drei größten Erfolge in Ihrem Leben? Warum betrachten Sie sie als Erfolge? Was haben Sie dazu beigetragen, dass diese Erfahrungen zu Erfolgen wurden?

Probieren

> „Was grün ist, wächst.
> Was reif ist, verrottet."
> Anonym

Durch Probieren und Bewerten schärfen und definieren Sie Ihre Arbeit. Sie müssen laufend entscheiden, was Sie in die Arbeit aufnehmen und was Sie weglassen wollen, in welche Richtung es weitergehen und wie etwas weiterentwickelt werden soll. Es ist ein unendlicher Prozess. Zu diesen Entscheidungen kommen Sie durch den dynamischen Zug und Druck des kreativen Denkens. Auf der einen Seite müssen Sie locker und offen bleiben, damit Sie gute Ideen nicht vorschnell abwürgen, und auf der anderen Seite müssen Sie kritisch sein, damit Sie keine ungenießbare Mahlzeit servieren.

Tipp 1

Ziehen Sie bei Ihrer Bewertung sowohl die Logik als auch die Intuition zu Rate, damit Sie zu einer ausgewogenen Entscheidung gelangen. Suchen Sie zuerst nach allen positiven Aspekten der Idee, bevor Sie sich den negativen zuwenden.

Tipp 2

Nach der Beurteilung müssen Sie die Probleme beheben. Sie dürfen niemals zu sehr an einer Idee hängen, nur weil sie von Ihnen stammt. Denken Sie immer daran, dass das Überarbeiten ebenfalls eine kreative Tätigkeit ist.

Tipp 3

Freuen Sie sich über einen Fehlschlag und lernen Sie daraus. Wenn Sie keine, nicht einmal kleine, vorübergehende Fehlschläge ertragen, können Sie Ihre Fähigkeiten wahrscheinlich nicht bis an ihre Grenzen ausschöpfen. Jemand, der keine Fehler macht, macht meist gar nichts.

Die losen Fäden

> „Projekte sind niemals abgeschlossen:
> Man findet nur manchmal einen interessanten Ort,
> an dem man eine Pause einlegt."
>
> Wujecs Maxime

Bei jedem Projekt – in jedem Gedicht, Gemälde, Musikstück oder Marketingplan – ergeben sich gute Ideen, die aber irgendwie nicht hineinpassen, die nicht mit dem Hauptthema der Arbeit harmonieren. Im Lauf der Entwicklung eines kreativen Projekts bleiben immer ein paar lose Fäden übrig. Die Frage ist nur: Was machen wir mit ihnen?

Bei meinen Recherchen für dieses Buch stolperte ich über zahlreiche hervorragende Beispiele kreativer Werke. Die Wissenschaft des Chaos, die sich mit Ordnung und Unordnung beschäftigt, umfasst Elemente der Kreativität und Spontanität. Apropos Spontanität – was ist mit chinesischer Pinselmalerei? Sicherlich wäre es in einem Buch über Kreativität angebracht, über diese frei fließende Malerei zu schreiben. Was ist mit dem Jonglieren, mit dem Auftreten vor Publikum oder mit einer Behandlung der Art und Weise, wie man sein Material organisieren sollte?

Ich habe beim Verfassen dieses Buches mehrere alternative Wege ausprobiert. Wo ist beispielsweise das Kapitel „Servieren" geblieben? Ist es nicht wichtig, darüber zu sprechen, wie man es schafft, seine Ideen unter die Leute zu bringen, aus der Küche heraus und in das Esszimmer? Und wo bleibt ein Abschnitt über Klischees? Möglicherweise hätte ich Ausschnitte aus Gesprächen mit kreativen Personen einfügen sollen? Und sollte dieses Buch nicht mehr Material über die Variationen eines Themas enthalten? – Zumal ich zu der Auffassung gelangt bin, dass dies die wahre Schwierigkeit in der Kreativität ist. Es gäbe auch so viele wunderbare Geschichten über Erfinder bei der Arbeit: beispielsweise Hermann Rorschach und seine Faszination für Tintenkleckse; Srinivasa Ramanujan, den brillanten, aber verarmten indischen Mathematiker, der seiner Zeit um Jahrzehnte voraus war und Theorien entwickelte, die heute noch enträtselt werden.

Und was ist mit den anderen Entwürfen, die ich in Betracht gezogen hatte? Niemand wird sie je zu Gesicht bekommen, ebenso wenig wie die alternativen Titel für dieses Buch. Im Verlauf des Projekts musste ich entscheiden, welche losen Fäden aufgenommen und mit dem Hauptgedankenstrang verknüpft werden sollten. Entscheidungen dieser Art müssen laufend in großer Zahl getroffen werden, bei jeder kreativen Tätigkeit, unabhängig vom Fachgebiet.

Erfahrene kreative Menschen geben uns den Rat, sich nicht zu lange mit solchen losen Fäden aufzuhalten. Mit großer Wahrscheinlichkeit lassen sie sich nämlich beim nächsten oder auch übernächsten Projekt verwerten. Es kommt ziemlich sicher ein Zeitpunkt, zu dem man sie wieder aufnehmen kann.

Und sollten wir uns später doch nicht mehr mit den losen Fäden beschäftigen, so bringen sie uns an den Ausgangspunkt zurück, zu einer Konfrontation mit der Unordnung und dem Wunsch, einen Sinn darin zu finden. Jeder von uns hat einen eigenen Ausgangspunkt für seine grundlegenden Anliegen, für die Frage nach dem Sinn, nach der Schönheit und nach der Bedeutung. Wir können darauf vertrauen, dass wir immer wieder zu diesen Themen zurückkehren werden, dass wir sie untersuchen und neu formulieren werden, dass wir dem Ideal näher kommen und es dann erneut versuchen werden. Das ist der eigentliche Sinn des Aufnehmens der losen Fäden.

KAPITEL 9

VERDAUEN

Visualisieren Sie Ihre eigene Kreativität

Entspannen Sie sich ein paar Minuten lang.

Sammeln Sie Ihre Aufmerksamkeit
und lassen Sie Körper, Geist und Atem
zur Ruhe kommen und entspannen.

Während Sie fühlen, wie Sie immer ruhiger werden,
visualisieren Sie Ihren kreativen Geist.

Wie sieht er aus?
Ist er konkret oder abstrakt?
Hat er eine Farbe, eine Form oder eine Größe?
Bewegt er sich oder steht er still?
Ist er diffus oder scharf umrissen und klar?

Wie fühlen Sie sich, während Sie ihn betrachten?

Ist irgend etwas "hinter" Ihrem kreativen Geist,
das ihn erhält und nährt?

Was sagen Ihnen die Antworten auf diese Fragen
über die Quelle Ihrer Kreativität und Inspiration?

Füllen Sie Ihre Vorratskammer

Innerliche Verdauung

> „Man kann weder gut denken
> noch gut lieben oder schlafen,
> wenn man nicht gut gegessen hat.“
>
> *Virginia Woolf*, Schriftstellerin

Wenn nach der langen Zeit der Vorbereitung – dem Sammeln, Schneiden, Mischen, Kochen, Würzen und Probieren – alles gesagt und getan ist, kann man sich endlich gemütlich am Tisch niederlassen, mit den Freunden anstoßen und die Früchte der Arbeit genießen. Der kreative Prozess wird erst dadurch vervollständigt, dass man sich mehr oder weniger lang Zeit nimmt, um das Erreichte zu würdigen und zu überdenken. Während dieser Zeit des Überdenkens hat man die Gelegenheit, die Ergebnisse der kreativen Arbeit in sich aufzunehmen, sie zu assimilieren und zu verdauen. Sie bietet die Möglichkeit, die Fülle neuer Ideen und neuer Gefühle weiter zu erforschen sowie neue Entdeckungen richtig einzuordnen. Erst das Überdenken schafft ein Gefühl tiefer Zufriedenheit.

Warum ist kreative Arbeit so befriedigend? Auf einer Ebene ist diese Frage leicht zu beantworten. Häufig zeigt sich der Erfolg kreativer Arbeit in sichtbaren Leistungen und erreichten Zielen. Das Erreichen eines Verkaufszieles, die Fertigstellung eines Anbaus am eigenen Haus, eine Spende oder Hilfe für eine bedürftige Familie und auch die Vervollkommnung eines Kunstwerkes sind ja lauter kreative Erfolge. Sie tragen zur Erfüllung grundlegender menschlicher Bedürfnisse bei – unter anderem der Bedürfnisse nach Nahrung, Schutz, Freundschaft, Sex. Auf einer anderen Ebene sind die Ergebnisse kreativer Arbeit aber schwerer fassbar.

Kreative Erfolge nähren den kreativen Geist. Jede neue Leistung stärkt den Verstand und die Gefühle und weckt neue Erregung, neues Vertrauen, neue Lebenskraft, Tiefe und neues Verständnis. Dieses Buch hat gezeigt, dass beinahe jeder Lebensbereich Raum für schöpferische Entfaltung bietet, und dieser kreative Ausdruck kann so individuell sein, wie wir wollen. Wenn wir uns Zeit nehmen, um ein Ergebnis zu verdauen, können wir gleichzeitig überlegen, welcher Lebensbereich uns wohl die nächste kreative Herausforderung und neue Gelegenheiten beschert.

Wir können uns den kreativen Geist als eine Art von Energie vorstellen, die durch das Gehirn, die Gefühle und den Körper zirkuliert. Diese Energie fließt, verändert, erweitert und vermindert sich ununterbrochen.

Wir können uns den kreativen Geist auch mit zwei Gesichtern vorstellen: Erfindung und Entdeckung. Wenn der Erfindergeist stark ist, können wir Probleme lösen, Dinge erfinden und etwas Neues herstellen. Die Kreativität wird zu einem Werkzeug für andere Zwecke. Wir sind darauf aus, Bedürfnisse und Erwartungen zu erfüllen und Ziele zu erreichen. Auf diesem Weg sind Lösungen das Wichtigste.

Wenn dagegen der Entdeckergeist überwiegt, werden wir zu Forschungsreisenden, Pionieren und Revolutionären. Die Kreativität wird zum Selbstzweck. Wir streben nicht danach, Probleme zu lösen, sondern danach, unbekannte Gebiete zu erforschen, uns mit dem Geheimnisvollen zu verbinden und fremde Länder zu entdecken. Der Entdeckergeist wird sich möglichst tief in die Regeln der Kunst versenken, sie aufrütteln und die fundamentalen Gesetze in der Kunst in Frage stellen.

Dieser Entdecker- und Erfindergeist ist in allen Menschen lebendig. Zwar sind die beiden auf unterschiedliche Ziele gerichtet, aber dennoch werden sie von denselben Dingen genährt. Der kreative Geist nährt sich von Neuheiten; jede neue Erfahrung erweitert unseren Blickwinkel und unsere Fähigkeiten. Gestärkt wird der kreative Geist durch gut geschulte Fertigkeiten und Fähigkeiten; je besser ein Mensch lernt, jeden einzelnen Aspekt seiner Kunst zu beherrschen, und je besser er sein Verhältnis zu dieser Kunst versteht, desto unbehinderter und freier kann der kreative Geist fließen. Und schließlich wird er noch durch die Leidenschaft genährt; Leidenschaft ist sogar das Gefühl, das den kreativen Geist am stärksten auszeichnet.

Geistige Verdauungsstörungen

Wenn man eine Gruppe kleiner Kinder beim Spielen beobachtet, wird sofort deutlich, dass ihr Leben voller Erfindungen und Entdeckungen steckt. Beobachtet man dieselbe Gruppe 30 Jahre später erneut, bemerkt man ebenso mit einem Blick, dass sich diese erwachsenen Kinder tief greifend verändert haben. Warum wurden für diese Kinder ab einem bestimmten Zeitpunkt Regeln wichtiger als Erfindungen? Ein Grund dafür liegt darin, dass ursprünglich kreative Geister mit bestimmten Erfahrungen gefüttert werden, die oft zu schweren mentalen Verdauungsstörungen führen.

Die richtige Art und Weise

Nach Aussage des Kreativberaters Roger von Oech absolviert ein durchschnittlicher Mensch im Laufe der Jahre seiner Schul- und Ausbildung mehr als 2.600 Tests und Prüfungen. In diesen Tests werden Ideen in die Kategorien Richtig und Falsch, Korrekt und Inkorrekt eingeordnet oder in sauberen Multiple-Choice-Kästchen angeboten. Im Leben ist jedoch selten etwas so klar angeordnet. Die Schule hilft uns zwar, neue Informationen in uns aufzunehmen. Sie regt uns aber kaum dazu an, Dinge zu erforschen, zu entdecken und selbst bzw. für uns selbst neue Ideen zu entwickeln. Wie oft wurden Sie in der Schule dafür gelobt, dass Sie etwas in Frage stellten oder etwas anders machten als bisher?

Versagensängste

Es ist oft ein riskantes Spiel, ein neues Unternehmen zu gründen, eine vertraute Arbeitsstelle aufzugeben, ein rohes Manuskript einzusenden oder seine Gedanken und Gefühle zu offenbaren. Da immer die Möglichkeit eines Fehlschlags besteht, erfordert es viel Mut, um neue Ideen in die Tat umzusetzen. Risiken machen die Menschen nervös. Ein Mensch, der auf keinen Fall einen Fehlschlag erleiden will, wird nie etwas Neues hervorbringen. Erst wenn Sie bereit sind, auch Fehler zu machen, erlangen Sie die Freiheit, in unerforschte Territorien vorzudringen.

Angst vor Veränderungen

Viele Leute verbinden einen kreativen Geist mit unzuverlässigen, nicht vertrauenswürdigen, nie anwesenden, verrückten und seltsamen Käuzen, die sich nicht in die Gesellschaft einordnen wollen und immer nur Unruhe stiften. Diese Vorstellung mag zum Teil daher rühren, dass echte Erneuerer tatsächlich laufend gegen Mauern rennen und sie einreißen müssen. Da Veränderungen bei kreativem Denken unvermeidlich sind, die meisten Menschen ihnen aber negativ gegenüberstehen, fühlen sich viele Menschen bei neuen Erfindungen auf die Zehen getreten.

Intoleranz und Unsicherheit

Kreative Geister geben sich dem Gefühl der Unsicherheit hin. Kreativ zu denken heißt, Zweifel, Unsicherheit und Unentschlossenheit in Kauf zu nehmen. Dieses Gefühl der Unentschiedenheit ruft zwar manchmal Sorgen und Ängstlichkeit hervor und bringt dann auch den Fluss der Gedanken plötzlich zum Erlahmen. Ebenso kann dadurch aber auch ein Gefühl der Erregung und des Fortschritts geweckt werden. Die Zeit, die Sie mit Zögern, Fragen und Zweifeln zubringen, sollten Sie nie als verschwendet betrachten. Sie ist Teil eines umfassenderen Prozesses.

Vertrautheit

Der Gehsteig vor Ihrem Haus kommt Ihnen vielleicht nicht besonders bemerkenswert vor. Für ein Kind ist er jedoch eine ganze Landschaft voller Möglichkeiten. Die Spalten sind Flusstäler, die Kieselsteine sind Felsen, und der Gehsteig erstreckt sich bis in unbekannte Fernen. Auf dieselbe Weise werden auch eine Arbeitsstelle, eine Wohnung oder eine geschäftliche Unternehmung manchmal so vertraut, dass man gar nicht mehr daran denkt, dass es auch noch andere Möglichkeiten gäbe.

Regeln

Wir fangen an, die Regeln zu befolgen, sobald wir lernen, dass man nicht über die vorgezeichneten Linien hinausmalen darf. Wir funktionieren innerhalb der Regeln der Gesellschaft, der Regeln von Unternehmen und Organisationen und der Regeln der anerkannten Denk- und Handlungsweisen. Am schwersten zu brechen sind die Regeln, die uns die eigene Vorstellungskraft vorschreibt.

Gewohnheiten

Eine Gewohnheit ist nichts anderes als die Neigung, immer dasselbe zu denken, zu fühlen und zu tun wie bisher. Gewohnheiten regieren unser gesamtes Handeln, von unseren Lebensmustern bis hin zu der Art, wie wir die Schuhe ausziehen. Allerdings fördert es nicht gerade unser kreatives Potenzial, wenn wir etwas nur deshalb tun, weil wir es immer schon so gemacht haben. Derartiges Handeln verstärkt im Gegenteil die Gewohnheit. Zum kreativen Denken – dazu, für sich selbst etwas Neues zu tun – gehört es, dass wir mit Gewohnheiten und mit den Mustern der Vergangenheit Schluss machen.

Wie stellen kreative Menschen ihre geistige Kost um – von zu vielen mentalen Kohlenhydraten und Süßigkeiten auf eine ausgewogene und befriedigende Ernährungsweise? Nun, zuerst müssen sie sich bewusst machen, was sie tatsächlich verzehren. Zweitens müssen sie darüber nachdenken, was sie zu ihrer Zufriedenheit verzehren sollten. Und drittens müssen sie dann genau das zu sich nehmen, von dem sie wissen, dass es sie nährt.

Nähren Sie den kreativen Geist

> „Der Gaumen wird empfindsamer und empfänglicher für Nuancen, wenn er unterhalten und immer wieder überrascht wird, wenn er alle paar Bissen etwas Neues zu schmecken bekommt. Gegensätze und Vielfalt sind biologisch nachprüfbare kulinarische Grundsätze."
>
> *Harold McGee*, Ernährungswissenschaftler

Im Verlauf dieses Buches haben wir viele Methoden kennen gelernt, mit denen wir unsere Kreativität besser verstehen, untersuchen, erforschen und fordern können. Wir haben gesehen, dass Kreativität nicht nur ein einzelnes Merkmal unseres Geistes ist. Sie ist vielmehr eine reichhaltige Ressource, die im Körper, in den Gefühlen und Gedanken zu Hause ist und sich auf endlos vielfältige Weise ausdrückt. Kreativität ist eine Zustandsform, ein Muskel, eine Art Energie, eine Neigung, eine Einstellung, eine ganze Sammlung von Fähigkeiten. Aus diesem Grund ist der Ausdruck und das Wachstum der Kreativität ebenso einmalig wie das Individuum selbst.

Wir haben zwar zahlreiche Rezepte für hervorragende Ideen gesehen, aber gleichzeitig haben wir erkannt, dass es keinen allgemein gültigen Plan, kein fertiges Rezept für schöpferischen Ausdruck gibt – es sei denn der Ratschlag, genau das zu tun, was wirklich Freude bereitet. Der Erfindergeist nährt sich von Herausforderungen, unerfüllten Bedürfnissen, unbeantworteten Fragen, noch nicht gefundenen Lösungen, noch nicht erzählten Geschichten und noch nicht gemalten Bildern. Es besteht sicherlich kein Mangel an solchen Aufgabenstellungen. Der Entdeckergeist nährt sich dadurch, dass einem das Unerforschte,

Unentdeckte, Unbekannte bewusst wird. Er reagiert auf die Erkenntnis, dass direkt hinter dem Horizont ein neues Territorium liegt, das nur darauf wartet, erkundet zu werden. Wir finden in jedem Thema, in das wir uns vertiefen, etwas Geheimnisvolles: Horizonte gibt es überall.

Jeder Mensch hat etwas Wertvolles zu sagen. Innere Wahrheiten haben einen eigenen Wert an sich. Der kreative Geist ist die Macht, die diese Wahrheiten formulieren und ausdrücken und damit die Menschen miteinander verbinden kann. Jedes Mal, wenn ein Mensch ein kreatives Abenteuer besteht – gleichgültig, wie groß oder klein – macht dieser Mensch einen kleinen Traum wahr. Alle Aspekte des Lebens bergen das Potenzial des eigenen Ausdrucks, selbst wenn knappe Fristen gesetzt sind. Überall und immer gibt es Zeit und Raum für Experimente, Innovation und Spaß.

Hat man dies einmal erkannt, wird die Kreativität zu einem allgegenwärtigen Freund und Begleiter, und der kreative Geist strahlt immer heller. Es wird zu einem ganz natürlichen Wesenszug unseres Geistes, auch den kreativen Geist in anderen Menschen zu nähren.

Wenn es zutrifft, dass Ideen die Welt regieren und ihren Zustand bestimmen, dann sorgt die Kreativität dafür, dass immer wieder neue Ideen gepflanzt werden. Einmal gepflanzt, wachsen und keimen sie und bringen neue Ideen hervor. So beginnt der Kreislauf von vorne.

> „Da es nun einmal unser Schicksal ist,
> im Gefängnis unseres Geistes zu leben,
> kommt es vor allem darauf an,
> es möglichst gut zu möblieren.“
>
> *Peter Ustinov*, Schauspieler und Schriftsteller

Verdauen

> „Tafelfreuden gehören zu jedem Alter, allen Situationen, allen Ländern und zu jedem Tag. Sie lassen sich in Verbindung mit allen anderen Vergnügungen genießen und bleiben uns am längsten erhalten, um uns über den Verlust der übrigen hinwegzutrösten."
>
> *Jean Anthelme Brillat-Savarin*, französischer Gourmand

Ein kreativer Augenblick ist Teil eines längeren schöpferischen Prozesses, der wiederum Teil eines ganzen kreativen Lebens ist.

Tipp 1

Bleiben Sie locker, zeichnen Sie auf Wände, lesen Sie jeden Tag, stellen Sie sich vor, Sie seien ein Feuer, lachen Sie mit Kindern, lauschen Sie auf die Bedeutung hinter den Wörtern, erfüllen Sie sich Träume, pflegen Sie Stimmungen, spielen Sie mit allem, was Ihnen über den Weg läuft.

Tipp 2

Beobachten Sie die Wolken, schließen Sie Freundschaft mit der Unsicherheit, achten Sie auf Räume, befreien Sie Ihre Fantasie, gehen Sie Risiken ein, machen Sie Ihre Hände schmutzig, weigern Sie sich, Kompromisse einzugehen, tun Sie etwas nur aus Liebe und Leidenschaft, vertrauen Sie auf Zauberei, üben Sie sich zu konzentrieren.

Tipp 3

Seien Sie herzlich, lernen Sie das Jonglieren, suchen Sie nach Helden, leben Sie Spleens aus, seien Sie stark wie ein Fels, entdecken Sie Ausgangspunkte, suchen Sie woanders, achten Sie auf das Geheimnisvolle am Wegesrand, gehen Sie „Zack“, wenn alle anderen „Zick“ gehen, lassen Sie sich treiben, warten Sie darauf, dass etwas passiert, und wenn alles andere fehlschlägt – erfinden Sie es.

Wiedersehen mit Kaylas kreativer Küche

Es dauerte nicht lange, da hatte Tom das ganze Buch gelesen und alle Rezepte durchgearbeitet. Die Erfahrung war belebend für ihn: Sie erinnerte ihn daran, wie er als Kind gespielt hatte. Als er jedoch daraufhin versuchte, die Übungen im Alltag in die Praxis umzusetzen, fühlte er eine aufkeimende Unzufriedenheit. Fast immer führte die eine kreative Frage zur nächsten. Anstatt saubere Lösungen für Probleme zu liefern, schien das kreative Denken alles in Zweifel zu ziehen. Das Leben, das einst so klar und zielgerichtet erschien, war nun von endloser Unsicherheit erfüllt.

Zum ersten Mal seit vielen Jahren fühlte Tom sich unsicher, und dieser Zustand war für ihn kaum zu ertragen. Eines Abends, als er seinen Hund spazieren führte, stellte er sich diesem Problem. Gedankenverloren wanderte er ziellos herum und ließ den Hund den Weg bestimmen. Nach einer Weile blickte er auf, und zu seiner Überraschung sah er genau dasselbe Schild, das er erstmals von der Autobahnausfahrt aus erblickt hatte. Er war sehr erfreut, als er entdeckte, dass die Küche geöffnet hatte und Kayla auf ihrem Hocker saß.

„Hallo“, rief sie ihm gut gelaunt zu. „Wie geht's?“

„Es geht so“, antwortete Tom. „Ich stecke gerade in der Zwickmühle.“

Kayla lachte. „Ich erkenne schon eine Verbesserung. Also, wo drückt der Schuh?“

Tom erklärte es ihr. „Wie schaffe ich es, dieses Gefühl loszuwerden?", schloss er.

„Gar nicht. Genauso sollen Sie sich fühlen."

„Na, ich weiß aber nicht, ob mir das gefällt."

„Zuerst wahrscheinlich nicht gut", sagte Kayla verständnisvoll. „Sie machen gerade die Erfahrung, wie sich kreative Spannung anfühlt. Sie entdecken, wie es ist, wenn man nicht weiß, wohin man geht. Anfänger in der Kunst des kreativen Denkens können dieses Gefühl nicht leiden. Sie sind an schnelle Lösungen gewöhnt und fühlen sich nicht wohl, wenn sie im Dunkeln tappen."

„Und das ändert sich mit der Zeit?" fragte Tom.

„In gewisser Hinsicht, ja. Sie werden nie das Gefühl des Risikos überwinden. Jedes Mal, wenn Sie ein kreatives Projekt beginnen – selbst wenn es sich um ein relativ einfaches handelt –, müssen Sie Ihre gesamte Persönlichkeit einsetzen. Daher wird jedes Projekt von einer gewissen Unsicherheit und Angst begleitet sein.

Aber vergessen Sie eines nicht: Berühmte kreative Menschen empfinden genau dieselbe Furcht, einige vielleicht sogar noch stärker. Der von allen verehrte Maler, der vor der weißen Leinwand steht, und der bekannte Schauspieler, der vor der Vorstellung einen Blick auf das Publikum wirft, fühlen, wie ihre Berühmtheit manchmal wie Blei auf ihren Schultern lastet.

Der Unterschied liegt darin, dass diese Menschen mit der Zeit und durch harte Arbeit lernen, diesen kreativen Spannungszustand zu tolerieren, zu mögen, ja sogar zu lieben. Möglicherweise wissen sie nicht, wohin ihre Arbeit sie führen wird, aber sie sind ganz sicher, dass das Ziel auf jeden Fall interessant sein wird. Manche Menschen können ohne diese kreative Spannung gar nicht mehr leben: Sie befinden sich in einem Zustand permanenten Aufruhrs, fühlen sich ständig ruhelos, leer und frustriert, bis es ihnen wieder gelingt, ihr Innenleben in irgendeiner Weise kreativ auszudrücken. Allerdings spüre ich, dass das für Sie kein Leben wäre."

Tom grinste: „Da haben Sie richtig geraten. Aber widersprechen Sie sich nicht selbst? Wie ist es möglich, auf der einen Seite zu wissen, dass man auf jeden Fall etwas zustande bringt, und auf der anderen Seite trotzdem voller Zweifel zu sein?"

„Das ist nicht unbedingt ein Widerspruch", gab Kayla zurück. „Sagen Sie, haben Sie Kinder?"

„Zwei. Sie gehen beide schon zur Schule."

„Gut, dann denken Sie doch einmal an die Zeit zurück, als das erste Kind noch ein Baby war. Hatten Sie damals denn nicht ungeheuer viele Zweifel?"

„O doch", lachte Tom. „Wir waren nie sicher, ob wir etwas richtig machten. Wir haben allein zum Thema Ernährung bestimmt ein Dutzend Bücher gekauft."

„Aber trotzdem haben Sie nie ernsthaft angenommen, dass Sie nicht fähig sein könnten, ein Kind großzuziehen. Sie wussten, dass Sie sich schon irgendwie durchwursteln würden. Und genau das ist Kreativität. Man arbeitet sich durch alle Unsicherheiten hindurch, und mit jedem Erfolg gewinnt man mehr Selbstvertrauen. Je mehr Probleme Sie lösen, je öfter Sie doch noch einen Weg aus der Sackgasse finden, nachdem Sie schon alle Möglichkeiten erschöpft zu haben glaubten, desto stärker regen Sie die kreative Unsicherheit dazu an, neue Ideen hervorzubringen.

Da Sie in puncto Kreativität ja noch ein Anfänger sind, schlage ich vor, dass Sie sich zunächst noch mäßigen. Lernen Sie zuerst, die kreative Flamme im Zaum zu halten. Wenn Sie merken, dass es Ihnen zu viel wird, schränken Sie die Zahl der kreativen Projekte, an denen Sie arbeiten, wieder ein. Und hier haben Sie noch eine

Karte. Sollten Sie einmal eine Inspiration brauchen, so ziehen Sie sie einfach aus der Tasche und denken Sie über den Spruch nach."

Tom war erleichtert. Er war nun sicher, dass er sich nie wieder von der kreativen Spannung lähmen lassen würde. Er dankte Kayla und wünschte ihr eine gute Nacht. Auf dem Heimweg waren seine Schritte nun schon viel leichter. Er starrte nicht mehr mit leerem Blick auf die Risse im Bürgersteig, sondern betrachtete interessiert die Gebäude, an denen er vorbeispazierte.

Und die Karte? Wie lautete Kaylas Abschiedsbotschaft?

Diese ängstliche Erregung ist unerträglich.
Ich hoffe nur, dass sie ewig dauert.

OSCAR WILDE

Kaylas kreative Küche

Lösungen

Die Antworten zu den Rätseln, Aufgaben und Übungen

Geht Ihnen ein Licht auf?

Seite 140

Würfel

Halten Sie den Würfel so, dass eine Ecke in Ihre Richtung und die gegenüberliegende Ecke in die Gegenrichtung weist. Die sichtbaren Ecken des Würfels bilden dann den Umriss eines Sechsecks, und Sie werden sehen, dass genügend Platz ist, um einen anderen Würfel derselben Größe mit der Vorderseite nach vorne hindurchzuschieben.

Balance

Sie finden die Antwort, indem Sie die Gewichte der verschiedenen Formen immer wieder durch andere ersetzen. Ein Kreis plus ein Quadrat wiegen so viel wie ein Dreieck. Ein Quadrat wiegt so viel wie ein Kreis plus ein Stern. Zwei Dreiecke wiegen so viel wie drei Sterne. Da ein Dreieck so viel wiegt wie ein Kreis und ein Quadrat, wiegen zwei Kreise und zwei Quadrate so viel wie sechs Sterne. Wenn Sie jedes Quadrat durch einen Kreis und einen Stern ersetzen, erkennen Sie, dass sechs Sterne ebenso viel wiegen wie zwei Sterne und vier Kreise. Ein Stern wiegt also dasselbe wie ein Kreis. Aus diesem Grund ist die Waage im Gleichgewicht, wenn gegenüber dem Quadrat zwei Kreise aufgelegt werden.

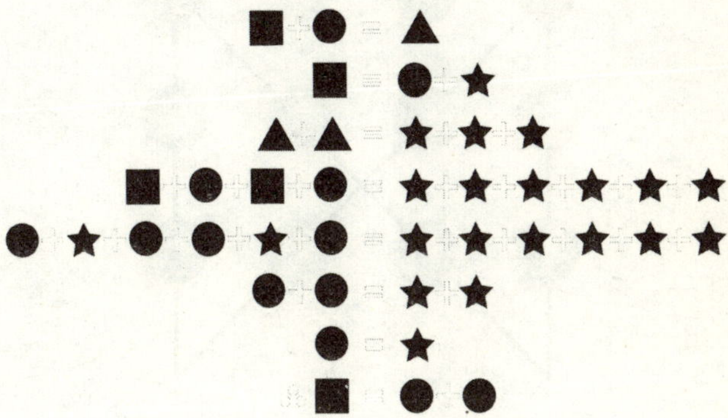

Seite 141

Vertracktes Kreuz

Mit etwas Fleiß und Ausdauer sollten Sie insgesamt 21 Quadrate ausmachen können.

16 Punkte

Sie können die Punkte auf folgende Weise mit sechs Linien verbinden:

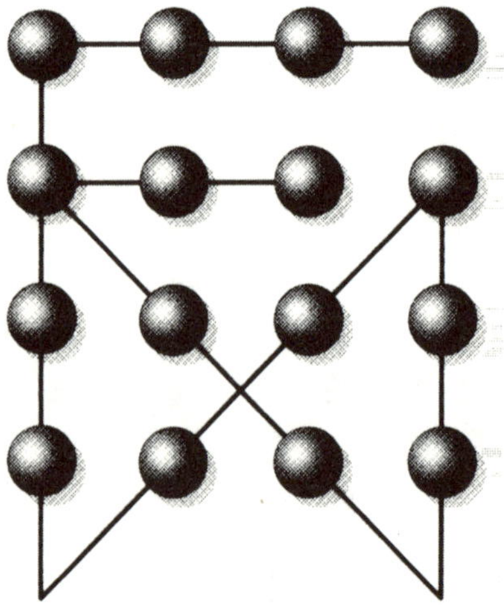

Seite 142

Aufteilung der Bäume

Das Grundstück lässt sich auf folgende Weise in vier gleiche Parzellen teilen:

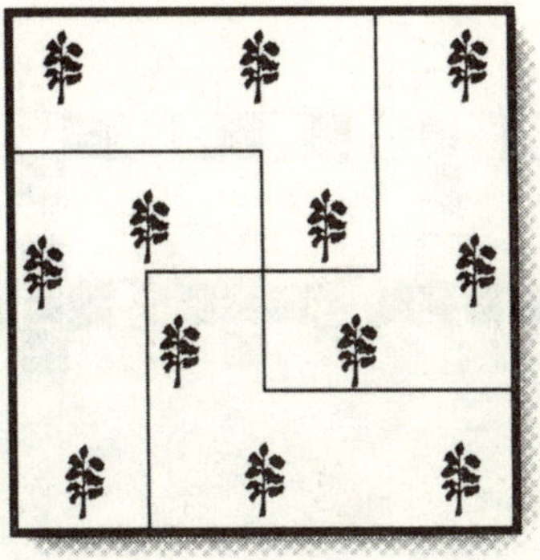

Der kürzeste Weg

Der kürzeste Verbindungsweg zwischen den Häusern ist eine Schlangenlinie:

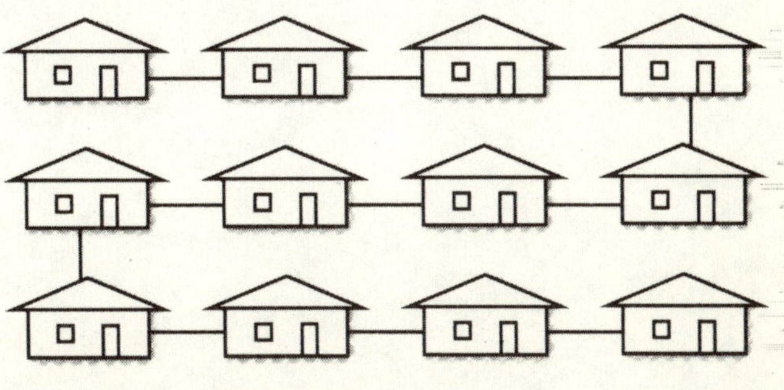

Seite 143

Einzigartige Würfel

Es gibt elf einzigartige Möglichkeiten. Die folgende Abbildung zeigt sie mit auseinandergefalteten Grundrissen des Würfels:

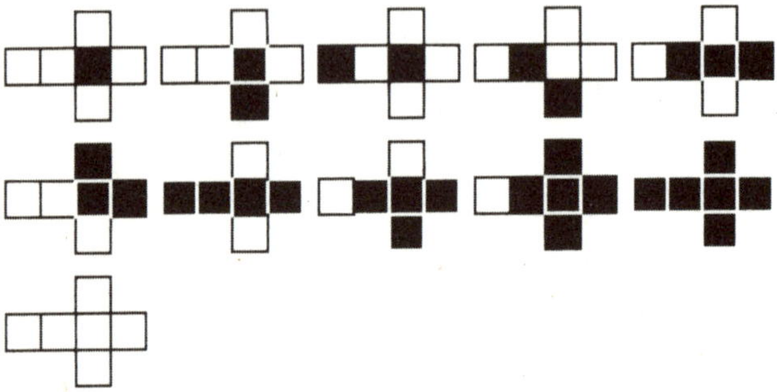

Einfach erstaunlich

Biegen Sie an jeder Abzweigung nach links ab. Mit dieser einfachen Strategie landen Sie letztendlich im Ziel.

Seite 144

Enger oder weiter

Das Loch wird weiter. Denken Sie nur daran, was mit dem Deckel eines Einmachglases passiert, wenn Sie es unter fließendes heißes Wasser halten.

Verbindungen

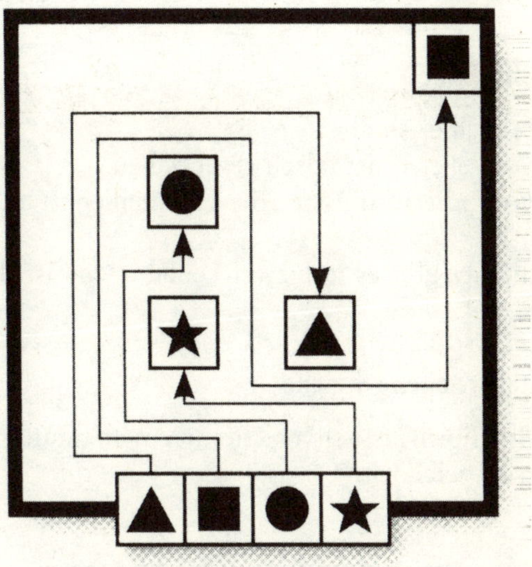

Seite 145

Visuelle Logik

Die Regelmäßigkeit besteht darin, dass bei jeder neuen Form ein zusätzlicher rechter Winkel angefügt wird.

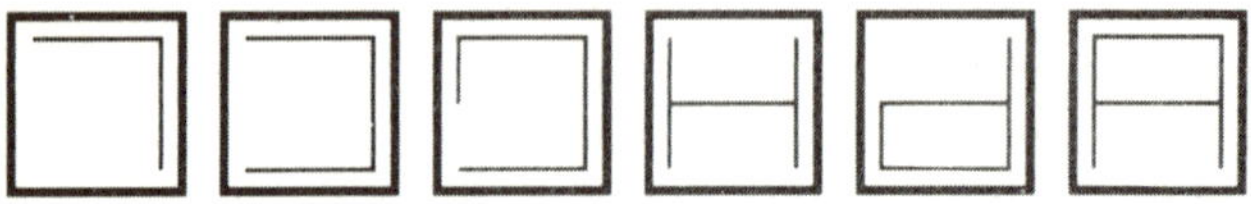

Vorsicht, Falle

Die drei Fehler sind:
Das Wort „Feler" ist falsch geschrieben.
Das Wort „diese" müsste „diesem" heißen. (Grammatikfehler)
In dem Satz gibt es nur zwei Fehler – das ist der dritte Fehler.

Ununterbrochene Striche

Die dritte Form lässt sich nicht mit einem ununterbrochenen Strich zeichnen.

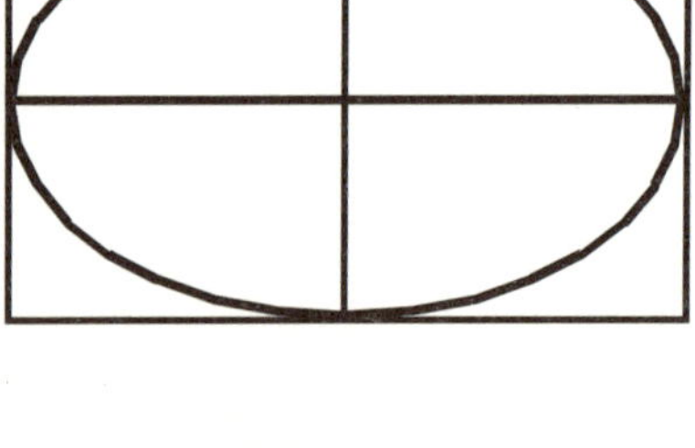

Seite 146

Geistige Analyse

Es gibt insgesamt 56 Wege. Beginnen Sie in Feld A, das als Ausgangspunkt nur einen möglichen Eintrittspunkt hat. Bei jedem weiteren Feld können Sie die Zahl der hineinführenden Wege ermitteln, indem Sie jeweils die Zahl der Wege, die in das darüber liegende Feld und in das Feld links von ihm führen, addieren. Tragen Sie diese Summe in das betreffende Feld ein und fahren Sie mit dem nächsten Feld fort, bis Sie alle Felder durchgearbeitet haben. Die Summe in der linken unteren Ecke ist die Gesamtzahl der möglichen Wege durch alle Felder.

1	1	1	1	1	1
1	2	3	4	5	6
1	3	6	10	15	21
1	4	10	20	35	56

Im Verborgenen

In der Abbildung gibt es insgesamt 15 Würfel.

Seite 147

Die Quadratur des Kreises

Zunächst müssen Sie die Form in der folgenden Weise zerschneiden, anschließend können Sie die Teile zu einem Quadrat ordnen:

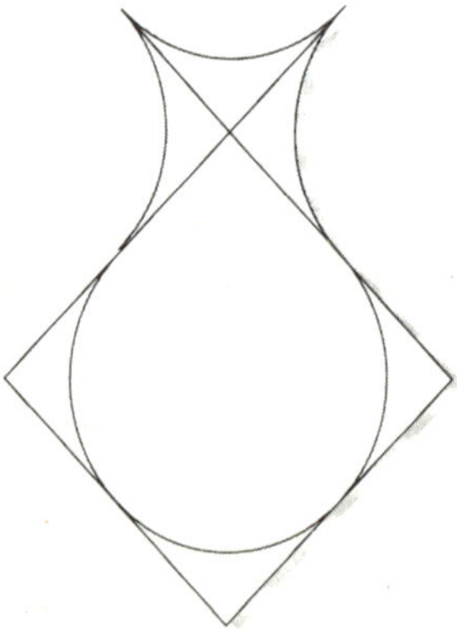

Seite 185

Übung

In der folgenden Anordnung berührt jeder der fünf Knöpfe jeweils jeden anderen:

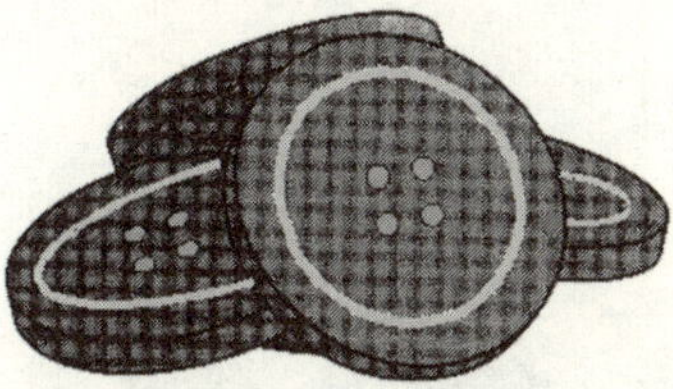

Seite 188

Geistige Kombination 1

Das Objekt ist eine Scheibe, bei der auf einer Seite ein Stück herausgeschnitten wurde.

Seite 189

Geistige Kombination 2

Das gesuchte Objekt ist ein Keil, in den ein kleinerer Würfel eingebettet ist. Der Trick ist, die Vorder- und Seitenansichten so auszurichten, dass sie gleich aussehen.

Geistige Gymnastik

Sieben Vierundzwanzigstel der Mischung sind Wein.

Anstoßen

Es wären 45 Klänge zu hören. Allgemein muss man von der Gesamtzahl der Gläser eines subtrahieren und dann die Summe der verbleibenden Zahlen bilden. (In diesem Fall: 9+8+7+6+5+4+3+2+1 = 45)

Seite 190

Gummiquadrate

Die folgende Figur sieht in gedehntem Zustand aus wie die erste. Diese Form enthält die gleiche Zahl von Linien wie der Kreis.

Verbindungen

Es ist tatsächlich möglich, die neun Punkte in neun Reihen zu je drei Kreisen anzuordnen:

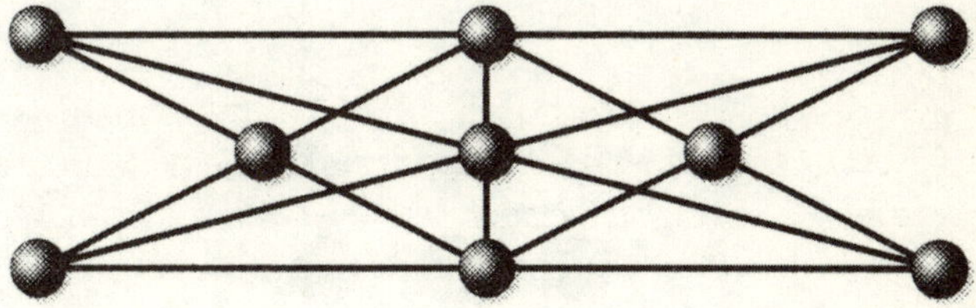

Seite 191

Verbindungen

Der „Trick“ ist, eine der Linien durch eines der Häuser zu führen.

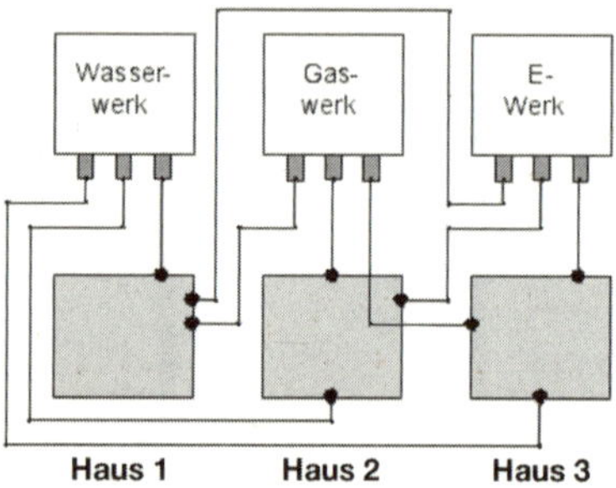

Verbindungen

Sie können alle zwölf Punkte auf die folgende Weise mit fünf Geraden verbinden, ohne den Stift vom Papier zu nehmen:

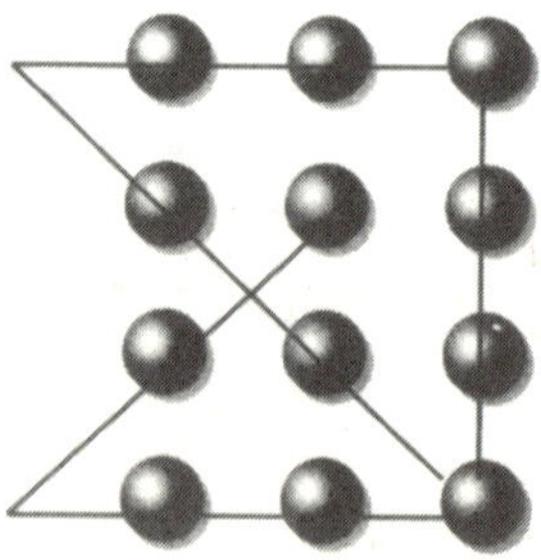

Seite 192

Streichholzrätsel

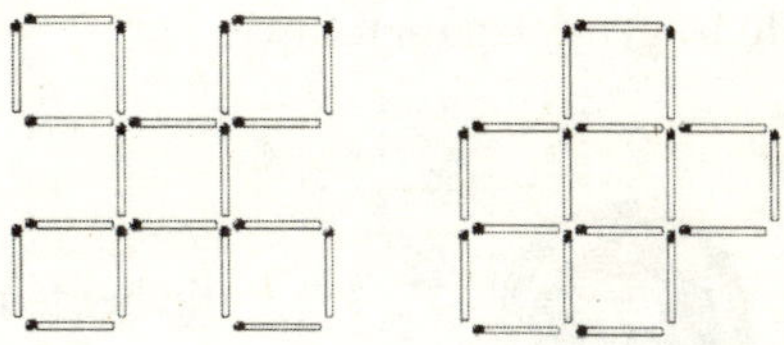

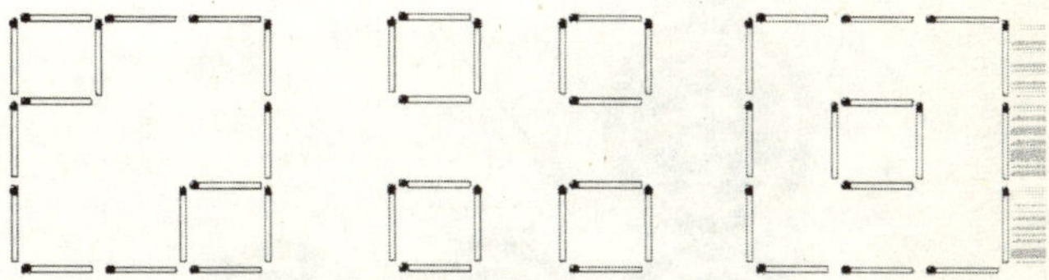

Enger Kontakt

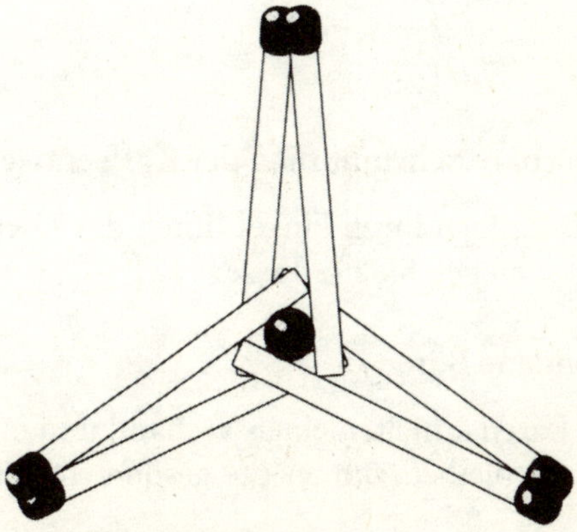

Seite 193

Vier Reihen

Zwei Reihen mit je vier Knöpfen erhalten Sie, wenn Sie zwei Knöpfe folgendermaßen umstellen:

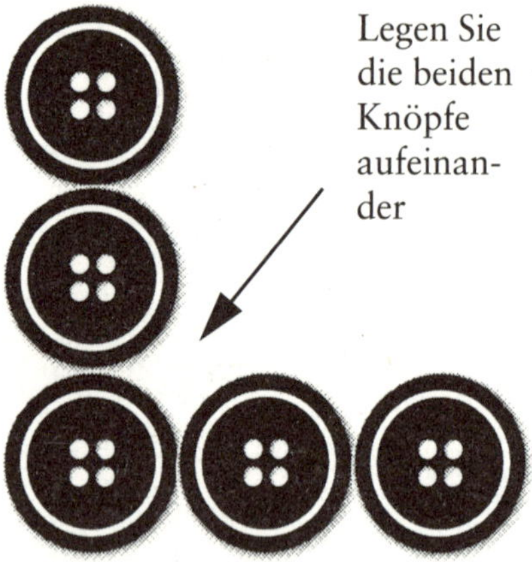

Seite 194

Die wunderbare Schrumpfung der Kaffeetasse

Stecken Sie einfach Ihren Finger durch das Loch und anschließend schieben Sie die Tasse.

Verschwundene Bären

Sämtliche Bären erhielten einen Verband und mussten im Krankenhaus bleiben, um wieder gesund zu werden.

Neues Wort

Das Wort heißt „Insel".

Seite 201

Versuch und Irrtum

Zählübung

Elf Buchstaben enthalten gebogene Linien (B, C, D, G, J, O, P, Q, R, S und U), und neun Buchstaben sind symmetrisch (A, H, I, M, T, V, W, X und Y).

Seite 242

Wie geht das?

Stellen Sie am Anfang zusätzliche Dominosteine auf, die die Basis der Struktur stützen, und entfernen Sie diese am Schluss.

Seite 282

Gedränge

Sie können im dreidimensionalen Raum zwölf Bowling-Kugeln so anordnen, dass jede von ihnen die Kugel im Zentrum berührt.

Stichwortverzeichnis

Über den Autor

Tom Wujec ist Creative Director der Abteilung Digital Media Services des Royal Ontario Museum in Ontario, Kanada. Er entwickelt interaktive Multimedia-Präsentationen, CD-ROM-Titel und neue kommerzielle Webseiten für das Internet. Er unterrichtet Computeranimation und Brainstorming-Methoden. Mehrere seiner digitalen Präsentationen wurden bereits mit Preisen ausgezeichnet. Darüber hinaus ist er ein international gefragter Vortragsredner zu den Themen Gestaltung von Benutzeroberflächen und Informationsdesign.

Tom Wujec ist auch der Autor des Werkes *Pumping Ions: Games and Exercises to Flex Your Mind*, das in zwölf Sprachen übersetzt wurde (auf Deutsch erschienen unter dem Titel: *Salto Mentale, Fitness für den Kopf*).

Wir hoffen, dass Ihnen die Lektüre dieses Buches Freude bereitet hat. Bitte schreiben Sie uns jederzeit, wenn Sie uns Ihre Gedanken oder Erfahrungen mitteilen möchten. Wir freuen uns über möglichst viele Leserreaktionen.

Schreiben Sie uns auch, wenn Sie gerne weitere Informationen über die CD-ROM-Version von „Neues aus der Kreativitätsküche" hätten. Diese CD-ROM gibt es sowohl für Multimedia-PCs als auch für Macintosh-Computer. Sie enthält Interviews mit kreativen Personen – von Gehirnchirurgen über Künstler und Klettersportlern bis hin zu sechsjährigen Mädchen, die gerne mit den Fingern malen – ebenso wie zahlreiche interaktive Übungen für kreatives Denken.

Adressieren Sie Ihre Briefe bitte an:

Tom Wujec
c/o Doubleday Canada Limited
105 Bond Street
Toronto, Ontario M5B 1Y3
Kanada

Tom Wujec ist auch per Internet zu erreichen unter der Adresse:
tomwujec@passport.ca

Bild: Bently Quast